河南简史

程有为

著

河南人民出版社

图书在版编目(CIP)数据

河南简史 / 程有为著. — 郑州 : 河南人民出版社,
2023. 9
ISBN 978 - 7 - 215 - 12528 - 5

Ⅰ. ①河… Ⅱ. ①程… Ⅲ. ①河南－地方史 Ⅳ.
①K296. 1

中国版本图书馆 CIP 数据核字(2021)第 209503 号

河南人民出版社 出版发行

(地址:郑州市郑东新区祥盛街 27 号 邮政编码:450016 电话:65788053)
新华书店经销　　　　　　　河南新华印刷集团有限公司印刷
开本　710 毫米×1000 毫米　　　1/16　　　印张　20.5
字数　238 千字
2023 年 9 月第 1 版　　　　　　　2023 年 9 月第 1 次印刷

定价:49.00 元

目录

1

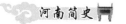

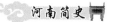

绪　言

　　"河南"就是黄河以南,它是一个以黄河为参照的地区名称。本书所说的"河南"是指河南省,和它相关的地名有"豫""中州""中原"。因河南地域古代属于"豫州",故简称为"豫";豫州居九州之中,故又称"中州"。晋公子重耳曾说:"晋、楚治兵,遇于中原,其辟君三舍。"他所谓"中原",是指晋(今山西南部)、楚(今湖北)两国之间土地,就是河南地区。

　　回溯数千年河南地区的历史,大体可以元代为界分为两个阶段。元代始设"河南江北行省",明清时期河南省的地域范围大体固定下来,延续至今。元代以前有河南国、河南县、河南郡、河南尹、河南道、河南路、河南府等政区名称,但是它们所指代的地域都和河南省不同。也就是说,在元代以前的数千年,中国并不存在"河南省"这一政区。这一时期的"河南"是以今河南省地域为范围向上追溯,可以称作

"前河南"时期。因为"狭义的中原指今河南省一带",所以本书把建省以前的河南地区称作"中原"。

河南自然环境优越,有利于生产发展,经济长期领先于全国,居于中心地位;河南是全国建都时间最长的地区,长期处于全国的政治中心,兵家必争,大事迭出,关乎天下兴亡,牵系国家盛衰;河南也是华夏族的发祥地,汉民族的中心区,民族融合的重要地区;河南文化灿烂辉煌,是中国传统文化的核心和主流。

北宋灭亡以后,全国政治、经济、文化中心从中原移出,河南逐渐落后于江南沿海地区。近代以来河南人民开展艰苦卓绝的斗争,为经济发展、文化进步奠定了坚实的基础。1949年新中国成立,河南历史掀开崭新的一页。70多年来,河南人民在中国共产党的领导下,在社会主义道路上砥砺前行,全面建成小康社会。如今,又开启了社会主义现代化建设的新征程。

一、优越的自然环境与居中的地理位置

"河南"与黄河的关系极为密切。郑州桃花峪是黄河中下游的分界。河南省地跨黄河中下游,又跨黄河南北。秦岭、淮河是中国南北分界线,豫西山地属于秦岭余脉,河南地跨淮河南北,总体上属于黄河流域,属于中国中部地区。

河南优越的自然环境,包括多样性的地形地貌、温和的气候和丰富的自然资源。河南位于黄土高原和华北平原的过渡地带,三面有山地环抱:豫西崤山、熊耳山、伏牛山、外方山呈扇状分布,豫北处于太行山东麓,桐柏山、大别山拱卫于南面,东面是一望无际的平原。河南省地跨黄河、淮河、海河和长江四大流域:黄河横贯中部,支流有伊洛河、

沁河;淮河发源于桐柏,支流有颖河、涡河、洪汝河;卫河、漳河流入海河;湍河、唐白河注入汉水。河流纵横利于灌溉与航运。全省为大陆性季风气候,四季分明,气候温和,雨量适中,矿产和动植物资源丰富,适宜于人类生活和生产发展。

河南有"天下之中"的区位优势。顾炎武在其《天下郡国利病书》中说:河南省"居天下之中,咽喉九州,阃域中夏,锁天中区,控地四鄙,居南北要冲"。由于黄河与其支流伊洛河交汇的地区是中华文明肇始阶段和夏、商、周三代的奠基之地,因而被称为"天下之中"或"天地之中"。河南又是最早的"中国"(即"国中")所在地。周武王灭商,说"余其宅兹中国,自兹乂民"(何尊铭文),以洛阳为"国中",要迁都于此。

河南水陆交通便利。秦都咸阳向东的主干道横贯河南,东汉以后洛阳成为欧亚丝绸之路的东端起点,北宋以东京开封为中心的陆路四通八达。战国时魏国开凿的鸿沟运河连通黄河和淮水。隋炀帝时开凿以洛阳为中心、北至涿郡、南达余杭的大运河,极大地方便了南北水上交通。北宋汴水是一条水上大动脉。洛阳、开封长期是全国的交通中心。便利的交通为经济文化发展提供了良好条件。

二、政治中心与民族熔炉

夏、商两代的都城大多在今河南境内,西周营建成周洛邑作为统治东方的中心,东周迁都洛阳。东汉、曹魏和西晋建都洛阳,北魏迁都洛阳。隋唐以洛阳为东都。"五代"建都开封和洛阳,北宋以东京开封为都城。河南是全国建都朝代最多、时间最长的地区。都城是全国的政治中心,往往也是文化中心。许多政治经济文化改革率先在河南地区进行,例如春秋时期的子产改革,战国时期的申不害变法,北魏孝文帝改制,北宋王安石变法。社会制度的变革促进了经济文化的发展。

宋代以前中国的都城主要在洛阳、西安和开封之间游移。都城建于洛阳、开封时,河南是京畿地区;都城建于关中时,河南是其东部屏障和咽喉要地,历来为兵家必争。顾祖禹《读史方舆纪要·河南方域纪要序》中说:"河南,古所称四战之地也。当取天下之日,河南在所必争。"数千年来河南地区发生过无数次战争和动乱,给社会带来破坏。

河南是华夏部族和汉族的中心区,也是中国古代民族冲突、杂居和融合的重要地区。河南地区的民族融合,可分为先秦秦汉、魏晋隋唐和宋元明清三个阶段。

史学家把上古民族分为华夏、东夷、苗蛮三个族团。苏秉琦《关于仰韶文化的若干问题》一文中说:"仰韶文化的庙底沟类型可能就是形成华族核心的人们的遗存,庙底沟类型的主要特征之一的花卉图案彩陶,可能就是华族得名的由来,华山则是可能由于华族最初所居之地而得名。"华族的中心区在河南与陕西、山西两省交界地区,夏族的中心区则在伊洛平原和嵩山一带。华夏部族建立夏王朝;商部族在漳河流域崛起,灭亡夏朝,建立商王朝;周部族在渭水流域强大,东下灭商,建立周王朝。夏、商、周三个部族在中原地区杂居融合,逐渐成为一体。春秋时期中原有许多少数民族居住,呈现出"戎逼诸夏"的局面。秦汉皇朝打破以血缘划分的部落方国的藩篱,华夏部族融合进入中原的戎、蛮、夷、狄,形成汉民族,河南成为汉族的中心区。

西晋灭亡后,北方匈奴、鲜卑、羯、氐、羌等族纷至沓来,中原呈现胡、汉杂居局面。三个半世纪以后,进入中原的北方诸族实现了汉化和封建化。建都洛阳、开封的后唐、后晋、后汉的统治者鼓励沙陀人与汉人通婚,学习汉族文化,促进了沙陀等族与汉族的同化与融合。

金灭北宋,始置屯田军,女真、契丹、奚家自本部族故土徙居中原,

与汉族杂处。他们同汉人通婚,改用汉姓,学习儒学,至元末已完全融
入汉族。元朝统一全国后,大批蒙古、色目军士迁入,"与民杂耕,横亘
中原"。明朝初期禁止胡服、胡姓、胡语,留在河南的诸少数民族多变
成汉人。清代不少满族人士进入河南,渐与汉人融为一体。

三、发达的社会经济

中原地区气候温暖湿润,土质疏松肥沃,中国的原始旱作农业在
这里出现,属于粟作和稻作的交叉区。春秋战国时期开始使用铁器和
牛耕,进入传统农业阶段。汉代土地普遍垦植,灌溉形成网络,生产技
术进步,成为粮食和丝麻的主要产区。隋朝至唐朝前期仍是全国粮食
和桑蚕的首要产区。北宋农业仍有所发展,此后逐渐落后于江南地
区。

中原手工业也很发达。夏、商、周三代冶铜铸器成为重要生产门
类,创造了辉煌的青铜文明。战国时期冶铁业迅速发展,至汉代领先
全国。南北朝时期卫水、漳水流域是瓷器的重要产区。巩义黄冶发现
烧制唐代三彩陶的窑址。北宋全国有五大名窑,中原独有其三。中原
也是丝麻纺织品的重要产区,汉代全国设两处服官,陈留郡襄邑(今睢
县)为其一。隋至唐前期,黄河南北是全国盛产丝织品的地区。北宋
开封锦院所产丝织品和"蜀绵"并称天下第一。

夏代中原商业萌生。春秋战国时期周(今洛阳)人经商之风甚盛,
郑、卫两国商业发达。西汉时期洛阳、宛县(今南阳)是全国著名的商
业都市。东汉魏晋时期洛阳成为全国商业的中心。隋代洛阳丰都市
有120行3000多个店肆,盛唐时期洛阳人口已过百万。北宋时期东京
(今开封)人口逾百万,店铺密集,是世界上商业最发达的国际都会。

中原是全国经济开发最早的地区,夏、商、周三代经济发达。春秋战国至西汉,中原所在的关东经济区和关中经济区同步发展,在全国处于领先地位。东汉至隋唐,关东经济区独占鳌头。中原社会经济的发展成为唐开元、天宝盛世的重要标志。"安史之乱"使原本兴旺发达的中原经济一蹶不振,全国的经济重心开始南移。北宋京畿、京西北路的经济实力与河北东、西路不相上下,仍处于最发达的行列。及宋室南迁,全国经济重心的南移完成。明代河南的经济地位和质量都明显下降。清代河南仍保持着传统的自给自足生产方式,经济起伏较大。

四、辉煌灿烂的文化

从夏、商、周三代以迄北宋,中原文化开风气之先,成为全国的首善之区,思想活跃,学术博深,文学繁荣,艺术多彩,科技先进,教育发达。

中原是全国最早兴办教育的地区,夏、商、周三代洛阳等地办有贵胄学校。春秋战国时期私学兴起。东汉洛阳太学是全国的最高学府。隋唐时期东都洛阳设国子监管理诸学。北宋东京开封国子监诸学和地方官学规范化系统化,书院兴起。教育的发达为文化的发展创造了条件。

中原地区数千年来涌现出许多思想家,都城洛阳、开封萃集全国学术精英,形成博大精深的思想学术体系,是汉代儒学、魏晋玄学、隋唐佛学、宋明理学的发源地或中心区,在中国思想史上占有重要地位。

西周初周公姬旦在洛阳制定礼乐制度,东周洛阳成为礼乐制度的渊薮。楚国苦县(今鹿邑)人老子(李耳)是道家鼻祖,著《道德经》;宋国蒙(今商丘东北)人庄周,著《庄子》。墨家代表人物鲁(今鲁山,一说山东滕州)人墨翟长期在宋国活动,著《墨子》。法家申不害、商鞅、韩非都是中原人士。他们著书立说,相互争辩,形成"百家争鸣"的学术繁荣局面。西汉中原出现京房、戴德、戴圣等经学家和《京氏易》《礼记》等著作。东汉洛阳是全国儒学教育和研究的中心,河南荥阳人服虔和开封人郑兴、郑众父子是当时著名的经学家。魏晋洛阳成为玄学中心,南阳人何晏和山阳高平(今山东微山西北)人王弼首倡玄风,陈留尉氏(今属开封)人阮籍、谯国铚县(今安徽濉溪西南)人嵇康继之,河南郡(今洛阳)人郭象把玄学推向高峰。

东汉佛教传入,魏晋高僧在洛阳翻译佛经。隋唐洛阳佛教兴盛,宗派形成。唐代河南缑氏(今洛阳偃师区南)人玄奘赴天竺(今印度)学习佛学,致力佛经翻译和著述,开创唯识宗。怀州孟县(今孟州)人韩愈反对佛教,倡导新儒学。北宋洛阳人程颢、程颐创建洛学,奠基理学,后经南宋朱熹的发展,形成完备的理学体系,在元、明、清三代的思想学术中居统治地位。

中原史学、地理学、文字学等都有显著成就。《汉书》《三国志》《东观汉记》《资治通鉴》在洛阳撰成。颍川颍阴(今许昌)人荀悦的《汉纪》、陈郡阳夏(今太康)人袁宏的《后汉纪》和相州(今安阳)人李延寿的《南史》《北史》,都是重要的史学著作。汝南召陵(今漯河市召陵区)人许慎的《说文解字》是一部文字学巨著。

中原文坛作家辈出,作品异彩纷呈。《诗经》篇章多出自中原。《老子》《庄子》《韩非子》代表着先秦散文的最高成就。贾谊、晁错的政论文"皆为西汉鸿文",司马相如的《子虚赋》、贾谊的《吊屈原赋》、张衡的《二京赋》等则为辞赋的名篇。魏晋诗歌创作兴盛,"建安七子"中的阮瑀、应玚是中原作家,阮籍擅名正始文坛,潘岳的诗作辞采华丽。曹植的《洛神赋》脍炙人口,左思的《三都赋》使洛阳纸贵。隋唐中原诗歌、散文创作成就辉煌。河南巩县(今巩义)人杜甫被称为"诗圣",诗作有"史诗"之誉。河南福昌(今宜阳三乡)人李贺、怀州河内(今沁阳)人李商隐都是著名诗人。韩愈是古文运动的领袖,散文名列"唐宋八大家"之首。明清何景明、王廷相和侯方域的文学成就值得称道。

中原艺术绚丽多彩,在书法、绘画、音乐、舞蹈、石刻造像和建筑艺术方面均取得辉煌成就。书法源远流长。商代甲骨文字娟秀瘦挺,秦上蔡人李斯的篆书"画如铁石,字若飞动",汉陈留圉县(今杞县南)人蔡邕以隶书擅名,三国魏颍川长社(今长葛)人钟繇是楷书的开创者,北朝魏碑体魄力雄强、骨势峻迈,宋徽宗的瘦金体俊逸绝伦,清初河南孟津人王铎有"神笔"之誉。洛阳、永城、新密等地汉墓壁画和南阳、郑州等地的画像砖石十分精美。唐汝州阳翟(今禹州)人吴道子擅绘佛道人物,人称"画圣"。郑州荥阳人郑虔和寓居济源的荆浩善画山水。北宋开封翰林图画院绘画高手萃集,《清明上河图》等堪称国之瑰宝。夏、商、周三代中原地区宫廷乐舞典雅优美,春秋时期郑、卫之音特色独具,东汉至北宋洛阳、开封的宫廷雅乐,吸取西域和高丽的乐舞,形成丰富优美的乐舞艺术。清代以降,豫剧、越调、曲剧长盛不衰。洛阳、开封的宫殿、佛道、园林建筑布局严整,巧夺天工。

中原地区科技人才辈出,发明创造颇多。中国最早的历法《夏小正》出现于中原地区。战国时魏国人石申著有《天文星占》。东汉南阳西鄂(今南阳市北石桥)人张衡在洛阳主持天象观测和编订历法,制造浑天仪,著《灵宪》。战国墨家弟子对数学、物理学进行了开创性研究。东汉南阳郡(治今南阳市)人张仲景著《伤寒杂病论》,为中国医学发展开辟了道路。北宋开封祥符(今开封)人丁度编撰的《武经总要》,郑州管城(今郑州)人李诫撰写的《营造法式》,明代怀庆河内(今沁阳)人朱载堉发明的"十二平均律",清代光州固始(今属信阳)人吴其濬的

《植物名实图考》，都影响深远。

五、历史发展的轨迹

回顾悠久的河南历史，可以用辉煌、衰颓、沉沦、崛起几个阶段来概括。

距今六七十万年前中原地区就有原始人类活动，创造了丰富的旧石器文化。新石器时代先后出现裴李岗文化、仰韶文化，先民由蒙昧、野蛮向文明迈进，至龙山文化时期华夏部族在中原崛起，出现早期国家，进入早期文明阶段。

夏代中国出现广域王权国家，进入王国阶段，偃师二里头遗址是夏朝中后期的都城。商代创造了辉煌的青铜文明，出现成熟的文字——甲骨文及金文。郑州商城、偃师商城和安阳殷墟都是商代都城。西周营建成周洛邑（今洛阳）作为统治关东广大地区的中心，中原经济文化高度发展。周公在洛阳制礼作乐，奠定了中国传统文化的初基。

周平王迁都洛邑，中国历史进入春秋战国时期，中原是春秋五霸、战国七雄角逐的重要战场。郑国和魏、韩两国相继进行政治经济改革，逐渐迈入封建社会的门槛，学术上呈现百家争鸣局面。

秦汉时期实现国家的真正统一，中央集权制的封建国家建立，中国历史进入帝国阶段。中原为秦汉皇朝腹里，地位重要，关东经济区与关中经济区联成一体。东汉王朝建都洛阳，中原成为畿辅，经济文化领先全国，洛阳经学兴盛，佛教传入，道教形成。

曹魏、西晋仍建都洛阳。曹魏屯田与兴修水利使遭受破坏的中原经济得以恢复发展，十六国时期战乱频仍，经济受到严重破坏，北魏又有所恢复。北方少数民族进入中原，与汉族发生激烈冲突，导致民族的大流徙。中原汉人南渡江淮,留下来的汉人与胡人杂居共处,实现民族融合。中原文化吸收北方草原文化的因素,具有多元性与融合性特点。

隋唐皇朝以洛阳为东都,洛阳是南北大运河的中心,也是欧亚丝绸之路的东端起点,中原社会经济高度发展。"安史之乱"使中原经济遭受严重破坏,成为中国经济重心南移的开端。中原文化继续吸收全国各地乃至西域的文化因素,呈现出昌盛的局面。

北宋时中原经济发展,文化处于巅峰状态,东京开封是全国政治、经济、文化的中心。北宋末的"靖康之乱"导致宋室南迁,中原地区经济从此一蹶不振,全国的经济重心完全移向江南,成为河南历史的一个重要转折点。元、明、清时期,河南沦为普通省份,经济文化发展缓慢,辉煌不再。明朝后期江南地区出现资本主义萌芽,河南省仍是自然经济的一统天下,文化方面虽也有令人瞩目的成就,但难以弥补整体颓势。

鸦片战争后中国逐渐沦为半殖民地半封建社会。中日甲午战争以后,帝国主义经济侵略的魔爪直接伸入河南,给河南的经济和社会生活带来广泛而深刻的影响。20世纪初,河南的民族资本主义工业呱呱坠地,成为新的生产力和生产关系的代表。但由于以地主阶级土地占有制为基础的封建农业和以耕织结合为特征的自然经济比较强固,地主阶级对劳动人民的盘剥加重,河南在近代化的浪潮中步履蹒跚。

民国时期河南社会经济停滞不前的局面未能改变。随着1919年五四运动的爆发和1921年中国共产党的成立,河南社会发展出现新的转机。1927年的国民革命军北伐结束了旧军阀在河南的统治,河南处于国民党政府统治之下。全民族抗战初期,国民党军队阻滞了日军的进攻,但豫东、豫北终沦入敌手。国民党政府加紧对人民搜刮,地主豪绅鱼肉百姓,人民在"水、旱、蝗、汤"造成的苦难中挣扎,情景悲惨。

为推翻帝国主义、封建主义和官僚资本主义这三座压在人民头上的大山,河南人民在中国共产党的领导下投身于新民主主义革命的洪流。大革命失败后,中国共产党高举武装斗争和土地革命的旗帜,创建鄂豫皖革命根据地和中国工农红军第四方面军。七七事变后,中国共产党发动群众组建抗日武装,先后开辟豫皖苏、晋冀豫等抗日根据地。抗战胜利不久,国民党政府将内战强加到人民头上。1947年夏秋,刘伯承、邓小平、陈赓、谢富治、陈毅、粟裕三路大军转战中原,解放开封、郑州、洛阳等重要城市。淮海战役结束后,河南全省获得解放。

1949年中华人民共和国成立,河南历史掀开新的一页。河南人民在中国共产党的领导下,完成社会主义改造,建立社会主义制度,进入社会主义建设时期。1978年改革开放以后,河南发生翻天覆地的变化。党的十八大以来,中国特色社会主义新时代大幕徐徐拉开,河南人民踏上了社会主义现代化建设的新征程,在中部崛起中奋勇争先,谱写更加出彩的绚丽篇章。

第一章　原始社会

　　劳动和自然界一起才是一切财富的源泉，自然界为劳动提供材料，劳动把材料转变为财富……劳动创造了人本身。

　　氏族是以血缘为基础的人类社会的自然形成的原始形式。

　　氏族，直到野蛮人进入文明时代为止，甚至再往后一点（就现有资料而言），是一切野蛮人共有的制度。

——恩格斯

　　史学界把没有文字记载的人类历史称作史前史,把史前社会形态称作原始社会。原始社会是一个共同劳动、共同享受劳动成果、人人平等的原始共产主义社会,也是一个经济与社会发展水平低下、社会成员处于蒙昧和普遍贫困的初级社会形态。考古学家依照人类使用生产工具的性质把史前史分为旧石器时代和新石器时代两个阶段。旧石器是以打击的方法制作的石器,新石器是指磨制的石器。

　　中原地区是中国远古人类起源的一个重要地区,旧石器文化遗存丰富。新石器时代有裴李岗文化、仰韶文化和龙山文化序列。中原在仰韶文化中后期开启文明进程,龙山文化时期进入早期文明阶段。

第一节　原始人类的进化与旧石器时代

一、古人类的出现与进化

　　古人类由类人猿进化而来。在由猿到人的演变过程中,手足分化、直立行走和制造工具最为重要。猿人把坚硬的石块打出薄边和尖端,制成粗糙的石器,成为劳动的开端。劳动不仅制造了工具,也创造了人类自身。

　　距今约200万年人类进入旧石器时代。猿人以打制石器为主要工具,并开始使用火,过着采集和狩猎生活。距今约200万—20万年为旧石器时代早期,距今约20万—5万年为其中期,距今约5万—1万年为其晚期。

旧石器时代早期的人类称"直立人"或"猿人"。考古工作者在三门峡一些地点采集到早期直立人使用的石器。在南召县云阳镇杏花山第二阶地的砂质黏土层中发现一枚右下前臼齿,称"南召猿人";在栾川县孙家洞遗址出土6件古人类化石和四枚牙齿,称"栾川人",还有"淅川人",时间距今约五六十万年,表明晚期直立人已在豫西生活。

旧石器时代中期的人类是早期智人。在卢氏县横涧乡锄沟峪刘家岭发现距今约10万年的4块人头骨残片和2枚牙齿化石,称"卢氏人"。许昌灵井遗址出土16块古人类头骨断片,复原后成为一个较完整的头盖骨化石,后又出土一个较完整的古人类头骨、其他个体的头骨碎片与2块古人类肢骨化石,称"许昌人",距今10万年前后。这一时期石器形状较规整,类型较确定,种类有所增加,表明生产力水平提高。

旧石器时代晚期的人类是晚期智人。他们能用间接打击和压制法生产加工石器,石器种类多样化,有刮削器、尖状器、雕刻器、锥或钻等,出现细石器和箭头。安阳小南海洞穴遗址出土细石器7000余件。许昌灵井西侧的一处文化遗存采集到两段人类股骨化石,形态介于智人与新人之间。他们已掌握穿孔技术,主要生产工具的功能、效率明显改进。郑州老奶奶庙遗址出土大量石制品和动物骨骼,发现多层叠压、连续分布的古人类居住面,早期聚落萌芽。鲁山仙人洞遗

"许昌人"头盖骨化石

址发现的距今约3.2万年的早期现代人头骨化石,是河南已知年代最早的现代人化石。

二、旧石器时代的原始群体生活

旧石器时代人类在洞穴中居住,使用打制石器进行生产,靠猎取动物、捕捞鱼虾和采集野生植物果实,维持低水平的生活。在生产工具十分简陋的情况下,同恶劣的自然环境和凶猛的野兽进行斗争,不得不依靠集体力量,共同劳动,共同生活。这种十几人、数十人结成的集体称作"原始群"。

旧石器时代末期人们从穴居和采集狩猎、驯化动植物,到尝试谷物栽培和牲畜饲养,走向农耕聚落,社会逐渐由旧石器时代过渡到新石器时代。

第二节　新石器时代社会的发展

距今1万多年前,人类进入河谷平原,开始修建房屋,使用磨制石器并制造陶器,并从事谷物种植和家畜饲养,从而步入新石器时代。新石器时代早期中原农业产生并初步发展,中晚期粟黍作与稻作的混合农业形成,并逐渐取代采集和狩猎,成为经济生活的主体。农业的起源和定居聚落的出现,是农业部族走向文明的起点。

一、裴李岗文化时期

新石器时代早期距今约1万年—7000年,中原地区有李家沟文化与裴李岗文化分布。

在新密李家沟遗址发现距今约10500—8600年的文化堆积,上部出土有粗夹砂陶和石碾盘,表明磨制石器逐步代替打制石器,农业刚刚出现,作物栽培与狩猎并行,有相对稳定的栖居形态,属于新石器时代早期早段文化。

裴李岗文化距今约8500—7000年,主要分布在豫西山地东部边缘的丘陵地带以及豫中、豫南平原,是新石器时代早期晚段的文化,新郑裴李岗遗址和舞阳贾湖遗址最具代表性。

裴李岗文化时期中原农业有所发展,农具有砍伐用的石斧,翻土用的石铲,收割用的石镰、石刀,加工谷物的石碾盘、棒。裴李岗遗址发现密集的炭化粟(黍)颗粒,贾湖遗址发现栽培粳稻种子,表明粮食种植已占主导地位,也从事狩猎、采集和家畜饲养。原始手工业以制造石器、陶器及骨器为主。石器大多表面略加打磨。陶窑结构简单,陶器为手制,松软易碎。聚落可分为居住区、储藏区和墓葬区,房屋多为圆形半地穴式,部分房址具有向心式和环壕布局的特征。新密莪沟遗址发现的6座房屋作环形布局,中间为广场,是母系氏族社会聚落布局的一般形式。公共墓地多长方竖穴土坑墓,无葬具,随葬品少。

新郑裴李岗遗址出土翻土石铲

这一时期社会处于母系氏族阶段。氏族是最基本的单位,若干个近亲氏族结合成部落,选举年长、能力强、有威信的人担任首领。内部保持着严格的母系血缘关

18

系,女性受尊敬,子女知其母不知其父。成员间关系平等,人们共同生产,共同消费,过着原始共产主义生活。

二、仰韶文化时期

距今约7000—5000年中原地区处于新石器时代中期,就是仰韶文化时期。仰韶文化最初发现于渑池县仰韶村,在黄河流域广泛分布,仅河南省就发现3000多处。

仰韶文化早期原始农业进一步发展,聚落扩展、完善与内聚,盛行聚族而葬和同性合葬,数百人埋在一个公共墓地,排列有序,各墓规模和随葬品差别很小。

仰韶文化中期又称庙底沟期,是仰韶文化的繁荣期。庙底沟类型文化因三门峡庙底沟遗址而得名,豫西及豫中遗址分布稠密。这一时期农具改进,生产规模增大,生产效率提高。陶坯用泥条盘筑,慢轮修整,器壁匀实,造型规整,彩陶发达。仰韶文化晚期石铲向扁薄发展,开始进入锄耕阶段,粟、黍、大豆及水稻大量种植,收割工具陶(石)刀的比例增大,农业生产成为经济生活的主体。石器普遍通体磨光,钻孔增多;陶窑改进,陶器种类、颜色和质地多样化。在南阳黄山遗址发现多座玉石器作坊遗址。在巩义双槐树遗址发现大量农作物遗址和正在吐丝状态的牙雕家蚕,连同周边遗址发现的农业和丝绸实物,表明较为完备的农桑文明已经形成。

随着社会生产力的快速发展,生产关系出现变化,社会结构也发生变革。仰韶中期聚落扩大、稠密并出现分化,形成聚落群与中心聚落。灵宝铸鼎塬聚落群发现19处遗址,最大的北阳平遗址近100万平方米,次等的西坡遗址约40万平方米,东常遗址约12万平方米,其他

三门峡庙底沟遗址出土彩陶盆

仅几万平方米。西坡遗址发现10多座大型半地穴式房屋基址,最大的占地516平方米,有主室和回廊,具有殿堂性质,当是部落或大规模的社会组织的公共活动场所。仰韶晚期聚落分化更为明显,中心聚落的核心地位更加突出,与其他普通聚落形成主从关系。巩义双槐树遗址有"河洛古国"之称,是仰韶文化中晚期具有最高规格和都邑性质的中心聚落。残存面积117万平方米,有三重大型环壕和具有极强防御功能的围墙和门道,大型中心居址和夯土基址,大型公共墓地,表明它已经产生一整套基于社会阶层分化的政治制度。距今约5300—4800年的郑州西山古城现存半圆形夯土城墙,有壕沟环绕,发现城门基址和道路等。

中心聚落期是父权家族确立、文明起源迹象出现的时期。郑州大河村遗址仰韶三期有16座地面上建筑房基,东西成排,有单间、双间或四间,迎门处或房角筑有烧火台,成为独立生活的单元。一大排房屋可视为一个大家族,其中分为若干大家庭,每一大家庭居住在两三间连在一起的小排房和邻近的单间房内。分间式房屋是适应以父系为基础、经济相对独立的对偶制核心家庭而建,既反映着社群集体观念,也体现了家庭的分化。

墓葬的规格也是社会组织的物化表现。灵宝西坡墓地发掘的34座墓葬可分为四级,但几乎每座墓都有玉钺,随葬品差别不突出。大墓墓圹阔大,但没有奢华的随葬品和浓厚的宗教气氛。仰韶晚期氏族公共墓地减少,墓葬排列杂乱,随葬品多寡明显。有些大墓有一二百件随葬品,而小墓仅一两件质地低劣的随葬品,出现夫妻合葬,是家庭经济巩固的表现。

仰韶文化中晚期是文明起源进程开启并逐渐步入初始文明的阶段。这一时期中原农业与畜牧业明显发展,聚落群与中心聚落出现,氏族成员贫富分化和不平等扩大,私有制继续发展,社会组织以男性为主导,都邑性聚落和集体防御设施——城出现,部落联盟过渡为早期国家,进入早期中国的古国时代。

三、龙山文化时期

距今约5000—4000年黄河流域分布着龙山文化,这一时期也称龙山时代。河南境内的龙山文化称作"河南龙山文化"。距今约5000—4600年属于龙山时代早期,中原地区的文化是"庙底沟二期文化"。距今约4600—4300年属于龙山时代中期,也是繁荣期,其文化遗存可分为王湾、三里桥、后岗、杨庄、造律台等类型。距今约4300—4000年属于龙山时代晚期,文化遗存分为煤山类型和白营类型。

龙山时期农具改进,出现翻土工具耒耜,石刀、蚌镰钻孔可束在手上或附柄使用。粟、黍、稻、大豆和小麦等多品种农作物种植制度形成,猪、鸡、狗、羊、牛、马等"六畜"数量增加。手工业从农业中分离出来。登封王城岗遗址发现专门石

辉县孟庄出土穿孔石铲

21

器作坊,表明当时存在由某些家族承担的专业化生产。陶坯半数为快轮制造,形体规整精细。陶窑底部火道火孔增多,陶坯受热均匀,采用窑口封闭饮水技术。金属冶铸分为冶炼和熔铸两个工艺过程。铜器多为纯铜与铅、锡合金,硬度高、熔点低、易冶炼铸造,已掌握复合范技术。铜器的出现使生产力明显提高。

聚落规模扩大,房屋排列密集,建筑形式多样。葬制大致分为零星墓葬、乱葬和儿童瓮棺葬三种。大墓和小墓差别明显,随葬品多寡悬殊。有的随葬猪下颚骨作为墓主私有财产的标志,零星小型竖穴土坑墓无葬具,一般无随葬品。孟津小潘沟遗址墓葬中有人腹部或腰以上骨架全无;有人侧身屈肢,双手举于头部两侧,当为打杀致死。这些现象说明,社会已出现奴隶、自由民和贵族,不平等关系带有暴力色彩。

迄今河南省境内已发现龙山时代城址14处,当时的中原可谓邦国林立。淮阳平粮台城址是一处中轴对称、布局方正、规划严整的高等级史前城址。平面呈正方形,四座城门对称分布,南门设东西相对两间门卫房,通道狭窄,防卫严密。一条南北走向的道路成为城址的中轴线,早期路面发现有双轮车辙痕迹,陶排水管道与排水沟连通构成排水系统,已发掘的十几座房基为土坯砌筑的分间式建筑。西北部面积较大的高台建筑基址当为宫殿建筑。城内发现陶窑和铜炼渣,出土玉器、陶器等一系列反映多元文化影响的高等级器物,展现了中原龙山文化兼容并蓄的特质。平粮台城址已具备早期城市的基本要素:全城有统一的规划,具有防御功能,有必要的市政建设;城址内有夯筑的宫殿台基遗存,是君权的物质载体,反映了强制性权力机构的存在;有较大规模的手工业生产,高等级手工业制品的生产和分配为贵族控制。发达的手工业作坊是技术进步、生产力发展的集中体现。都邑型城市成为当时的政治、经济和文化的中心。

龙山时代生产工具仍以石器为主,小件铜器出现。社会出现明确的分工,贫富分化加剧,大多数成员地位下降,贵族阶层地位提升,出现贵族墓地和大型墓葬,暴力与战争成为较普遍的社会现象。城邑与国家的初始形态——邦国的出现,标志着国家形成和文明时代的到来。

公元前2500—前2000年,持续的气候变冷与洪水灾害对中国文明起源进程与格局产生重要影响,导致一些地区的史前文化日趋衰落。中原地处"天下之中",具有吸收周边文化养分的地缘优势;华夏文化本身不尚浮华,强调王权而不过分渲染宗教的神力,不故步自封而乐于吸收周围地区的优秀成果,得以持续发展。龙山时代中后期中原地区的力量逐渐加强,周边先进的文化因素向中原汇聚,社会发展的重心已经转移到河南西部的王湾文化,在登封王城岗和新密古城寨等一系列遗址出现大型夯土建筑基址。以豫西、晋南为中心的华夏早期文明辐射四方的广域共同体逐渐形成,最终造成"多元并进,中原领先"的发展格局。

第三节　史前传说与远古社会

中原地区古代遗留下来许多神话传说,包括创世造人神话、三皇五帝和河图洛书的传说,为人们探讨原始社会的状况提供了不可或缺的线索。

一、"三皇"的传说

古人多以燧人、伏羲和神农为"三皇",其传说反映了旧石器时代晚期和新石器时代早期的某些社会特征。起初人们只能使用天然火，相传燧人氏发明"钻燧取火"，它属人工取火。商丘有燧人氏陵。伏羲氏"作结绳而为网罟，以佃以渔"，与旧石器时代晚期的渔猎经济相应。他又"画八卦，造书契"，是精神文化的创造者。伏羲都陈(今周口淮阳区)，在洛汭祭天，他的女儿伏妃在洛水上游玩溺死，成为洛水之神。神农氏也都于陈，他"斫木为耜，揉木为耒"，教民稼穑，是农耕的发明者。

二、"五帝"的传说

司马迁的《史记》以黄帝、颛顼、帝喾、尧、舜为"五帝"。中原地区有许多关于"五帝"的传说。黄帝是中华民族的人文始祖。"黄帝都有熊，今河南新郑是也。""黄帝采首山铜，铸鼎于荆山下"，灵宝阳平有黄帝铸鼎原。黄帝时设"陶正"管理陶器生产，又作弓弩，以玉为兵器，大体与仰韶文化中晚期的社会状况相同。颛顼都帝丘(今濮阳)，曾"绝地天通"，实行原始宗教改革。帝喾"都亳(今偃师)"，内黄有颛顼、帝喾二帝陵。帝尧晚年曾"祭于洛"，到伊洛平原活动。帝舜早年曾"就时于负夏"，"贩于顿丘"，在今安阳、濮阳一带活动。"崇伯鲧"是崇国的君主。"崇"就是嵩山，在今登封一带。鲧"作城郭"，又奉命治理洪水，失败被杀。鲧之子禹继承父业，治水成功，被封为夏伯。舜晚年要禅位于禹，禹避舜之子商均于阳城(今登封告成)。中原还有丹朱之国，在今南阳丹江流域，是帝尧之子丹朱的封国。炎帝和五帝的后裔为争权夺利，不断发生战争。炎帝之后共工在辉县一带活动，曾"与颛顼争为帝，怒而触不周山"。颛顼之后裔祝融则在嵩山一带活动。

三、河图洛书的传说

传说伏羲时黄河中跃出一匹龙马,背上有规则地排列着图形,就是"河图",伏羲据此创画八卦;大禹时洛河里爬出一只神龟,背上也有规则地排列着图形,就是"洛书",大禹据此创制《九畴》。据说孟津县老城西北的黄河岸边为"河出图处";洛宁县长水镇附近玄沪河和洛河的交汇处为"洛出书处"。《易·系辞上》记载"河出图,洛出书,圣人则之"。先秦文献多认为河图洛书是祥瑞之兆。

第四节　精神文化的起源

原始社会后期,文字逐渐形成,原始宗教产生,艺术起源,科学技术萌芽。

一、文字的起源

文字是记录语言和思维的符号,是人类进行思想交流、记事备忘、抒情达意的手段。传说文字是黄帝史官仓颉创造。南乐县有仓颉陵。文字并非一人一时所创造,而是广大群众在生产与生活中不断观察和创造,长期积累而成。最初的文字是书契。舞阳贾湖遗址出土龟甲上的契刻很像"目""户""曰"等字。郑州大河村等仰韶文化遗址出土的陶片上绘写或刻画多种符号。登封王城岗出土一件泥质黑陶钵的外底刻画有一个"共"字,字形结构与甲骨文相似,当为成熟文字出现的前奏。

二、原始宗教信仰的起源

新石器时代,先民产生神灵、祖先崇拜,并从事祭祀、占卜。传说颛顼在位时"家为巫史",原始宗教兴盛。巩义双槐树遗址发现祭祀台遗迹。杞县鹿台岗龙山文化晚期1号基址当为祭祀天地神的遗址,2号基址应为祭祀社神的遗迹。登封王城岗遗址夯土建筑遗迹下面发现奠基坑,埋青年女性、成年男性和儿童。舞阳贾湖遗址墓葬出土加工过的龟甲,内装数量不等的石子,汤阴白营龙山文化早期遗存有两片卜骨,表明当时已有用甲骨占卜的习俗。仰韶文化彩陶所绘鱼纹和蛙纹代表女性生殖器,汝州中山寨、北刘庄遗址发现陶祖,汝州洪山庙1号墓三座成年女性瓮棺上绘有男性生殖器图案,反映当时人们的生殖崇拜。

三、艺术的起源

人类早期的艺术活动伴随着人类物质活动和精神活动的实践而产生和发展。音乐和舞蹈是人们在劳动中表达思想、交流情感的产物。音乐起源于对天籁之声和动物叫声的模仿。《世本·作篇》载:"伏羲作瑟,神农作琴,女娲作笙簧,夷作鼓,伶伦作磬。"舞阳贾湖遗址出土的20多支骨笛是迄今世界上发现的最早乐器实物,说明音乐已出现。舞蹈的起源是对于自然物及人自身劳动动作的模仿。《吕氏春秋》说:"昔葛天氏之乐,三人操牛尾,投足以歌八阕。"据说伏羲时有一种

汝州阎村遗址出土
鹳鱼石斧图彩陶缸

表现用网罟捕鱼情形的舞蹈《凤来》（一作《扶来》），黄帝时的乐舞有《扶犁》《云门大卷》《干戚》。汝州阎村仰韶文化遗址出土陶缸上的鹳鱼石斧图是我国最早的绘画作品。新郑具茨山及林州的山岩上发现岩画。许昌灵井遗址出土一件距今1万多年的鹿角雕刻的小鸟，新郑裴李岗遗址出土有陶塑猪、羊头，新密莪沟遗址出土有陶塑人头像。

四、科学技术的萌芽

由于农业生产和日常生活的需要，人们不断观察日、月、星辰的运转和天体的变化。濮阳西水坡仰韶文化遗址一男性尸骨两侧出土一组蚌壳堆塑龙虎，代表北斗星的图像；荥阳青台和巩义双槐树遗址发现用陶罐摆放的"北斗九星"遗迹；郑州大河村遗址的彩陶上有天象纹饰。人们能把黏土淘洗、成型放入窑中烧烤变成坚固耐用的陶器，说明已具有一些化学知识。人们知道铜块加热可变成液体，冷却后又变成坚硬可成形的器物，是对铜的物理属性的认识。人们已经掌握了一些制陶、冶金、建筑技术。龙山时代陶坯广泛采用轮制，开创了用机械替代手工进行生产的先例，采用碳素还原的技术烧制黑灰陶。采用坩埚冶炼金属，懂得利用一定比例的铜、锡、铅冶炼出比纯铜性能优越的合金，器物铸造掌握了合范技术。建筑技术明显提高，发明夯筑，土坯墙出现，地面和墙壁涂抹石灰光滑坚硬。

人是从哪里来的

世界上先有鸡,还是先有蛋?人是从哪里来的?这些是人们常遇到的令人费解的问题。

我国历来有"女娲造人"的传说。一说世界上最早只有伏羲和女娲兄妹二人,他们结为夫妻,生子女,形成人类。一说女娲抟土造人。女娲首先用手捏泥巴造人,但是速度太慢,改为用一根树枝蘸上泥巴甩动,落到地上的泥巴点都变成了人。

到了近代,人们懂得生物进化理论,才知道人是由类人猿进化而来。从猿到人经历了数百万年的漫长岁月。类人猿首先学会直立行走,从而使手和脚分开。学会用手制造石器、木棒等简单工具,这是最早的劳动。又学会使用天然火,用以抵御严寒、吓阻猛兽,也可以熟食,使体质增强,大脑发达起来。人类进化经历了直立人(猿人)和智人两个大的阶段,智人的进化又分为古人、新人和现代人三个阶段。

读史益智

河洛古国

巩义双槐树遗址是黄河流域新发现的仰韶文化中晚期规模最大的核心聚落。它的发现填补了中原文明起源关键时期、关键地区的关键材料,被有关专家命名为"河洛古国"。

遗址中发现的大型建筑群,已初具中国早期宫室建筑的特征。比如其"品"字形布局、"一门三道"的宫殿形制,在二里头、偃师商城等后期遗址中多次发现,堪称古代宫殿的鼻祖;而大型中心居址建筑前两道围墙及两处错位不直的门道和加厚围墙的设计,具有极强的防御色彩,可能是中国古代最早瓮城的雏形。

发掘发现的夯土祭台遗迹是仰韶文化遗址中的首次发现,有利于开展与红山文化、良渚文化等周边区域在祭台文化以至高层次礼仪制度方面的比较研究。值得一提的是,双槐树遗址发现大量农作物遗存和正在吐丝状态的牙雕家蚕,连同其周边遗址发现的农业和丝绸实物等,充分证明5300年前中原地区已经形成较为完备的农桑文明。

史林折枝

第二章 夏商西周时期

夏朝的中原
商朝的中原
西周王朝的中原
社会经济的发展
精神文化的发展

中国政治与文化之变革,莫剧于殷、周之际。

周人制度之大异于商者,一曰"立子立嫡"之制,由是而生宗法及丧服之制;并由是而有封建子弟之制,君天子臣诸侯之制;二曰庙数之制;三曰同姓不婚之制。此数者,皆周之所以纲纪天下。其旨则在纳上下于道德,而合天子、诸侯、卿、大夫、士、庶民以成一道德之团体。周公制作之本意实在于此。

——王国维

公元前2000年前后,中原地区因多样性的地域特点和多品种作物种植制度的形成,社会经济发展,夏王朝在此建立,历史进入王国阶段。夏后期商国在漳水流域崛起,商王汤出兵灭夏,建立商王朝。商后期奠都关中的周国强大起来,周武王出兵伐纣灭商,建立周王朝。中原是夏、商的畿辅地区,西周时洛邑(今洛阳)成为统治关东广大地区的中心。三代属于铜器时代,礼乐制度逐渐完备,中原是华夏青铜、礼乐文明的核心地区。

第一节 夏朝的中原

一、夏王朝的兴衰

夏朝(约公元前21世纪—前16世纪)是中国历史上第一个奴隶制王朝,今豫西、晋南地区是夏朝的中心区。

约公元前2070年,禹子启登夏王位,都夏邑(今禹州),夏朝建立。禹州瓦店遗址面积约45万平方米,有大型建筑基址、奠基坑、夯筑祭祀台、人工环壕和祭祀遗址,可能是启都夏邑。启死子太康即位,游乐无度,政权被东夷首领后羿夺取,史称"太康失国"。太康之侄相被东夷人杀害,相妻后缗逃奔有仍氏(今山东济宁),生少康。少康成人后,联络夏族势力击灭东夷寒浞,恢复夏国。当时生产发展,国力增强,史称"少康中兴",奠定约200年的政局稳定局面。夏末王桀暴虐奢侈,社会矛盾尖锐,夏朝被商国灭亡。

夏朝属于广域王权国家,由多层次政治实体和多部族共同构成。夏王直接统治着王邦夏,间接支配着属国及东夷等族邦。属邦要向夏王缴纳贡赋,履行藩屏王邦、守土卫疆的责任和义务。夏王是"天下共主",王位世袭,开创了王朝时代。

二、新砦期遗存与二里头文化

河南龙山文化晚期遗存为夏代早期文化;嵩山东麓的新砦二期文化遗存和豫西、晋南的二里头文化遗存,属于夏代中、晚期文化。

新砦期遗存以新密新砦遗址而得名。新砦遗址面积逾100万平方米,是一处设有外壕、城壕、内壕三重防御设施、中心区有大型建筑的城址。其二期遗存包括居住遗迹和陶窑,出土铜容器碎片、残玉璋等大量文物。同类遗存还有郑州东赵、巩义花地嘴遗址等。

二里头文化因偃师二里头遗址而得名。二里头遗址面积约300万平方米,年代在公元前1750—前1530年,可分为四期,第二、三期为兴盛期。中心区分布着宫城和大型宫殿建筑群,外围有"井"字形主干道网。祭祀区、贵族聚居区拱卫在宫城周围,官营手工业作坊区位于宫城近旁。宫城呈长方形,有城墙环绕,发现10多处宫殿基址。1号基址面积1万平方米,有殿堂、门厅,四周围墙高耸,墙内外建有回廊,建筑气势宏伟,巍峨壮观。2号基址面积略小,也有殿堂、塾房、围墙、回廊与庭院,结构规整,可能是宗庙建筑。二里头遗址的多网格式结构布局开启了中国古代帝王之居"建中立极"的建都模式。

二里头遗址有城市主干道网、宫城、大型四合院宫室建筑群、多进院落和大型宫殿建筑,是中国最早且具有明确城市规划的大型都邑。其方正规整的宫城,带有明确中轴线的建筑群格局,以及大型宫殿建筑的规模和结构,显现出王都所特有的气势。河南境内的二里头文化城址还有荥阳大师姑、郑州东赵、新郑望京楼、平顶山蒲城店、辉县孟庄等。

二里头文化遗址发现有铜渣、陶范残片和坩埚残片,说明出土的青铜器是由当地生产。青铜器种类有工具和武器、容器、乐器以及装饰品。二里头青铜容器是迄今发现的中国最早的成组青铜礼器。青铜礼器、仪仗兵器广泛用于祭祀、宴乐、丧葬等礼仪活动,被赋予沟通人神、象征权力与地位的特殊内涵,玉质礼兵器也融入了浓郁的王权等级色彩。

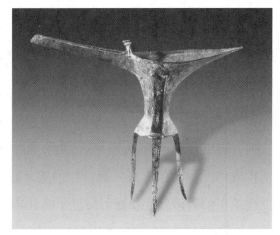

二里头都邑与二里头文化的出现,表明当时的社会已进入广域王权国家阶段。二里头文化标志着中华文明由"多元化"的古国文明走向"一体化"的王朝文明,具有划时代的意义。二里头文化确立的各种制度开

偃师二里头遗址出土乳钉纹铜爵

启了夏、商、周三代文明制度的先河。

夏代后期中原地区形成了更为成熟的文明形态,并向四方辐射文化影响。四川三星堆遗址不断出现镶嵌绿松石铜牌饰、玉戈、玉璋等,表明二里头文化因素对它影响极大。中原王朝的礼制和权威不同程度地得到人们接受,分散的地域文化被以二里头文化为主的统一融合趋势所代替。中原地区成为多元一体格局的核心和中华文明总进程的引领者。

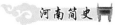

第二节 商朝的中原

一、商王朝的兴衰

商族的始祖契因佐禹治水有功被封于商。商先公先后8次迁徙，大抵不出今豫北、豫东、冀南、鲁西。分布于冀南、豫北的下七垣文化，包括安阳鄣邓遗址和鹤壁刘庄墓地，是夏代商族的文化遗存。夏末商国君主成汤迁都亳(今商丘南)，国力强盛起来。

约公元前1600年，商汤出兵灭夏，建立商王朝，迁都夏中心区，仍称亳(今偃师，一说郑州)。自商王仲丁以下九世，子弟争夺王位，150年间四次迁都。约公元前1300年盘庚迁殷(今安阳)，政局稳定，经济发展。武丁整顿吏治，发展生产，国力强盛，疆域扩大，成为当时世界上少有的文明大国。末王纣(帝辛)穷兵黩武，骄奢淫逸，民怨沸腾。立国关中的周国日益强盛。约公元前1046年，周武王率军伐纣，与商军在牧野(今淇县南)交锋，商军"前徒倒戈"，商朝灭亡。

商后期王畿北起漳河流域，南达今淇县、鹤壁一带，西起太行山东麓，东临古黄河两岸。四周由商贵族和分封诸侯统治，称"四土"。在诸侯封地之间及封地外围，存在许多方国和部落。中原黄河以北地区属于近畿，分布着王田、牧场和商王田猎区，黄河以南属于南土。

商代社会分为贵族、平民和奴隶。商王是最高统治者，辅佐商王的尹(或相)是最高行政长官，下设负责王室事务的宰、寝及各种小臣，负责管理神祇事务的史、卜、作册和巫，负责管理农事、众人、手工业、军事等民事官员。军队分为车兵和徒兵。地方诸侯有侯、子、男、田

（甸）、任，对王朝承担纳贡、服役、戍边以及出兵征伐等义务。

二、二里岗文化与殷墟文化

二里岗文化是商代早期的考古学文化；殷墟文化是商代晚期的考古学文化。

1. 二里岗文化

二里岗文化因郑州二里岗遗址而得名，距今约3600—3300年，中原是它的中心区，有郑州商城、偃师商城等遗存。

郑州商城遗址总面积25平方千米，宫殿区位于中部和东北部，发现数十座夯土建筑基址。15号房基长65米，宽13.5米，地坪面上有两排柱础槽和石柱础，可复原为重檐顶带回廊的大型宫殿，还有制陶、制骨和铸铜作坊遗址和墓葬。

偃师商城遗址总面积约190万平方米，三重夯土城垣相套合。大城发现城门7座、大道11条，其间分布铸铜遗存、制陶作坊及大型仓储基址。大城中南部有一座时代较早的小城，小城内有宫城，四周有围墙，城内发现8座宫殿基址。

郑州商城与偃师商城宏伟严整，具有王都气派。有学者认为偃师商城是汤都西亳，郑州商城是仲丁所迁隞都；另有学者认为郑州商城为汤都亳，偃师商城是商初的陪都、太甲的"桐宫"或军事重镇。此外，在新郑望京楼和郑州东赵发现有商代大型城址。以二里岗文化为代表的商早期华夏文明已十分强大，给周邻的文化以巨大的影响。

河南境内发现两座商代中期城址。郑州小双桥城址面积144万平方米，发现夯土建筑台基、大小道路和陶窑、祭祀坑，是一座具有都邑规模和性质的遗址，有学者认为是仲丁所迁之隞都。安阳洹北商城遗址总面积约4.7平方千米，发现大型宫殿基址、房基、水井、灰坑、墓葬等。1号基址平面呈"回"字形，包括门塾、主殿、配殿和廊庑，总面积近1.6万平方米，是现今已知夏商时期规模最大的建筑基址。学界一般认为洹北商城是盘庚所迁的殷都，也有人认为是河亶甲所迁的相都。

2. 殷墟文化

殷墟位于安阳西北郊小屯村及其北面的洹水两岸。1928—1937年进行了15次发掘，出土大量陶器、骨器、蚌器、石器、玉器、青铜器，甲骨27000多片。1950年以来持续进行大规模的钻探和发掘，探明了殷墟的王宫遗址及其周围的居民点、手工业作坊区、墓葬区、殷王陵、贵族墓葬、祭祀坑、平民墓葬、聚落遗址的分布情况，清理了武官村大墓和殉人祭祀坑、铸铜和制骨作坊遗址、一般居住遗址和墓葬区。殷墟中心区的50多座宫殿建筑在夯土台基上，排列着整齐的石柱础和铜柱础，重门复室，形成中心广庭的四合院布局，规模巨大，气

安阳殷墟出土后母戊方鼎

势宏伟。西北岗王陵区发现13座大墓，随葬青铜器、玉器数量众多，包括著名的后母戊方鼎。

殷墟文化分布范围以豫北为中心，北至京津，南达豫南，西至陕西，东达鲁中，时间大约距今3300—3000年，是商代晚期的文化遗存。

第三节　西周王朝的中原

一、周公东征与洛邑的营建

约公元前1046年周武王领兵灭商,建立西周王朝,把商王纣之子武庚留在殷都以奉商王祭祀;以弟管叔、蔡叔、霍叔监督武庚,史称"三监"。武王死,成王诵幼年即位,武王弟周公旦辅政。管叔、蔡叔串通武庚,联合奄(今山东曲阜)、蒲姑(今山东博兴)及徐夷、淮夷起兵反周。周公旦"内弭父兄,外抚诸侯",率军东征,平定叛乱,周王朝统治得以巩固。

周公旦深感镐京(今陕西西安西南)偏远,决定在伊洛盆地营建新都,选址洛水北岸的涧水东、瀍水西,役使商朝遗民兴建郭城和宫城,称成周洛邑。宫城呈正方形,王宫居中偏南,朝堂、官市、祖庙、社坛分布于南、北、东、西四方。在今洛阳老城北窑一带发现西周贵族墓地,墓地东南发现大型铸铜遗址,瀍水东岸发现祭祀遗存和殷移民墓。

洛邑的营建使中原与关中连成一片,周王畿土地方圆千里。洛邑居"天下之中",战略地位重要,是征收四方贡赋的中心。成王让周公留守成周,主持政务,在此建立与镐京相仿的政治管理体系。周公旦死后,子孙世袭卿事寮,镇守洛邑。

二、西周中原诸国

西周封周宗室同姓、功臣亲戚或古圣王之后为诸侯,在王畿以外建国,代替周王进行统治。周武王时首次分封,周公东征平叛后再次分封,建71国。周王是天下宗主,诸侯国是周王藩屏,并向周王缴纳贡赋。中原地区北部、东部和南部封国林立。

卫国。周公平定武庚叛乱后,把幼弟康叔封在原商朝王畿,建立卫国,都朝歌(今淇县),令他"启以商政,疆以周索"。

宋国。周武王伐纣时,纣庶兄微子启主动归顺。周公平定武庚叛乱,封微子于宋(今商丘睢阳区)以续殷祀。宋国是一个较大的异姓国。

陈国。周武王克商,访求帝舜后裔得妫满,封于陈(今周口淮阳区),是为胡公。

蔡国。周武王弟蔡叔参与武庚叛乱,被周公流放。其子蔡胡改行向善,成王时被封于蔡,今上蔡有蔡国故城。

应国。周初封武王之子于应(今平顶山)。在平顶山滍阳镇北滍村西发现应国墓地。

虢国。周初封周先公季历之子虢仲后裔于上阳(今三门峡李家窑),称北虢,上村岭有虢国贵族墓地;又把虢叔封于制(今荥阳汜水),称东虢。

此外,淮河上游有息(今息县西南)、蒋(今淮滨东南)等国,南阳盆地有申(今南阳西北)、吕(今南阳西)二国,是周朝的南方藩屏。

第四节 社会经济的发展

夏、商、西周三代中原地区处于铜器时代,生产力提高,农业、手工业不断发展,商业出现并初步发展。

一、农业的发展

夏代中原地区农具仍以石铲、石镰与木器耒耜为大宗,农作物以粟、黍和大豆为主,水稻增加,小麦传入,多品种农作物种植制度进一步完善。考古工作者在周口淮阳区四通镇时庄发现夏代早期的围垣聚落遗址,其中有29个储藏粟的粮仓,它反映了当时粮食生产和储备、管理的情况。商代农业生产是主要的经济部门,甲骨文中有许多占卜是否"受年"(丰收年)的卜辞,农具有铜斧、铜刀、石斧、石刀、石铲、石镰、蚌刀、蚌镰、骨铲等,土地整治得比较规整,农作物有黍、稷、粟、麦、稻等,饲养猪、狗、黄牛等多种家畜。西周实行井田制,分"公田"和"私田",实行轮流休耕制。农具以木、石、蚌、骨器为主,青铜农具有钱、镈、铚、艾等,耕作方式是两人协同合作的"耦耕"。

二、手工业和商业的发展

夏、商、西周时期,中原地区的手工业生产已有明确分工,王室和诸侯国都拥有手工作坊和从事各种技艺的工匠。西周初周王赐给卫康叔"殷民七族"中的"陶氏""施氏""繁氏""铸氏",都是专门从事一种产品生产的手工业者。西周"工商食官",中原官营手工业比较发达。这一时期手工业已分为青铜铸造、陶器、玉器、骨器、木漆器和纺织等门类,青铜铸造业最有代表性。

夏代后期,中原已出现产业结构特点鲜明、铸造加工技术先进、器物种类多元化和器物形状复杂化的青铜产业。偃师二里头遗址的铸铜作坊面积达1万多平方米,出土各种各样的坩埚、炉壁、陶范。青铜器是铜、锡合金,分为容器、兵器、工具和铜饰件,器体小而轻薄。

郑州商城发现商前期铸铜作坊遗址,出土熔铜炉残片、炼铜坩埚和陶范残片、炼渣、炭屑、矿石等遗物。28件窖藏铜器均为铜、锡、铅合金,几件大方鼎最具代表性。安阳辛店晚商铸铜遗存约50万平方米,具有多个独立、完整的铸铜作坊区,与苗圃北地、孝民屯等多处铸铜作坊构成庞大的铸铜体系。殷墟出土青铜器四五千件,有礼器、乐器、兵器、工具、生活用具、装饰艺术品和车马器。武官村出土的后母戊方鼎高133厘米,重832.84公斤,造型雄伟,结构复杂,饰蟠龙纹和饕餮纹,是世界上最大的青铜器。商代晚期青铜种类增多,形制复杂,纹饰精美,铭文增多,是青铜产业的鼎盛期。

西周时期,中原的铸铜手工业分布更广。洛阳北窑铸铜遗址面积10多万平方米,大型竖式鼓风炉直径1米左右,用皮囊(橐)鼓风,采用"内加热"方法熔化铜液铸造器物。洛阳北窑西周墓地、平顶山应国和三门峡虢国墓地出土的西周青铜器制作精美。三门峡上村岭虢季墓出土的玉茎铁芯铜剑是我国最早的人工冶铁制品。

三门峡虢国墓地2009号墓出土麻布短裤

郑州商城西城墙外发现一处早商制陶作坊遗址,出土有原始瓷器,晚商中原已能烧制刻纹白陶。西周陶窑多有发现,郑州董砦遗址的一座陶窑直径1.8米,结构合理。洛阳庞家沟西周墓出土的原始瓷器以高岭土作胎,器表施灰绿色薄釉,质地坚硬。骨器、玉器、漆器制作及丝织、建筑业都有突出成就。三门峡虢国墓地出土的麻质短裤是中原出土最早的纺织成衣。

商代中原商业和交通发展。道路有陆路和水路,交通工具是车和舟船。货币贝的出现是商业兴起的标志。殷墟妇好墓棺内放置海贝6000多枚。甲骨文、金文中有赐贝多少"朋"和有关商贾的记载。西周洛邑王宫的后面有官市。浚县辛村一座卫国墓随葬贝2900多枚,三门峡虢国墓地出土石贝数千枚。

第五节　精神文化的发展

夏、商、西周时期人们保持着宗教信仰和祭祀占卜习俗,礼乐制度逐渐形成,出现成熟的文字和诗歌,官学教育和科学技术发展。西周时期宗教迷信减退,人文因素增多。

一、宗教观念与哲学思想

夏代仍崇拜各种自然神,超越自然神的"上帝"出现,宗庙社稷成为国家政权的象征。商人比夏人更迷信鬼神,遍祀天神地祇,祖先祭祀形成周祭制度,视天神上帝为政权的保护神。西周也祭祀天神上帝和土地神祇,庙祭祖先。

殷商统治者笃信天命,相信君权神授。《洪范》是周武王访问箕子的谈话记录,反映商后期的天人感应和王权政治观念。周人对天、上帝的信仰开始怀疑、动摇,出现"民意论"的天命观和"崇德贵民"的政治思想。周公旦指出天命不常,天仅受命于有德者,统治者必须"敬德保民",注重德行,讲究统治方法,明德慎罚。这些成为西周占统治地位的思想。

《洪范》提出"五行说",认为自然万物由水、火、木、金、土五种物质元素构成,这是中国早期的朴素唯物主义自然观。《易经》由周文王发端,成书于西周中后期,是一部占卦的书,包含着观物取象、万物交感、事物发展变化等思想观念。

二、成熟文字的出现

甲骨文是目前已知我国最早成系统的成熟文字。殷商贵族遇事必占卜吉凶,所卜之事和应验况情刻在龟甲或兽骨上称"卜辞",其文字就是甲骨文。甲骨卜辞主要出土于安阳殷墟,契刻有5000多个单字。

安阳殷墟出土甲骨卜辞

金文又称钟鼎文,是青铜器上的铭文,出现于商代,发展于西周。其字体与甲骨文相近,形声字的比例大增。金文内容丰富,记载了社会生活的多方面内容,成为研究周代历史的第一手资料。

三、礼制与乐舞

中国古代的礼制肇始于夏代,完善于商、周,是维护社会秩序的规范。殷商祭祀礼仪繁缛。周初周公旦在洛邑(今洛阳)制定了一套较完备的贵族等级礼仪制度,包括宗周王、重聘享、严祭祀、赴告策书、论宗姓氏族、尊礼重信、宴会赋诗等。周统治者因袭前代之乐,也自作新乐,大型乐舞《大武》集中颂扬周武王的丰功伟绩。西周礼乐对后世影响深远。

夏、商、西周时期中原地区出现不少歌谣。据说夏代有《五子之歌》。周初有伯夷、叔齐的《采薇歌》和箕子的《麦秀歌》。西周诗歌多收在《诗经》中,《周颂》的《清庙》《维天之命》《维清》《烈文》是诸侯百官在洛邑朝会时祭祀文王的颂歌,《小雅》中《常棣》《车攻》《鼓钟》《瞻彼洛矣》《裳裳者华》等是周宣王时作于洛邑的诗篇。

四、学校教育与科学技术

中原地区是夏、商、西周三代都城所在地,中国最早的学校教育在这里产生,并逐渐完备。夏代的学校称庠、序和校,商代都城有"右学""左学"和进行乐教的"瞽宗"。西周初期天子之学称辟雍,诸侯之学称泮宫。成周(今洛阳)学制东有东序、南有成均、西有瞽宗、北有上庠,中央有辟雍,是中国古代学制的雏形。西周学校主要进行"六艺"(礼、乐、射、御、书、数)教育。三代教育具有"学在官府、官师合一"的特点,仅贵族有受教育的特权。

中国古代有观象授时的传统,相传夏代的历法称"夏时"。商代甲骨卜辞有岁星(木星)、火星等星名和日食、月食的确切记载。历法为阴阳合历,年终置闰,干支纪日。数学方面商代已采用十进位制,西周数学已发展为独立学科。商代卜辞记载多种疾病名称,西周宫廷已设置专门的医官。

夏代青铜冶铸技术快速发展,逐渐形成采矿与冶炼、陶范制作、浇注与后期加工等一整套工艺流程,发明组合陶范铸铜技术。商代青铜器铸造技术更为成熟,殷墟青铜器的合金成分与《周礼·考工记》所记载的"六分其金,而锡居其一"的铜、锡比例相合。洛阳北窑西周铸铜遗址出土大量陶范,制作精细。大型器物先铸好附件,然后嵌入整个铸器的外范,再用铜液浇注使其合成一体。

读史益智

"中国"的由来

我们都是中国人。"中国"这一名称的由来,想必大家都想知道。

中国古代有"建中立极"的观念,就是要在国土的中心部位建都,以治理四方。河洛地区是夏、商王朝的都城所在地,被称作"天下之中"。"中国"一词最早见于西周初期,1963年宝鸡出土成王时期的铜器何尊,有铭文:"惟王初迁,宅于成周……惟武王既克大邑商,则廷告于天,曰:'余其宅兹中国,自兹乂民。'"意思是说,周武王伐纣灭商后,认为成周(即洛阳)是"中国"(即"国中"),要将都城迁到这里,在此治理民众。

此后,"中国"一词也见于《诗经·大雅·民劳》:"民亦劳止,汔可小康。惠此中国,以绥四方。"以"中国"与"四方"对称,"中国"就是"京师"。由于都城是全国的政治、经济、文化中心,遂成为整个国家的代表。"中国"也由指都城演变为指包括土地、人民在内的国家名称,而主要指立国于中原的国家。如北宋岳飞手书:"金人所以立刘豫于河南,盖欲荼毒中原,以中国攻中国,粘罕因得休兵观衅。"

总之,中国这一概念首先是指"国中"(即都城),后来指立国中原的国家,最后成为国土广袤、民族众多的国家的名称。

史林折枝

1. 青铜器时代

青铜器是中华文明早期阶段的重要标志之一。青铜是铜和锡、铅等金属组成的合金。它具有优良的铸造性、很高的耐磨性和化学稳定性。我国青铜的冶炼和铸造很早,传说"禹铸九鼎"。在偃师二里头遗址发现一处铸铜作坊。二里头遗址出土青铜器的种类,有礼器性的容器,用于战争的兵器和各类生产工具,以及铜牌、铜铃等。以二里头文化青铜器为标志,中国已经进入青铜器时代。在商代前期的郑州商城遗址发现两处铸铜作坊和三处青铜器窖藏,出土大批青铜器,其中的大方鼎、大圆鼎都是王室重器,表明中原青铜文化系统已经形成。商代后期步入青铜时代的鼎盛期。商代晚期的安阳殷墟发现多处铸铜作坊遗址,出土青铜器四五千件,种类齐全,有礼器、乐器、兵器、工具、生活用具、装饰艺术品和车马器等。仅妇好墓即出土铜器577件。工匠不仅能准确掌握青铜的含锡、铅比例,而且掌握了分铸法和多合范法铸造技术,纹饰丰富多彩,繁缛富丽。西周时期,成周洛邑也发现铸铜作坊遗址,出土众多精美的青铜器。中原青铜艺术是最具特色且对周边青铜艺术最具影响力的艺术体系。

2. 周公制礼作乐

中国早期文化的发展道路是先由巫觋活动演变为祈祷

奉献,由此产生祈祷奉献的规范——礼,最终发展为理性化的规范体系"周礼"。

据文献记载,"周礼"是西周初周公旦制作的。《尚书大传》说:"周公摄政,一年救乱,二年克殷,三年践奄,四年建侯卫,五年营成周,六年制礼作乐,七年致政成王。"意思是周公平定武庚和东夷的叛乱、分封诸侯、营建成周洛邑之后,在成周制礼作乐。

到殷商后期,典礼祭仪已比较完备。周公制礼作乐以商代礼乐为基础。《论语·为政》载孔子说:"周因于殷礼,所损益,可知也。"周公在总结商代礼乐的基础上,从西周的实际情况出发,对殷礼斟酌取舍,加以改造和发展,制定了一套适合周王朝政治需要的礼乐制度。周公在礼的精神中注入"德"的观念,使其具有道德伦理的深刻内涵,体现着尊尊、亲亲等观念。周礼的内容与嫡长子继承制、分封制、宗法制、世卿世禄等政治制度相融通,包括宗周王、重聘享、严祭祀、赴告策书、论宗姓氏族、尊礼重信、宴会赋诗等,基本涵括了典章制度、礼节仪式、道德规范三个方面。西周礼乐在王畿和诸侯国实行,对后代影响深远。

第三章　春秋战国时期

大国争霸中的中原政局

七雄角逐中的中原诸国

社会经济的发展与转型

文化的繁荣

春秋时犹尊礼重信，而七国则绝不言礼与信矣。春秋时犹尊周王，而七国则绝不言王矣。春秋时犹严祭祀、重聘享，而七国则无其事矣。春秋时犹论宗姓氏族，而七国则无一言及之矣……邦无定交，士无定主，此皆变于一百三十三年之间……

——顾炎武

从公元前770年周平王东迁洛邑(今洛阳)到公元前221年秦统一中国,史称东周,是中国历史上的春秋(前770—前476)、战国(前475—前221)时期,中华文明出现了第一个高峰。这一时期大国争霸,七雄角逐,中原是其中心区,社会发生巨大变革:以宗法为基础的分封制向中央集权的专制主义国家过渡;奴隶制关系衰落,封建制度开始建立;井田制崩溃,土地私有制形成;生产工具由青铜器向铁器过渡。三代思想文化的发展,到春秋、战国时期而臻于鼎盛。战国后期,思想学术从百家争鸣走向一家独尊。

第一节　大国争霸中的中原政局

春秋初期东周王畿尚有方圆六百里,因受诸侯和异族蚕食而逐渐缩小,仅存今河南西部一二百里土地。周王失去“天下共主”的地位,王权下移,“政由方伯(诸侯霸主)”,遂形成大国争霸的政治局面。

一、春秋时期中原诸国

郑国从关中迁来。早在公元前806年,周宣王把弟姬友封在棫林(今陕西渭南华州区),就是郑桓公。周幽王时他在朝中担任司徒,见西周将亡,把族人和财产迁移到东虢和郐国(今荥阳、新密一带)。及犬戎灭西周,郑桓公殉难。郑武公攻灭虢、郐两国,迁都新郑,成为春秋初期的强国。郑庄公曾率军打败周军,又讨伐宋、卫两国,战胜戎

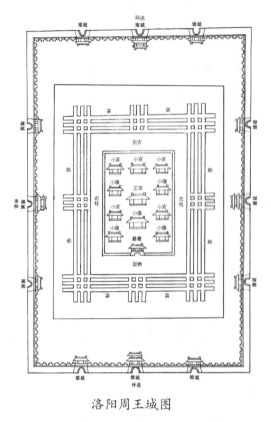

洛阳周王城图

师,有"小霸"之名。春秋中后期郑国内部公族大夫纷争,外受晋、楚等国威逼,国力衰落。公元前543年,子产(公孙侨)担任执政,推行改革:"作封洫",以田间纵横的沟渠和道路为标记划定田界,承认私田的合法性;"作丘赋",以"丘"为土地单位向土地私有者征收军赋;"铸刑书",把法律条文铸在鼎上,公布于众。改革使郑国经济发展,政局稳定,国力增强,但子产死后国力又趋衰落。

宋国是一个二等强国。宋襄公图谋成为诸侯霸主,联合卫、曹等国伐齐,立齐公子昭为君。公元前639年秋,宋襄公和楚成王等在盂地(今睢县西北)聚会,楚成王拘执宋襄公后又释放。次年夏,宋军讨伐亲楚的郑国,楚军伐宋,两军在泓水(今柘城县北)相遇。宋公子目夷认为正面决战难以取胜,可在楚军渡河或尚未布阵时发起攻击,被宋襄公拒绝。结果宋军大败,襄公受伤而死,其霸业昙花一现。宋国地处南北要冲,成为晋、楚争夺和控制的对象,国势日衰。

此外,中原还有卫、陈、蔡、许等国,常受大国或异族征伐,土地被侵夺;宗室争夺君位,内难不已;都城屡迁,不遑宁居,甚至沦为大国附庸。

二、大国争霸战争与盟会

春秋中期以后,齐、秦、晋、楚诸国相继争霸中原,不断发动战争,举行会盟。

公元前656年,楚军攻郑,齐桓公率八国军队伐楚,进兵召陵(今漯河郾城区),阻止了楚军的北进,又多次派兵平定周王室内乱,召集诸侯军队戍守成周。公元前651年,齐桓公和诸国君在葵丘(今兰考)约盟,成为中原霸主。此后,晋、楚两国争霸80多年。

晋文公时晋国强盛。公元前636年,晋文公发兵平定周王室叔带之乱,帮助襄王复位。公元前633年冬,楚成王率五国联军围宋,晋文公联合齐、秦救宋,在城濮(今山东鄄城临濮集)大败楚军。晋文公在践土(今原阳东南)的诸侯盟会上被周王册封为侯伯,成为中原霸主。公元前606年,楚庄王挥师北上抵周郊,问周鼎轻重,表露取代周王的野心。公元前597年,楚军伐郑,晋军来救,鏖战于邲(今郑州北),晋军败,楚国成为霸主。公元前575年,晋将栾书领兵伐郑,楚共王率军救郑,晋军在鄢陵大败楚师,重新确立晋国霸主地位。

秦穆公时秦国逐渐富强。公元前627年,秦军偷袭郑国,郑商人弦高假称奉命犒师,秦军以为郑国有备而退兵,在崤山峡谷遭到晋军伏击。秦国东向争霸之路受阻,遂称霸西戎。

在争霸战争中,中原诸国受战争破坏惨重。春秋中期以后大国相争,势均力敌,又忙于内部事务,难以发动大战。公元前579年和公元前546年,由宋国大夫华元和向戍倡导,在宋都城下召开两次"弭兵"会议,晋、楚两国订立盟约,停止交战,共享霸权。公元前482年,吴王夫差率军北上,与诸侯在黄池(今封丘西南)会盟,成为诸侯争霸的尾声。

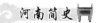

三、华夏族与四裔的杂居融合

春秋时期夏、商、周三部族融合为一，统称华夏族。当时"戎逼诸夏"，伊洛间有扬拒、泉皋之戎，汝水以西有蛮氏之戎。"诸戎饮食衣服不与华同，贽币不通，言语不达"，保留着较多的民族特性。原居瓜州（今秦岭太白山一带）的陆浑戎被秦、晋两国迁至伊水流域。伊川县徐阳发现陆浑戎贵族墓地，发掘墓葬200余座，葬俗与同时期西北戎人相似。在宜阳县南留发现东周城址，当为陆浑戎贵族住地。后来晋灭陆浑戎，楚执蛮氏而南迁，戎蛮衰落。

春秋时期"南夷与北狄交，中国不绝若线"。狄族军队曾攻灭邢、卫两国，狄人与周王室联姻，并介入周王室的内争。楚军北伐陈国、蔡国，攻灭南阳盆地与淮河上游诸多小国。面对夷狄的威逼，齐桓公揭起"尊王攘夷"大旗，联合华夏诸国"存邢救卫""观兵召陵"。至春秋末期，居住在中原或靠近中原的各部族大多融合于华夏族。

第二节　七雄角逐中的中原诸国

公元前403年，周威烈王册命晋国韩、赵、魏三家为诸侯，形成齐、楚、燕、赵、韩、魏、秦七雄并立的局势。各国先后实行变法革新，确立了新兴地主阶级的统治。"韩，天下之咽喉；魏，天下之胸腹"，战略地位重要。中原是七雄角逐的主要战场，宋、卫、郑等小国成为大国争夺和蚕食的对象。

一、魏国的盛衰

魏国初都安邑（今山西夏县），魏文侯以李悝为相，实行变法："尽

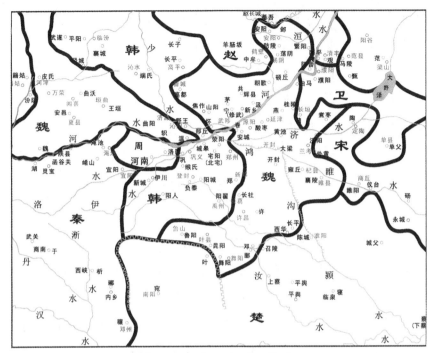

战国时期中原地区形势图

地力之教"，使农民精耕细作，提高土地利用效率，增加产量；推行"平
籴法"，丰年国家买进一定数量的粮食，歉年卖出一定数量的粮食，以
平抑粮价；制定法律，编排《法经》。魏国成为战国前期的强国，不断向
外扩张，占有中原大片土地。公元前361年，魏惠王迁都大梁（今开
封），开凿鸿沟运河，修筑黄河堤防，发展农业生产，开发山林川泽；在
西部边界修筑长城，加强对秦国的防御，联络韩、赵两国共同抵御秦、
齐两个强国的夹击。

公元前354年，赵国出兵攻卫，企图使卫国离魏从赵。魏国派庞涓
率军伐赵，包围邯郸。齐威王派田忌率军救赵，直趋大梁。庞涓率精
锐骑兵日夜兼程回救大梁，在桂陵（今长垣西南）遭齐军伏击，大败。
不久魏国再度进攻邯郸，齐、卫、宋三国联军围攻魏国襄陵（今睢县）以救赵。魏、韩联军击败齐军,国势复振。公元前344年,魏惠王自称"王",召集诸侯集会逢泽(今开封南),图谋诸侯盟主地位。公元前342年,魏军攻韩,韩国向齐国求救,齐国派田忌率军直趋大梁。魏王派太子申和庞涓率军10万迎敌,在马陵道(今范县西南)遭齐军伏击,大败。此后魏国不断遭受邻国进攻,国势日衰。

二、韩国的兴颓

韩国初都平阳(今山西临汾),公元前423年,出兵伐郑,先后迁都宜阳(今宜阳韩城)、阳翟(今禹州);公元前375年,出兵灭郑,迁都新郑。

韩昭侯时,秦、宋、魏等国轮番攻城略地,韩国无力还击,在边境修筑长城防御。公元前355年,申不害任相,进行改革,"修术行道",让君主操生杀予夺之权以驾驭群臣,强化专制主义中央集权;"循功劳,视次第",对臣属和将士论功行赏,因能授官,提高官员办事效力,增强军队战斗力。但没有进行经济改革,发展滞后,在七雄中国力较弱。申不害死后,秦国不断侵伐,夺取重镇宜阳和邓师(今孟州西)、宛(今南阳)两个冶铁中心,迫使韩国割让黄河以北二百方里土地,韩国遭受重创,到韩桓惠王末年国土丢失过半,国势危殆。

三、秦灭中原诸国

战国后期,中原地区有韩、魏、楚三个大国及西周、东周、卫、宋等小国。

周王室不断发生王位争夺。周考王居成周(今洛阳东),封弟揭于王城(今洛阳西工区),称西周桓公。公元前367年,西周威公去世,少子根和公子朝争立。少子根在巩(今巩义)即位,称东周惠公,周分裂为以河南县为中心的"西周"和以巩县为中心的"东周"两个小国。

公元前280年,秦军大举攻楚,楚国割上庸(今湖北竹山一带)及汉水以北土地给秦国,国势始衰。两年后秦将白起率军攻克楚都郢(今湖北荆州),楚国迁都陈县(今周口淮阳区),在此立国38年。

秦逐渐攻灭中原诸国,设郡县。公元前272年,韩国被迫把南阳之地献给秦国,秦国把它和此前占领的楚国上庸地合并,设南阳郡,治宛县(今南阳)。公元前256年,西周君率诸侯军出伊阙攻秦,秦将摎率军反击,西周君尽献其36邑。公元前249年,秦相国吕不韦率军灭东周,取其地。秦将蒙骜攻取韩国成皋(今荥阳汜水镇)、荥阳,连同二周故土,设三川郡,治洛阳。公元前242年,秦军攻魏,取黄河南北20城,以魏成皋以东地连同卫都濮阳地设东郡,治濮阳。公元前231年,秦内史腾率军灭韩,在韩地设颍川郡,治阳翟(今禹州)。公元前225年,秦将王贲率军围攻魏都大梁,魏王假出降。秦国在魏国东部设砀郡,治砀县(今永城芒山镇)。

第三节　社会经济的发展与转型

春秋战国时期奴隶制崩溃,新兴封建制度建立,田宅可自由买卖,地主和小农出现,个体手工业者可独立开业。春秋时期开始进入铁器时代,生产工具的变革提高了生产力。中原各国陆续进行经济改革。郑国子产作"封洫""丘赋",开沟渠灌溉排涝,用纵横的小路、沟渠将农户私有土地相区隔;根据占有土地的"丘"数征收军赋。卫文公推行"务财、训农、通商、惠工"的经济政策。魏国李悝推行"尽地力之教",

调动农民的生产积极性,充分发挥土地肥力,提高农作物产量,实行"平籴"以稳定粮价。改革推动了农业和手工业的快速发展,中原经济居全国前列。

一、农业生产方式的变革

春秋时期中原农业生产方式发生质的变化,开始使用铁器和牛耕,犁耕农业逐渐取代锄耕农业。郑国使用"桔槔"提水灌溉。"桔槔"由两根直木组成,用杠杆原理汲水,一天可浇地百畦。战国时期已摈弃耒耜和石铲、石刀,改用犁、镬、锄、锸、镰、刀等铁器。辉县固围村战国墓出土犁铧、镬、铲、凹字形锄、长方形锄、镰等铁制农具52件。公元前422年,西门豹任魏国邺县(今河北临漳西南)令,"发民凿十二渠,引河灌民田"。这是一项大型水利工程,可灌溉附近10万亩土地。漳水淤灌可改良土壤和提高肥力,使原来的盐碱地"成为膏腴(良田)",邺地变成河内最富饶的地区。魏惠王迁都大梁后,开凿鸿沟运河,开展水上运输,灌溉附近农田。韩国也兴修水利工程,有著名水利专家郑国。春秋战国时期中原农民已懂得施肥,对土地实行轮耕、休耕,以恢复地力。冬季种麦,秋季种禾,一年两熟,粮食产量增加。魏相李悝说:"治田百亩,岁收亩一石半。"按今一亩面积折算,亩产四石半。

二、手工业的发展

春秋战国时期,中原手工业发达。各国都城都有官营手工业作坊,与小农结合的家内手工业、单独经营的个体手工业和官营的盐铁等大型手工业都有发展,"工肆之人"在市内开设店铺,自产自销。

青铜铸造业高度发展,河南省境内发现多处春秋战国的冶铜遗址和铜器群。新郑郑韩故城的郑国冶铜遗址面积10万平方米,发现大量铜渣、木炭屑、陶范碎片、鼓风管,熔炉采用鼓风助燃,生产铜钁、铲、镰、锛、凿等工具。新郑出土铜器众多。"郑之刀,宋之斤"都是当地名产。魏国的梁(今开封)、宁(今获嘉)、共(今辉县),韩国的郑(今新郑)、新城(今伊川西南)、阳人(今汝州西北),都是冶铜铸造兵器和钱币的中心。

新郑出土莲鹤方壶

冶铁业兴盛起来。郑国子产曾用铁铸造刑鼎,扶沟和新郑曾出土铁镢等铁器。洛阳出土的春秋晚期空首铁镈是展性铸铁,锐利程度加强,使用寿命长。韩国有新郑、阳城(今登封东南)、冥山(今信阳东南)、棠溪(今舞阳县东)、合膊和龙渊(均在西平县西)、邓师(今孟州东南)等著名冶铁中心。新郑冶铁遗址是一处集冶炼、制范和铸器为一体的冶铁基地,发现熔炉、烘范炉、退火脱炭炉、抽风井、鼓风管、炼渣、木炭、陶范,产品多种多样,其中一块板材是我国发现最早的球墨铸铁。

中原各地普遍植桑养蚕,丝织、麻织和葛织是纺织业的重要部门,用蓝、茜等植物染料染色。宛丘(今周口淮阳区)人在池中沤麻、绩麻。漆木器制造、制陶、金银玉器加工业都有发展。洛阳金村、辉县琉璃阁、信阳长台关战国墓都出土有漆器。三门峡上村岭春秋早期虢国墓出土玉器品种器形多样,制作精美。洛阳金村出土的金链玉佩以及银俑、银杯、银盒都有较高的工艺水平。

三、商业的繁盛

春秋战国时期中原四通八达。"成皋之路""夏路"等交通干线纵横,河雍(今孟州西)和孟津间黄河上架有浮桥。便利的交通和农业、手工业的发展促进了商业的繁荣。商贾成为一种专门职业。周(今洛阳)人"高富下贫,喜为商贾";宋国稼穑之民少,商旅之民多;陈国通鱼盐之货,其民多贾。郑国商人实力雄厚,郑桓公曾和商人订立盟约。在官商之外出现一批"私商"。卫国黎(今河南浚县)人端木赐、魏国虞氏、洛阳人白圭、"阳翟大贾"吕不韦都是"家累千金"的大商人。商业都市出现。卫国的温、轵、濮(今濮阳),郑国的阳翟,三川的东、西二周(今洛阳、巩义),韩国的新郑、荥阳,魏国的大梁(今开封),楚国的宛(今南阳)、陈(今周口淮阳区),都是富冠海内的天下名都。金属货币成为商品交换的媒介。周景王曾铸造大钱,韩、魏流行铲形"布币"。

第四节 文化的繁荣

春秋战国时期是文化发展的"轴心"时代,中原文化出现了一个高峰。周(今洛阳)是礼乐制度的渊薮。儒、道、墨、法诸家的代表人物阐述各自的思想主张,形成"百家争鸣"的繁荣局面。《诗经·国风》中的诗歌,《老子》《庄子》《墨子》《韩非子》等散文,石申对天文学、墨子及其后学对数理学的开创性研究,代表着当时中国文化的最高成就。

一、百家争鸣中的思想学术

春秋战国时期社会变革剧烈,思想学术领域出现"百家争鸣"局面。道家、法家、墨家学说在中原兴起，儒学在此传播，中原成为百家争鸣的中心区之一。

老子李耳，楚国苦县（今鹿邑）人，在洛阳周王室任守藏史，著有《道德经》（又名《老子》），是道家学派的创始人。其哲学思想核心是"道"，认为"天下万物生于有，有生于无"，世间万事万物都在不断变化，事物的两个矛盾对立面互相依存又互相转化，"祸兮福之所倚，福兮祸之所伏"，具有朴素辩证法因素。老子倡导统治者清静无为，顺其自然；主张小国寡民，反对战争。孔子曾向老子问礼，庄子、申不害、韩非都受老子学

老子像

说的熏陶。老子的思想学说开中国古代哲学思想之先河，对中华思想文化的发展和民族性格的形成有重大影响。

庄子名周，宋国蒙（今商丘东北）人，与后学著《庄子》。庄子以"道"作为天地万物的本原，其哲学的核心是"虚无"和"无为"。他认为一切客观事物都是相对的，大小、是非、寿夭、善恶、贵贱等无本质差别，人难以认识世界事物。他痛恨当时的统治者和社会的不合理，追求自由，否定仁义礼乐和文化知识，反对社会进步。其思想对后世文人影响较大。

魏相李悝编排的《法经》是中国第一部比较系统的法典。韩相、郑国京（今荥阳东南）人申不害重"术"，认为君主必须掌握驾驭群臣的方术，著《申子》。卫人公孙鞅好刑名之学，曾主持秦国变法，其

思想主张反映在《商君书》中。韩国贵族韩非著《韩非子》，提出较完整的法治理论，主张适时变法，提倡法、术、势三者结合。其学说为秦国采用，影响深远。

孔子名丘，字仲尼，鲁国陬（今山东曲阜）人，在周代礼乐的基础上创立儒学。他周游列国时在中原诸国传播儒学，弟子颇多。卫国温（今温县西南）人卜商，字子夏，在"西河"传授儒学，开创章句之学。陈国阳城（今商水西北）人颛孙师，字子张，在家乡传授儒学。孟子名轲，字子舆，曾游说魏惠王，其学说也在中原地区传播。

墨子名翟，鲁（今鲁山，一说山东滕州）人，长期在宋国做官，与后学著《墨子》，主张尚贤、尚同、兼爱、非攻、节用、节葬，反映了平民的政治要求。

二、史地学著作的出现

东周王室和诸国设有史官，中原出现一批史学著作。春秋时杂辑而成的《尚书》是中国最早的王室文诰汇编，《逸周书》原名《周书》，也是周代文献。《竹书纪年》是魏国的编年史书，上起夏代下迄战国，西晋时在汲郡（治今卫辉）战国墓冢发现。《左传》是编年体史书，记载春秋时期250多年的史事，"与三晋尤其是魏国关系最为密切"。《国语》是中国最早的国别史，记述周、鲁、齐、晋、郑、楚、吴、越八国史事，是研究周代文化的重要资料。

《山海经·山经》以豫西作为"中山经"的主体，还有"南山经""北山经""西山经""东山经"。各地以山岭为纲，依次描述每座山的地形、水文、气候、动植物及矿产资源，是一部古地理书。《禹贡》成书于战国，托名大禹治水土，划分九州、五服，制定贡赋，反映了大一统思想。

三、文学的勃兴与艺术的发展

春秋战国时期中原文学成就显著,诗歌和散文体裁已经成熟。《诗经·商颂》是宋国祭祀先祖的颂歌。《国风》载中原诗歌100多首。《周南》表现洛阳以南地域的风物与生活,《王风》是周王畿的诗歌,《陈风》表现陈国民风民俗,《郑风》多描写男女爱情生活,在中原民歌中最具代表性。老子、庄子、墨子和韩非堪称中原的散文名家。《老子》义理深邃精警,内涵丰富,文势奔放,流丽畅达;《庄子》多借助寓言故事隐喻思想哲理,幽默风趣;《墨子》的论说文逻辑性强,颇有文采;《韩非子》的政论文结构严密,说理透彻,笔锋犀利。

乐舞、绘画、书法、雕刻、工艺美术等艺术丰富多彩。春秋时期以钟磬为乐器的雅乐走向衰落,郑、卫两国民间流行的俗乐常用弦索与竹管乐器演奏,旋律优美,听而不厌,称"郑卫之音"。书法艺术发展到新水平。蔡侯尊、盘铭文笔画刚劲,工整隽秀;温县盟书字体形似蝌蚪。战国时期许多铜器篆书铭文工整美观,新蔡葛陵楚墓简牍字体秀丽、奔放。东周洛阳明堂有尧、舜、桀、纣及周公辅成王见诸侯的画像,形象生动。卫辉山彪镇战国墓出土水陆攻战图铜鉴和辉县固围村战国墓出土的燕乐射猎纹铜鉴,图像纹饰相当精美。新郑郑公大墓出土两件莲鹤方壶,莲花形壶盖中站立着一只展翅欲飞、引颈长鸣的白鹤,开时代新风。

四、私学的出现与科技的进步

春秋战国时期官学衰落,私学兴起。郑国存在着官学性质的乡校,大夫邓析曾在东里创办私学,讲授法律。孔子周游列国时长期在卫、宋、陈、蔡等国授徒讲学;卫国温县人卜商,字子夏,"居西河,教弟子三百人";墨子在宋国授徒讲学,后学众多。

郑国人裨灶、宋国人子韦是著名天文学家。魏国人石申著《天文》,记载121颗行星的位置,是世界上最早的行星表。战国时的历法一年为365又1/4日,采用19年7闰的置闰补差法,并能分出四立(立春、立夏、立秋、立冬)、二分(春分、秋分)和二至(夏至、冬至)等节气。每年初朝廷"授时于民",指导农业生产与百姓生活。

中原地区铸造铜器采用分铸焊接法,省工省时。在新郑、辉县等地出土的春秋时期青铜器,器身和附件分别制模铸造,再将附件焊接在器身上;又采用精密铸造技术和新的铸造工艺——失蜡法。淅川下寺春秋楚墓出土的云纹铜禁即采用失蜡法铸造。铜器艺术加工使用镶嵌纯铜和金银错工艺,形成富丽堂皇、屈曲流畅的花纹图案。

轴心时代

中国历史上的春秋战国时期,在世界上被称作"轴心时代",你知道什么是轴心时代吗?

德国学者卡尔·雅斯贝尔斯认为人类历史经历了史前阶段、古代文明产生阶段、轴心时代、科学技术时代。他在《人的历史》中写道:

以公元前500年为中心——从公元前800年到公元前200年——人类的精神基础同时地或独立地在中国、印度、波斯、巴勒斯坦和希腊开始奠定。而且直到今天人类仍然附着在这种基础上。

在公元前800年到公元前200年间所发生的精神过程,似乎建立了这样一个轴心。在这时候,我们今日生活中的人开始出现。让我们把这个时期称之为"轴心的时代"。在这一时期充满了不平常的事件,在中国诞生了老子和孔子,中国哲学的各种派别的兴起,这是墨子、庄子以及无数其他人的时代。

这个时代产生了所有我们今天依然在思考的基本范畴,创造了人们今天仍然信仰的世界性宗教。

思想家在盘算人们怎样才能够最好地生活在一块,怎样才能最好地对他们加以管理和统治。这是一个革新的时代。

读史益智

67

1. 中华文化元典

春秋战国时期,中国最早的一批文化典籍陆续出现。《周易》是一部有关占筮的书。史称"文王拘而演周易",说《周易》是周文王被殷纣王拘执在羑里(今汤阴北)时所著,实际上是西周前期巫史集体创造的结晶。现解释《周易》的《易传》成书于战国中后期,它将远古先民对自然与社会的经验描述和理解上升到哲理高度。《尚书》是我国最早的王室档案汇编,其下限是春秋中期,传世今本当为战国儒家编辑。《诗经》是我国第一部诗歌总集,成书于春秋末期。《春秋》是鲁国的一部编年史。《仪礼》是先秦贵族主要礼节仪式的汇编,成书于战国初期至中叶。《周礼》是战国时期儒家编著的一部理想化的政典。这些中华文化元典,后来经过孔子及其弟子子夏等人的整理、删定,成为儒家经典。它不仅是一种知识,也反映了儒家文化的"常道",成为中国文化的本根与灵魂。

2. 百家争鸣

战国时期,以激烈变革的时代为背景,以崛起的士阶层为骨干,以兴旺的私学为基地,学术思想界出现了诸子并起、学派林立、相互驳难、"百家争鸣"的空前繁荣的文化气象。

史林折枝

　　西汉司马谈把"诸子"概括为阴阳、儒、墨、名、法、道德六家,刘歆又把诸子归为儒、墨、道、名、法、阴阳、农、纵横、杂、小说十家。其中影响最大的是儒、墨、道、法、阴阳五家。东周王室所在的洛阳和齐国的稷下学宫是百家争鸣的中心地区。

第四章　秦汉时期

秦西汉时期的中原郡国

东汉时期的司豫地区

迅速发展的社会经济

文化的拓展与定型

中国自从脱离奴隶制度进到封建制度以后,其经济、政治、文化的发展,就长期地陷在发展迟缓的状态中。这个封建制度,自周秦以来一直延续了三千年左右。

如果说,秦以前的一个时代是诸侯割据称雄的封建国家,那末,自秦始皇统一中国以后,就建立了专制主义的中央集权的封建国家。

——毛泽东

从公元前221年秦朝建立到公元220年东汉灭亡是中国历史上的秦汉时期,可分为秦(前221—前206)、西汉(前206—24)、东汉(25—220)三个阶段。这一时期国家统一,君主专制的中央集权制加强。中原是秦汉皇朝腹里,东汉时成为畿辅地区,社会经济文化发展较快。

第一节　秦西汉时期的中原郡国

一、秦朝在中原的统治与阶级矛盾的尖锐

秦朝在地方实行郡县制,中原地区设7个郡:南阳郡治宛县(今南阳宛城区),三川郡治洛阳,东郡治濮阳,河内郡治怀县(今武陟西南),颍川郡治阳翟(今禹州),砀郡治砀县(今永城北),陈郡治陈县(今周口淮阳区)。郡设守、尉、监等官职。守是郡最高行政长官;尉辅佐郡守,掌军事;监御史掌监察、法律。郡下设县,大县置令,小县置长,丞辅佐令(长),尉掌军事。县下设乡,置吏有秩、三老、啬夫、游徼;又设亭,负责治安、

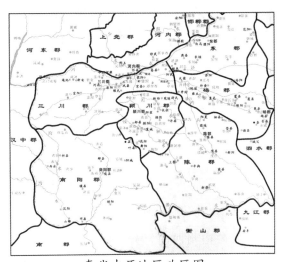

秦代中原地区政区图

逐捕"盗贼"。

秦朝存在两种阶级矛盾:一是人民群众与秦统治者之间的矛盾;二是六国旧贵族与秦统治者之间的矛盾。

秦朝统治者承认私有土地的合法性,确立了封建经济制度。地主占有较多土地,靠雇佣或出租土地剥削农民而生活;工商业主雇佣破产农民从事工商业生产。统治者向人民收取沉重的赋税,征发无休止的徭役。"一夫百亩"缴纳租谷约900公斤,刍稿(饲草禾秆)约300公斤,军赋每人约120枚铜钱,还有临时征调的杂赋。农民要参战、戍边、转运粮草。小农赋役负担繁重,常食不果腹;雇农靠出卖劳动力为生。秦律繁杂严酷,百姓动辄获罪,造成"赭衣塞路,囹圄成市",阶级矛盾激化。公元前211年,一块陨石落到东郡地面,有人在陨石上刻写"始皇帝死而地分"七字。

秦灭亡关东六国,对其旧贵族进行政治打压和经济剥夺。张良一家"五世相韩",既贵且富,入秦朝后家道一落千丈。张良对秦始皇恨之入骨,倾家财募求一位勇士,又制造一个大铁锤。秦始皇东巡经过博浪沙(今原阳境内),勇士用铁锤袭击秦始皇,误中副车。

秦始皇死,子胡亥即位,对人民残酷压榨,"赋敛愈重,戍徭无已",导致农民起义。

二、陈胜吴广起义与楚汉荥阳相争

阳城(今商水西南)人陈胜出身雇农,阳夏(今太康)人吴广是贫苦农民。公元前209年秋,陈胜、吴广等900人被征发戍边,到蕲县大泽乡(今安徽宿州西南)遇暴雨,道路不通,无法如期到达。秦律规定误期要被斩首,陈胜、吴广等"斩木为兵,揭竿为旗",举行起义,在陈县

(今周口淮阳区)建立"张楚"政权。陈胜派周文率义军主力攻入函谷关,秦朝把修骊山墓的数十万刑徒和奴隶编入军队,由章邯率领,向义军反扑,义军兵败渑池。秦军进攻陈县,陈胜被叛徒杀害,起义失败。陈胜、吴广起义是中国历史上第一次大规模的农民战争。

陈胜起义后,楚贵族项梁在吴县(今江苏苏州)起兵反秦,亭长刘邦在沛县举起反秦义旗。两军发展壮大,歼灭章邯、王离率领的秦军。刘邦率军进逼咸阳,秦帝子婴出降,秦朝灭亡。义军盟主项羽自称西楚霸王,都彭城(今江苏徐州),分封灭秦功臣18人为王,以刘邦为汉王,都南郑(今陕西汉中)。此后发生楚汉战争。公元前205年春,刘邦利用项羽讨伐田荣之机,率兵攻入彭城。项羽率精兵3万反击,刘邦败退荥阳,两军在荥阳一带相持。刘邦占据敖仓,粮食充足,军威大振。项羽兵疲粮绝,与刘邦讲和,楚、汉以鸿沟为界,然后引兵东归。公元前202年,刘邦率汉军和韩信、彭越联合追击楚军,项羽在乌江(今安徽和县东北)自刎。刘邦在陶(今山东定陶)称帝,建都长安(今陕西西安),国号汉,史称西汉。

三、西汉中原政区与社会矛盾

西汉的地方制度是郡县和诸侯国并行。汉武帝时中原地区有八郡和两个诸侯国。河南、河内、弘农三郡属于司隶部,颍川、汝南、梁国属于豫州刺史部,陈留、东郡、淮阳国属于兖州刺史部,南阳郡属于荆州刺史部。"洛阳有武库、敖仓,当关口,天下咽喉",战略地位重要。

梁国以战国时魏地为国土。公元前168年,汉文帝徙次子刘武为梁王,就是梁孝王。梁国都睢阳(今商丘睢阳区)城方圆13里,宫阙巍峨,有大县40个,人口二三百万,国力强盛。永城东北芒山的梁王墓凿山而建,气势壮观。公元前196年,汉高祖封子刘友为淮阳王,以秦颍川郡及陈郡北部诸县为国土,都陈县。

西汉社会主要分为地主和农民两大阶级,土地兼并、小农破产沦为奴婢是主要社会问题,在颍川、南阳两郡尤为突出。

地主富商强占民田,役使盘剥农民,一部分发展成豪强。颍川、南阳等郡豪强地主大肆兼并土地,役使贫民,鱼肉乡里。如《汉书·灌夫传》记载,颍川颍阴(今许昌)人灌夫"家累数千万,食客日数十百人。陂池田园,宗族宾客为权利,横颍川"。商人或兼营手工业,或放高利贷,迅速致富,然后投入土地兼并,加快自耕小农破产。

农民包括自耕农、佃农和雇农。自耕农要向国家缴纳赋税,服徭役、兵役。赋税包括田税(谷物和刍稿)、人口税(未成年人称口赋,成年人称算赋)和财产税(赀赋)等。成年男丁每年服役一个月,不服役要交代役钱。小农经济脆弱,遇水旱灾害或赋敛不时就得借贷,无法偿还,就卖田宅,鬻子孙,流亡他乡。

四、王莽改制和绿林起义

汉平帝时太后王政君临朝,委政侄子王莽,封安汉公。平帝死,王莽摄政。公元9年[①],王莽代汉称帝,国号"新"。为缓和社会矛盾,实行王田私属制:更名天下田曰"王田",奴婢曰"私属",不得买卖。凡男口不满八而土地超过一井(900亩)的农户,分余田给九族邻里乡党,无田者按一夫百亩的制度受田。又推行"五均"和"六管",屡改币制。改制遭到地主商人的抵制反对,造成农商失业,加上自然灾害频仍,百姓大饥,人相食。

---

① 此后公元纪年,省去"公元"二字。

18年,王匡、王凤在绿林山(今湖北大洪山)领导饥民起义。22年,蔡阳(今湖北枣阳西南)人刘縯、刘秀兄弟分别在舂陵(今湖北枣阳南)、宛县起兵,立汉宗室刘玄为更始帝。王莽派大司空王邑和大司徒王寻率领精兵百万南下,把绿林军包围在昆阳(今叶县南)城中。刘秀夜晚出城调集勇士3000人,从城西猛攻王寻中军,城内义军同时杀出,莽军死伤惨重,这就是"昆阳之战"。后来义军攻占洛阳、长安(今陕西西安),更始帝西迁长安。

更始帝派破虏将军刘秀镇慰黄河以北州郡,刘秀在河北发展个人势力。25年7月,刘秀在鄗县(今河北柏乡北)称帝,就是光武帝。部将冯异、吴汉率军围攻洛阳城,更始政权守将朱鲔出降。11月,光武帝进入洛阳,定都于此,东汉皇朝建立。

第二节　东汉时期的司豫地区

一、洛阳城的营建与中原州郡设置

东汉洛阳城在秦洛阳城的基础上营建,南北长4.5公里,东西宽3公里,开12门。南宫和北宫有复道连通。南宫是皇帝群臣朝贺议政的处所,宫殿楼阁鳞次栉比。北宫是皇帝嫔妃寝居之处,建筑豪华气派。德阳殿美轮美奂,可容纳万人。

东汉沿袭西汉旧制,在中原设司隶校尉部和10个郡国。司隶校尉部设在洛阳,辖七郡,其中三郡在今河南境内:河南郡改为尹,治洛阳,河内郡治怀县(今武陟西南),弘农郡治弘农(今灵宝北)。豫州刺史部设在谯县(今安徽亳州),辖六郡国,其中四郡国在今河南境内:颍川郡治阳翟(今禹州),汝南郡治平舆,梁国都睢阳(今商丘睢阳区),陈国都陈县（今周口淮阳区）。东郡治濮阳，陈留郡治陈留（今开封浚仪区陈留镇），属兖州刺史部。南阳郡治宛县（今南阳），属荆州刺史部。司隶校尉部置司隶校尉，统辖所属郡县，纠察"三公"以下朝官。州置刺史，河南尹置尹，主管京都。郡国、县及乡亭官吏设置与秦西汉大体相同。

二、社会矛盾的尖锐化

东汉南阳、颍川、河内、河南等地豪强地主势力强大，把持地方政权，占有不少土地和劳动力，影响国家的财政收入和中央集权的强化。河南尹（今洛阳）为都城所在，多近臣；南阳是帝乡，多皇亲国戚，田宅逾制严重。各地垦田、户口数多不实。39年，光武帝下令实行"度田"，重新丈量土地，核实户口。度田首先受到大量隐瞒土地的豪强地主的反对，度田官吏又尽量把地主的租税负担转嫁到小农身上，也引起农民的反抗，遂不了了之。东汉豪强开始向士家大族转化。一些豪强经济上富甲一方，文化上有家学传承，政治上世代高官，成为士族。汝南汝阳（今商水西北）袁氏四代有五人担任三公高官，是全国数一数二的士族。

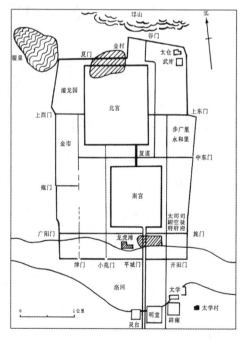

东汉洛阳城平面图

78

　　劳动人民包括自耕农、佃农、雇农、奴婢、宾客等,对地主的依附性增强。自耕农夫妇都参加生产劳动,仍食不果腹,衣不蔽体,遇天灾人祸就破产流亡。奴婢劳作繁重,社会地位低下。依附农民租种地主土地,以大半收获物缴地租,服无偿的徭役,人身也由主人支配。贵族、宦官巧取豪夺,加重了人民的苦难。

三、黄巾起义与董卓之乱

　　东汉中后期政治黑暗,人民苦难深重,为宗教传播提供了良机。巨鹿(今河北宁晋西南)人张角信奉太平道,传教10多年,徒众数十万人,遍布各地。184年4月4日,太平道徒众发动起义,起义军头裹黄巾为标志,人称黄巾军。南阳黄巾军迅速发展到数万人,杀死南阳太守褚贡,攻占宛城(今南阳)。汝南黄巾军在召陵(今漯河召陵区)大败汝南太守赵谦,颍川黄巾军也发展成一支强大的队伍,后被皇甫嵩、朱俊带领官军镇压下去。黄巾军坚持战斗13年,沉重打击了东汉皇朝的统治。

　　189年8月,大将军、南阳人何进为尽诛宦官,召拥兵河东(今山西南部)的军阀董卓进入洛阳。董卓专擅朝权,派兵四出抢掠。汝南汝阳(今商水西北)人袁绍在北海(今山东潍坊一带)起兵讨伐董卓,诸州刺史和郡守纷纷响应,各领兵数万进屯中原。董卓胁持汉献帝迁都长安(今陕西西安),强令洛阳附近百姓随同西迁,把洛阳的宫殿、宗庙、官府和民房全部烧毁。数百万人同时上路,遭受士兵驱赶践踏,死尸盈路。次年春,长沙太守孙坚率军在洛阳城南击败董卓,董卓在长安被杀。"董卓之乱"给中原地区人民带来深重的灾难。

第三节　迅速发展的社会经济

一、社会经济的发展

秦朝实行"上农除末"政策以发展农业,但军队和官僚机构庞大,加上大规模战争,筑长城、修骊山墓,"竭天下资财以奉其政",社会经济难以发展。秦末的战争使经济遭受严重破坏。汉高祖诏令士兵解甲归田,流亡山泽的百姓各归本土;免自卖为奴婢者为庶人;田租采取十五税一制。文帝和景帝减轻赋役,恢复社会经济。经过200年的发展,中原成为以若干重要都市为依托的联系密切的强大经济区。

西汉末的战乱使中原经济遭到破坏,东汉统治者注重畿辅地区的经济恢复与发展。光武帝诏令释免奴婢为庶人,"度田"在一定程度上减轻官吏、豪强转嫁给小农的负担。汉明帝时人口增加,垦田增多。中原人口近千万,人口数量和密度居全国之首,经济领先于全国。

豪强地主和贵族多以买卖形式兼并土地。宛县(今南阳)人吴汉因战功封侯,"妻子在后买田业"。外戚马防兄弟各"资产巨亿,皆买京师膏腴美田"。地主贵族把农民土地占为己有,把破产农民变为依附者,建立田庄,以农业为主,兼营牧养、水产、林果、纺织等副业和手工业,是一种自给自足的经济实体。中原田庄经济发达,"豪人之室,连栋数百,膏田满野,奴婢千群,徒附万计"。

二、水利与农业

秦、西汉时期，中原水利发达，是全国重要的粮食和丝绸产区，东汉中原农业生产水平在全国处于领先地位。

黄河、淮河及其支流常发生洪水，治河防洪势在必行。秦朝曾在黄河下游修筑堤防。西汉黄河下游决口频繁，朝廷与郡国征发工卒治河修堤。公元前168年，黄河在酸枣（今延津西南）决口，东郡征用士卒堵塞。公元前109年，朝廷委派汲仁和郭昌征发士卒数万人堵塞黄河瓠子（今濮阳西南）决口。公元前29年，黄河在东郡金堤决口，汉成帝派河堤使者王延世领工卒堵塞。东汉初黄河水浸入汴渠，兖、豫两州水灾连年。69年，王景、王吴带领数十万士卒，修筑荥阳以下千余里黄河大堤和相应工程，又整治汴渠渠首，建造水闸，使"河、汴分流，复其旧迹"。此后黄河近千年未发生大的决溢改道。

中原大部分地区年降水量偏少，土地需要灌溉。秦朝在济源东沁水上筑枋口堰，建闸开渠，引水灌溉。汉武帝时在汝阳（今汝南）东汝水和洪水之间兴修鸿隙陂工程，灌溉良田数千顷。汝南郡穿渠引淮水溉田万余顷，成为鱼米之乡。公元前34年，南阳太守召信臣率众立穰西石堨截断湍水建钳卢陂，灌溉土地3万多顷。汝南、南阳二郡形成以陂塘、沟渠组成的长藤结瓜式水利灌溉系统。汉成帝时鸿隙陂因水溢成灾而被平毁。东汉初都水掾许扬主持修复鸿隙陂，起塘400余里，溉田数千顷。31年，杜诗迁南阳太守，"修治陂池，广拓土田，郡内比室殷足"。河内、魏郡修复战国时的漳水支渠，灌溉民田。

中原地区农业生产普遍使用铁器和牛耕，出现长直辕犁，犁铧犁头加大，二牛共挽，破土力强，垦田数量增加。播种采用耧播，同时播种三行,撒播均匀,深浅一致。弘农郡(治今灵宝东北)曾实行代田法,把耕地分治成圳(田间小沟)、垄相间,种子播在圳底,幼苗在圳中生长。中耕时将垄上的土和草锄入圳中以培壅苗根,可耐旱防倒伏,大面积增加产量。西汉后期一些地方实行区种法,在小块土地上精耕细作。东汉用淡水冲洗卤土,改良盐碱地,种植水稻,汲县(今卫辉)令崔瑗为民开稻田数百顷。农作物品种增多。陈留、河内、河南、南阳诸郡是桑(柘)蚕和麻的主要产区。

三、手工业的快速发展

汉代中原地区的手工业在全国居领先地位。西汉全国设铁官40多处,中原有6处,负责采矿、冶炼和铁器铸造;设工官8处,中原有4处,负责制造兵器、车器和漆器等;设2处服官,中原有1处。私营手工业也很发达,如宛县孔氏"大鼓铸","致富数千金"。平民家庭手工业更为普遍。东汉洛阳有一套管理官营手工业的机构。

西汉中原冶铁业发达,河南省境内发现西汉冶铁遗址10多处。郑州古荥镇冶铁遗址面积约12万平方米,出土陶质鼓风管、耐火砖和陶模、鼎足范和铁器等,发现两座冶铁高炉残迹,一座炉日产铁1000公斤。巩义铁生沟遗址出土炼铁炉17座,以及大量铁块、耐火砖、木炭、煤饼和矿石等。铁器品

鲁山望城岗冶铁遗址1号炉

种有白口铁、灰口铁、麻口铁、高碳钢、中碳钢、展性铸铁和石墨球化铁。其中一件铁镬有良好的球状石墨,把世界球墨铸铁的历史提前2000多年。

陈留、河南、河内三郡盛产丝织品,产量居全国第二。西汉末已使用提花织机,东汉织机设脚踏板,效能提高。襄邑(今睢县)以"出文绣"著称,朝廷在此设服官,有数千人生产丝绸。洛阳少府设有织室。纺织是农民的主要家庭副业,襄邑民间织造锦绣之风甚盛,邓县(今邓州)的麻织驰名遐迩。中原生产的丝绸通过丝绸之路远销西域。

木器加工也是主要行业。以木竹作胎表面涂漆称漆器,怀县(今武陟西南)、阳翟(今禹州)、宛县(今南阳)都有生产。野王(今沁阳)用纻麻布与漆制造纻器。陶瓷与砖瓦烧制、粮食加工和酿酒、金银和玉器也是中原的重要手工业门类。

四、交通与商业

秦朝统一货币、度量衡,修驰道,有利于商业发展。中原交通四达,洛阳地处关东经济区西缘,无漕运之险,成为水陆交通中转站。秦都咸阳到达东部沿海的驰道经洛阳、荥阳,然后向东北经濮阳抵达齐鲁,东南经睢阳(今商丘睢阳区)或淮阳(今周口淮阳区)可达吴楚,北经河内可抵燕赵,南经新郑可达颍川、汝南。黄河下游有鸿沟运河,西汉称狼汤渠。又有汴渠,可连通黄河、淮水。东汉派班超出使西域,欧亚丝绸之路重新开通。洛阳成为丝路的东端起点和全国的交通中心。新疆和田民丰县尼雅遗址出土东汉中后期的"五星出东方利中国"织锦,就是明证。汴渠是黄河和淮河之间的水运要道,漕船可由汴渠入黄河、洛水、阳渠,到达洛阳城东太仓。

西汉盐铁官营,私营商业也较发达。不少商人兼营手工业,成为工商业主。宛县孔氏"连车骑,游诸侯,因通商贾之利"。洛阳人师史"转毂以百数,贾郡国,无所不至"。汉宣帝时有富冠海内的"天下名都"11座,中原有温(今温县)、轵(今济源轵城镇)、荥阳、宛(今南阳市)、陈(今周口淮阳区)、阳翟(今禹州)、洛阳等7座。洛阳是全国商品的重要集散地,宛县是仅次于洛阳的商业中心城市。东汉洛阳是全国商业中心,有大市、马市、南市及粟市,市场规模大,商品数量多,"船车贾贩,周于四方;废居积贮,满于都城"。西域诸国使者常到洛阳向朝廷贡献名贵特产,朝廷则"厚加赏赐"。洛阳居住着许多西域商客,销售胡货,是国际性商业都市。

第四节 文化的拓展与定型

秦汉时期是中原文化的拓展定型期。汉族文化随着汉民族形成而形成。东汉洛阳是全国的文化中心,儒学兴盛,佛教传入,道教形成。文学、史学从经学中分离出来,张衡、张仲景在天文学和医学方面贡献重大。

一、思想的发展与宗教的初传

秦朝初建时,上蔡人李斯提出尊君主建帝制、废分封行郡县、禁私学尊法教等一系列政治主张,影响深远。西汉时,洛阳人贾谊倡导民本思想,强调礼制,主张重农抑商、削弱诸侯实力;颍川(治今禹州)人晁错力主削夺诸侯封地,劝农务本;洛阳人桑弘羊强调盐铁官营有益于国,无害于民,主张工商业与农业并重。

汉代学者对河图洛书的传说有较多演绎。孔安国把"洪范九畴"和洛书联系起来,坐实"河图是八卦,洛书是九畴"之说;郑玄对河图洛书及相关的九宫问题作重要发挥,提出探讨洛书数字排列规则的重要依据。

东汉统治者提倡谶纬。谶是预决吉凶的隐语、图记,纬书是对六经的附会。南阳西鄂(今南阳石桥镇)人张衡认为谶纬欺世罔俗,应予禁绝。他所著《灵宪》提出宇宙形成的三个阶段,认为"道"就是元气,天地万物是由元气分化出来;又坚持浑天说,认为地居中心不动,天在外面旋转,天地之外没有人知道的就是宇宙。

东汉迷信思想泛滥,为宗教传播提供了一定条件。印度佛教传入中原,道教形成。65年,汉明帝派蔡愔、秦景等到大月氏(今阿富汗)求取佛经,邀请高僧摄摩腾和竺法兰来到洛阳,在雍门外修建我国第一座佛寺——白马寺。秦汉皇帝崇信神仙以求长生,民众信仰多神,道教在社会上层思想信仰与民间信仰互动中形成。汉顺帝时琅邪人宫崇向朝廷献上《太平经》,汉桓帝派人往苦县(今鹿邑)祠祀老子,在洛阳濯龙宫祭祀黄老。上行下效,"百姓稍有奉者,后遂转盛"。汉灵帝时巨鹿(今河北平乡西南)人张角传布太平道,信徒众多。

二、经学、史学与文字学的发展

西汉在郡县设学校,由博士、经师传授儒经,中原研习者众多。梁国(今商丘)人戴德和侄子戴圣分别选择先秦关于礼仪的言论,纂辑成大戴和小戴《礼记》,创大小戴礼学;顿丘(今清丰)人京房以"通变"观点解《易》,人称京氏易学。东汉洛阳是全国经学研究和传播的中心。79年,在洛阳白虎观召开儒学会议讨论相关问题,由班固纂辑成《白虎通义》。熹平年间,学者蔡邕等"正定"六经文字,刻石立于洛阳太学门前,称"熹平石经"。河南荥阳人服虔和开封人郑兴、郑众父子都是著名经学家。东汉四方名儒云会洛阳。扶风平陵(今陕西咸阳西北)人贾逵在章帝时入宫讲授《左传》,著《周官解诂》等;茂陵(今陕西兴平东北)人马融官至议郎,著《春秋三传异同说》,注经书多种。

东汉洛阳朝廷设兰台令史,掌图书兼撰史传。右扶风安陵(今陕西咸阳东)人班彪曾续写《史记》,作《后传》65篇。其子班固在洛阳任兰台令史,继承父志撰成《汉书》。它是我国第一部纪传体断代史。东汉一代的纪传体史书《东观汉记》,也在洛阳南宫东观修撰。

战国时期各国文字不同,秦朝李斯主张统一文字,作小篆《仓颉篇》。东汉汝南召陵(今漯河市召陵区)人许慎著《说文解字》,包罗篆、籀、古文,收9353个单字,依照自己归纳的汉字构造的"六书"(象形、指事、会意、形声、转注、假借)规则,从形、音、义三方面逐字解说,分类列入540部,是我国第一部系统的文字学专著。

三、文学艺术的发展

汉代中原文学繁荣,出现一批著名文学家和名篇佳什。

洛阳人贾谊是西汉辞赋大家,其《吊屈原赋》《鹏鸟赋》形象鲜明,词采华丽,开汉代骚体赋之先河。司马相如的《子虚赋》和枚乘的《七发》都在梁国(今商丘睢阳区)写成。张衡的《二京赋》《南都赋》是散体大赋的杰作;《归田赋》是最早的抒情小赋。陈留圉县(今杞县圉镇)人蔡邕的《述行赋》揭露腐败的社会现实,咏物赋文词雅丽。汉武帝在东郡瓠子(今濮阳县境)作《瓠子歌》,渲染黄河洪水的迅猛,述写堵塞决口经过。张衡的《四愁诗》抒发对国事的忧虑,蔡邕的《饮马长城窟行》脍炙人口。《古诗十九首》有几篇在洛阳写成,是文人创作五言诗成熟的标志。贾谊的政论文多用典故,语言形象夸张,《过秦论》理喻切中肯綮,文笔生动流畅;颖川郡(治今禹州)人晁错的奏疏语言简练,论述深刻。

书法绘画和音乐舞蹈成就显著。李斯任秦朝廷尉、丞相时,省改史籀大篆为"小篆",其《仓颉篇》用笔严谨,流畅美观,泰山、峄山、琅琊台刻石"画若铁石,字若飞动","骨气丰匀,方圆妙绝"。蔡邕擅长篆、隶书,创造飞白体,曾为《熹平石经》书丹,在书写技法和鉴赏方面卓有建树。汉魏时期是墓室壁画的兴盛期,永城芒山柿园梁王墓前室顶部的四神云气图,构图完整,线条流畅;新密后土郭、打虎亭汉墓壁画反映了汉代社会生活场景。画像石是在石块平面上阴刻线条表现艺术画像,南阳画像石内容丰富,以写意为主,风格朴拙。东汉洛阳设有太乐署和乐府,宫廷雅乐分为太平乐、周代雅乐、黄门鼓吹与皇家后宫宴乐。"相和大曲"是有代表性的大型宫廷音乐。宫廷舞蹈有武德舞、文始舞、五行舞、巴渝舞,场面宏大,动作优美;民间有长袖舞、巾舞、盘鼓舞等。

四、科技的进步与教育的发展

秦汉时期中原天文学、医学和冶金技术都取得突出成就,学校教育发达。

西汉河南阳武(今原阳东南)人张苍"著书十八篇,言阴阳律历事"。洛阳一座西汉墓的主室顶脊绘有12幅天象图,是我国已发现最早的星象图。东汉洛阳灵台是一座国家天文台。张衡曾任太史令,著《灵宪》,提出五星视运动理论,解释日食、月食的成因,其《浑天仪图注》全面阐述浑天说,提出地球为中心的宇宙论,又制造浑天仪和地动仪,用以观摩星象、测报地震。南阳郡（治今南阳市）人张仲景总结前人经验,融入自己行医体会,著《伤寒杂病论》,提出辨证诊断法,分病患为阴症或阳症,辨明病症的表里、虚实、寒热,再根据病症性质分别采用发汗、吐排、泻下和服药治疗,为中国医学建立起一套疾病诊断和治疗体系。

张衡像

汉代中原冶铁技术明显提高:冶炉的容积和鼓风量增大,铁矿石粒度均匀,用石灰石作熔剂。能将铸铁进行柔化处理,使生铁变成可锻铸铁或展性铸铁。韧性铸铁和铸铁脱碳钢的生产工艺成熟,掌握了将铸铁脱碳成钢和将生铁炒炼成钢的技术。模范的设计制作较科学,金属范扣合严密,铸件精度高,又普遍使用"叠铸"工艺,可一次浇出多个铸件。

汉代中原官学教育发达。西汉已建立郡国学校,东汉形成中央官学、地方官学教育系统。洛阳太学是中国年代最早规模最大的高等学府,学生多达3万人,教授《诗经》《尚书》《礼记》《周易》和《春秋》五经,每经又分若干家之说,称"十四博士之学"。鸿都门学是我国第一所文艺专科学校。郡国官学由博士和文学史执教,学生先学《尔雅》《孝经》和《论语》,然后专攻一经。私学教育也较发达。进行启蒙教育的学校是家塾和书馆,教学生识字、写字,以及简单的数字计算,初读经书章句。许多名儒设立精庐或精舍进行专经教育,学生成百上千。

丝绸之路

2013年,我国提出了"一带一路"的对外开放倡议。"一带"就是丝绸之路经济带,"一路"就是海上丝绸之路。丝绸之路是联系亚欧大陆的交通道路。你知道丝绸之路的起始点吗?

丝绸之路的东端起始点先后是中国的长安和洛阳,西端到地中海沿岸,转达罗马各地。

西汉张骞凿空,通使西域(玉门关以西的地区),促进了东西经济文化上的交流。都城长安(今陕西西安)是丝绸之路的东端起点。王莽时丝绸之路断绝。东汉建都洛阳。汉明帝时,班超奉命出使西域,东汉和西域的经济文化交流继续发展,丝绸之路的东端起点转移到洛阳,而且一直延续到魏晋隋唐诸代。

丝绸之路成为世界遗产,其中由中国经哈萨克斯坦和吉尔吉斯斯坦的一条被称作"起始段和天山廊道的路网",中国境内有22个遗址点,河南省境内有4个,即洛阳市的汉魏洛阳城遗址、隋唐洛阳城定鼎门遗址、新安汉函谷关遗址和三门峡市的崤函古道石壕段遗址。

1. 三杨庄黄河水患遗址

西汉时期黄河下游不断发生决溢和改道,造成严重灾患。今内黄县梁庄镇三杨庄一带是汉代黄河下游主河道流经之地,2003年发现了西汉后期的黄河水灾遗址,一片汉代农田和庭院建筑因黄河一次大规模洪水泛滥而被泥沙深埋于地下,距现地表面以下5米,考古工作者对其中四处农田庭院遗存进行了发掘。庭院布局、农田垄畦保存基本完好,屋顶和坍塌的墙体基本保持原状。清理出屋舍瓦顶、墙体、水井、厕所、池塘、农田、树木等,并出土一批反映当时生产生活状况的文物。从第二处庭院遗存的二进院内清出的三枚新莽时的货币"货泉"铜钱,可以确定,这次汉代村庄农田被黄河淹没深埋,就发生在11年的黄河魏郡决口。这次发掘为研究汉代黄河治理和河道变迁提供了新的考古资料,也为研究汉代聚落与农业生产、农民生活状况提供了不可多得的实证资料,具有重要的学术价值。国家已把它作为一处大遗址实施保护和展示。

2. 洛阳太学

洛阳太学是东汉时期的最高学府,29年始建于洛阳城东南的开阳门外,遗址在今洛阳偃师区太学村西北。当时有太学博士舍和内外讲堂,四方士人云集于此,"诸生横巷"。光武帝亲自到太学视察,赏赐博士弟子。历经近百年后,太学"学舍颓敝",教学荒废。126年,汉顺帝诏令大规模扩建太学房舍,历时一年,用工万余人,建成240房、1859室。太学生员人数最多时达3万人,开设的课程是《诗经》《尚书》《周易》《礼记》《春秋》五经,每一经又有几家之说,共14家,称作"十四博士之学"。汉灵帝熹平年间把经书刻在石碑上,文字为隶体,称"熹平石经",立于太学门前。这是官方公布的经书定本,吸引四方士子前往观摩抄写。洛阳太学是东汉经学教育和研究的中心,为汉代经学的繁荣作出了贡献。东汉后期,正直官吏与宦官展开激烈的斗争,太学生与正直官吏联系密切,积极介入时政,成为一种重要政治力量。

第五章 魏晋南北朝时期

在魏晋南北朝时期，自然经济占绝对统治地位，货币近于废弃，这是由于封建依附关系的加强而造成的，但不等于说这个社会就裹足不前了，这个社会的文化就不再向前发展了。相反，在这个历史时期，无论是经学思想、宗教思想，史学著作、地理学著作，文学创作、文学批评，绘画、书法、音乐、舞蹈、杂技等等，以及科学技术方面，都有重大的成就。魏晋南北朝时期文化上的成就，为以后唐宋时期文化的发展和繁荣准备了充分的条件。

——王仲荦

从220年魏国建立到589年隋朝灭陈是中国历史上的魏晋南北朝时期,包括三国(220—265)、西晋(265—316)、东晋十六国(317—420)、南北朝(420—589)四个历史阶段。这一时期中国长期处于分裂、战乱状态,政权更迭频繁,阶级、民族关系错综复杂,各种矛盾冲突尖锐。

中原地区三国时基本上属于曹魏的辖境,西晋时地处畿辅,东晋十六国时主要为北方胡族诸政权统治,南北朝时主要属于北魏,北魏分裂后主要属于东魏、北齐。这一时期封建依附关系加强,社会经济处于破坏、恢复、再破坏、再恢复的循环之中,自然经济占据主导地位,多元文化融合,成就显著。

第一节　曹魏西晋时期的司豫地区

一、官渡之战与曹魏的统治

189年冬,谯县(今安徽亳州)人曹操在陈留己吾(今睢县东南)起兵讨伐董卓,后招降青州黄巾军30万人,选精壮者组成"青州兵",在兖州(治今山东巨野南)发展势力。196年,曹操进入洛阳,护卫汉献帝迁都许县(今许昌张潘古城),专擅朝权,成为雄居河北四州、拥众数十万的袁绍集团的主要政敌。200年春,袁绍带10万大军从邺城(今河北临漳西南)南下,曹军退守官渡(今中牟东北)。曹操率精兵焚毁袁军囤积在乌巢(今延津东南)的粮草,袁绍派张郃、高览领袁军进攻曹军大

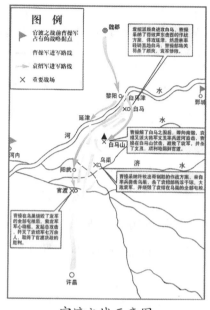

图例

▶ 官渡之战前曹操军占有的战略据点

— 曹操军进军路线

⇠ 袁绍军进军路线

✕ 重要战场

营。曹军发起总攻,消灭袁军主力7万多人,为统一中国北方奠定了基础。

213年6月,汉献帝册封曹操为魏公,在邺城建魏国。220年初曹操病死,葬邺城西,安阳县安丰乡西高穴的大墓就是曹操高陵。11月,曹操子曹丕逼迫汉献帝"禅让",在颍阴繁阳亭(今临颍繁城镇)称帝,国号魏,都洛阳。

官渡之战示意图

曹魏在中原设3个州12个郡国:司州治洛阳,豫州治安城(今正阳东北),荆州治新野。河南尹治洛阳,河内郡治怀县(今武陟西南),弘农郡治弘农(今灵宝北),隶属司州。汝南郡治新息(今息县),弋阳郡治弋阳(今潢川西),陈郡治陈县(今周口淮阳区),梁国都睢阳(今商丘睢阳区),颍川郡治许昌,隶属豫州。南阳郡治宛县(今南阳),南乡郡治南乡(今淅川西南),隶属荆州。陈留国治陈留(今开封祥符区陈留镇);东郡治濮阳,隶属兖州。

中原是曹魏王朝腹地,统治者委派重臣治理。实行法制,恢复秩序;轻徭薄赋,与民休息;迁民畿辅,充实人口;劝课农桑,发展生产。但劳役频兴,农民负担加重。

河内温县(今属焦作)士族司马懿,魏明帝时立下赫赫战功,官拜太尉。齐王曹芳即帝位,司马懿和曹爽共同辅政。曹爽奏请进升司马懿为太傅,而夺其兵权。司马懿韬光养晦,等待时机。249年2月,曹爽陪同魏帝拜谒魏明帝陵墓——高平陵,司马懿在洛阳发动兵变,处死曹爽。司马懿死,子司马师、司马昭先后任大将军,独揽朝权。263年,魏帝封司马昭为晋王。

二、西晋的统治与后期的战乱

265年年底,晋王司马炎逼魏元帝禅让,在洛阳南郊即帝位,建立西晋皇朝。西晋仍以洛阳为都城,在中原设2个州:司州治洛阳,豫州治陈县。河南尹治洛阳,荥阳郡治荥阳,弘农郡治弘农,河内郡治野王,汲郡治汲县,顿丘郡治顿丘,隶属司州。颍川郡治许昌,襄城郡治襄城,汝南郡治新息,弋阳郡治弋阳,梁国都睢阳,隶属于豫州。此外,陈留郡治陈留,濮阳国都濮阳,隶属于兖州。南乡郡治南乡,南阳国都宛县,义阳国都新野,隶属于荆州。中原共16个郡国。郡下设县。

晋武帝封宗室子弟为王,握有军政实权。晋惠帝皇后贾南风凶险多诈。291年,她与楚王玮合谋杀外戚杨骏,以汝南王亮辅政,又指使楚王玮杀汝南王亮,既而杀楚王玮,自掌朝政。300年,赵王伦起兵杀贾后,废晋惠帝自称皇帝。齐王冏与成都王颖联兵讨伐赵王伦,惠帝复位,齐王冏专权辅政。后长沙王乂杀齐王冏,河间王颙与成都王颖攻杀长沙王乂,成都王颖专断朝政。东海王越奉惠帝北征成都王颖失败,河间王颙逼晋惠帝西迁长安,独揽朝政。东海王越起兵击败河间王颙,迎惠帝回洛阳,朝权落入东海王越手中。八王之乱延续16年,中原生产停顿,"百姓创痍,饥饿冻馁",严重削弱西晋王朝的国力。

西晋后期中原自然灾害频仍,统治者穷奢极侈,人民负担沉重,阶级矛盾尖锐。303年4月,义阳国(都今新野)蛮民张昌起义,义军转战荆、豫、江、徐、扬五州,后被镇压下去。

308年，匈奴酋长刘渊在平阳(今山西临汾)称帝，国号汉。次年9月，刘渊派刘聪、王弥率军进攻洛阳，在宜阳遭到晋弘农太守垣延的阻击，大败而退。11月，刘聪、王弥等领5万精锐骑兵再次进攻洛阳，晋将北宫纯领劲卒搏击，刘聪收残兵退回。310年11月，刘粲、刘曜等带领6万士兵进攻洛阳。洛阳粮尽援绝，东海王司马越领精兵强将10多万出屯项县(今沈丘)。次年6月，汉将呼延晏等率军攻陷洛阳，俘晋怀帝，杀洛阳官吏百姓3万多人，宫庙官府焚烧殆尽。这些事件发生在永嘉年间，史称"永嘉之乱"。中原约10万汉人南迁，史称"永嘉南渡"，另有数万家逃奔辽东依附慕容廆，避难西北依附凉州张轨的也络绎不绝。

魏晋时期北方胡族陆续从塞外迁入内地，汉族官僚地主的压迫和剥削激起他们的仇恨。西晋国力削弱后，蓄之已久的民族矛盾大爆发。永嘉、建兴年间，匈奴汉国军队残酷屠杀西晋官僚宗室和汉人。刘曜攻陷洛阳，杀害王公及百官以下3万多人；石勒追晋东海王司马越之丧，将10余万晋军将士包围射死，给中原人民带来极大的苦难。

第二节　社会经济的复苏与发展

汉末的战乱导致百姓流离失所，农业生产跌入低谷。经曹魏屯田和兴修水利，中原农业生产恢复到汉代的水平，不少方面还有超越。西晋末年发生永嘉之乱，中原汉人大量南迁，农业生产又降至低点，工商业遭到破坏。这一时期交通条件改善，中原与周边的经济联系加强。

一、屯田与农业生产的恢复

汉末的董卓之乱和军阀混战，导致中原百姓大量死亡，田野荒芜，经济遭到严重破坏。曹操击败黄巾军,俘获百余万农民,得到不少耕牛和农具。196年,曹操颁布"置屯田令",募民屯田许下。221年,魏文帝诏令天下百姓内徙"中都之地"可免除5年租赋,又迁徙冀州士家5万户充实河南,中原人口快速增长。曹魏在各地设典农中郎将、校尉、都尉,专管屯田民垦荒种粮。屯田以许昌、洛阳为中心,河内、梁国、睢阳、南阳、弘农等地广兴屯田,取得成效。曹魏后期在淮河南北实行军屯,5万士兵从事生产,粮食产量比许昌屯田增加3倍。屯田带动了荒地开垦与水利兴修。洛阳典农中郎将王昶勤劝百姓,砍开荒莱,垦田特多。魏初邓艾建济水石门,使黄河、济水相通并防止水害。黄初年间司马孚领河内典农部,改建沁水木闸门为石门,以利灌排。241年,开广漕渠,大治诸陂于颍水南北,穿渠300余里,溉田2万顷,使淮南、淮北河道相连。自寿春(今安徽寿县)到洛阳,"农官田兵,鸡犬之声,阡陌相属"。

魏末晋初民屯制度废除。为确保国有土地不被侵夺,防止小农脱离国家版籍沦为私属,晋朝廷颁布占田课田、户调和荫客法令,规定一夫一妇的私有土地最多百亩。男女16岁以上至60岁为正丁,13岁以上至15岁、61岁以上至65岁为次丁。丁男按50亩、次丁男按25亩、丁女按20亩土地交纳田租。丁男之户岁输绢3匹,绵3斤,丁女及次丁男为户者半输,称作"调"。官吏按品级占田,最多50顷,最少10顷,可荫庇衣食客1至3人,佃客最多15户。但对官吏占田、荫客的数量限制很难实行。在洛阳近郊,大国可占田15顷,次国10顷,小国7顷。洛阳城郊及河南郡属县的权贵田地星罗棋布,田庄经济发达。西晋农业生产在曹魏的基础上有新的发展。280年,中原人口数量和密度均居全国首位。晋初石门毁坏,荥阳太守傅祗造沈莱堰,"兖、豫无水患"。杜预镇守荆州,"激用滍、淯诸水以浸原田万余顷"。269年,汲郡太守王宏督劝百姓开荒5000余顷。魏晋时期中原地区大面积种植粟、麦,河畔多栽植水稻。农民多采用"区种法",精耕细作,产量提高。

二、手工业与商业的恢复

魏晋中原官府手工业发达,曹魏少府下设三尚方,西晋少府、卫尉和将作大匠分别掌管一些手工作坊。手工业门类有金属冶铸、纺织、金银玉器加工、陶瓷烧造等。

中原各地的冶铁作坊继续从事生产。曹魏监冶谒者、南阳人韩暨把改进的水排推广到官营冶铁作坊,普遍以煤作燃料和用水力鼓风,炉温提高,效益提高3倍。"淬火"技术改进,铁器更坚硬锋利。恒农郡(治今灵宝北)铜青谷和河内郡王屋山设铜官,

淇县出土西晋泰始九年神兽铜镜

采矿冶铜,铸造铜器、钱币,洛阳是中国北方铜镜的主要产地。

中原是全国丝织品的中心产区。曹魏洛阳宫廷丝织作坊织造官练等高等丝织品,襄邑(今睢县)、河内等丝织中心仍然保持其传统地位。魏明帝时扶风(今陕西兴平东南)人马均在洛阳任博士,改造织绫机,织绸效率提高。襄邑、朝歌(今淇县)的丝绸驰名遐迩。

陶瓷业也很发达,瓷器烧制技术成熟。洛阳的魏晋墓葬中出土陶器种类繁多,西晋墓出土的青瓷通体施青釉,胎质纯,硬度高,通体晶莹,造型美观。此外,洛阳御府细作等宫廷手工业作坊多用金、银、玉、石制作器物。

农业和手工业的恢复和发展,交通条件的改善,促进了中原商业的恢复。

秦汉时已有连接长安、洛阳的"崤函古道",沿洛河川西上,过崤山雁翎关,到达陕县(今三门峡市),再沿黄河南岸入潼关。汉末曹操又开辟一条新路,由洛阳沿谷水西上,经渑池过崤山北岭,到达陕县。西晋洛阳北黄河富平津架有浮桥。曹魏西晋时常有5000人修建三门峡和八里胡同峡栈道,以利黄河漕运。建安年间曹操在黄河以北开白沟运河和"利漕渠",连通黄河与海河水系。魏初在黄河以南修讨虏渠引汝水入颖以增加颖水水量,浮颖入淮成为曹魏水运要道。为适应对东吴战争的需要,又对汴渠进行整修和疏浚。

魏晋中原城市经济日益活跃。曹魏洛阳"异方杂居,多豪门大族,商贾胡貊,天下四会,利之所聚",成为中国北方的商业中心。西晋实现国家统一,中原与各地的经济联系加强,洛阳有大市、马市和阳市,"纳百万而罄三吴之资,接千年而总西蜀之用",成为全国的商业中心。

第三节　十六国北朝的政局

317—420年的中国,南方是东晋皇朝,北方诸胡族政权更迭频繁,史称五胡十六国。420—581年是南北朝时期,南方经历了宋、齐、梁、陈四朝的更迭,北方先有北魏,后分裂为东魏、北齐和西魏、北周政权。中原地区基本属于北方。

一、十六国时期的政权更迭

十六国之初匈奴人建立的汉国军队攻占中原,东晋奋威将军、豫州刺史祖逖曾领兵北伐,一度收复黄河以南地区。320年,汉国分裂为前赵、后赵两国。前赵据有关中,后赵立足河北,两国在洛阳一带激烈争夺,前赵因军力消耗殆尽而亡国,后赵尽有中原。

350年,内黄汉人冉闵夺取后赵政权,建立冉魏。次年,氐族首领苻健在长安(今陕西西安)称大秦王,史称前秦。前燕王慕容儁出兵灭冉魏,迁都邺城(今河北临漳西南),中原大部分地区为前燕领有。

363年,前燕军队在悬瓠(今汝南)战败晋军,占领中原西部、南部地区。369年,桓温率晋军北伐,进抵枋头(今浚县淇门渡),因粮尽而退兵,在襄邑(今睢县)遭燕军夹击,死伤惨重。次年,前秦主苻坚派王猛领步骑3万灭前燕,尽有中原,逐渐统一中国北方。苻坚主张"和戎狄",优容其他少数民族上层分子和汉族士人,实行民族团结的政策。

383年,前秦政权因在淝水之战中失败而土崩瓦解。原前燕宗室慕容垂建立后燕政权,都襄国(今河北邢台)。386年,羌族首领姚苌在长安称帝,史称后秦。代王鲜卑人拓跋珪改国号为魏,史称北魏。中原大部分地区为后燕统治。399年,后秦姚崇等领兵攻克洛阳,淮、汉以北诸城多降附。416年9月,东晋刘裕率军北伐。次年8月,晋将王镇恶引军攻陷长安,灭后秦。东晋控制黄河以南,拓跋魏占领黄河以北。

二、魏孝文帝迁都洛阳与太和改制

420年,刘裕取代东晋在南方建立宋朝,与北方的拓跋魏相持,历史进入南北朝时期。

422年11月,北魏出兵攻占洛阳,逐渐拓定司、兖、豫三州。450年年初,魏太武帝亲率大军南下,围攻悬瓠(今汝南)。宋军大举伐魏,王玄谟引军进攻滑台(今滑县东南),魏军反击,宋军伤亡惨重。466年,宋将常珍奇以悬瓠城降魏,淮西七郡相继归魏。479年5月,萧道成逼宋顺帝退位,建立齐朝,史称南齐。中国出现北魏与南齐相持局面。

魏都平城(今山西大同)地处边陲,依赖中原谷帛的支持,但转输困难。北魏要与南朝争正统,因都城偏远而不利;北魏要采用封建制度,移风易俗,而平城守旧势力强大。因此迁都势在必行。493年春,有消息说南齐军队准备进攻平城,孝文帝决定先发制人,遂率军南伐,10月到达洛阳。孝文帝诏令六军继续南下,群臣苦苦劝阻。孝文帝说,这次大规模兴师动众,不能劳而无功,如果不愿南征,就迁都于此。群臣表示赞同。

495年9月,孝文帝派穆亮、李冲和董迩主持洛阳城的重建,把旧郭城变为内城,新筑郭城向外扩展数里,并新筑宫城。宫城南面一条东西大街把京城分为南北两部分。铜驼街是京城的中心大道,中央衙署

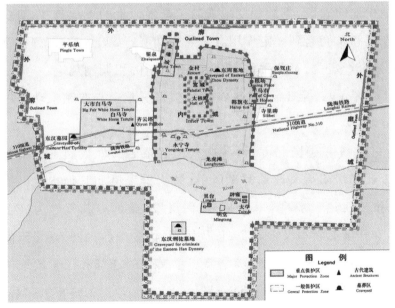

北魏洛阳城平面图

和社庙分布两侧。宣武帝景明年间又诏发畿内民夫5万筑洛阳城内320坊。北魏洛阳城布局严谨规整,既突出皇宫,又四通八达,为后代效法。

北魏入主中原时人民流移、土地荒芜、生产停顿。太和年间孝文帝进行一系列政治经济改革。废除北魏前期实行的以宗族大户包荫为特点的"宗主督护制",实行"三长制":以五家为邻,五邻为里,五里为党,设邻长、里长、党长,负责检查户口,征发徭役和兵役。把大户分成小家,不少被豪强控制的荫户变成国家编户,自耕农的数量增加。北魏前期土地所有权不固定,导致"良畴委而不开"。为发展农业生产,推行均田制:15岁以上男女可向政府领种土地,失去劳动能力或死时交还。所领露田不得买卖,男子1人40亩,妇女1人20亩;桑田每户领20亩,可世代相传,不宜种桑之地领麻田。均田制承认自耕农对原耕土地的占有,并把荒田分配给无地少地的农民,不同程度地限制了豪强地主的土地兼并,对农业的恢复和发展起到一定作用。北魏前期实行"九品混通"的租赋制度,按资产定税,征收混乱,田租过重。新的租调制规定:一夫一妇每年出帛1匹,粟2石,自耕农的户调有所减轻。改制推动了中原经济发展。

北魏统一中国北方后,各族人民的杂居共处被固定下来。孝文帝迁都洛阳后又改革鲜卑风俗:禁用鲜卑语和其他少数民族语言,推广汉语;禁穿鲜卑服装,提倡汉服;改鲜卑族复姓为汉字单姓,令鲜卑贵族和汉士族联姻;从代郡(治今山西大同)迁洛阳的人一律以洛阳为籍贯,死后葬洛阳。孝文帝的迁都和汉化政策使进入中原的鲜卑等少数民族迅速汉化。

三、河阴之变与北魏分裂

北魏孝文帝迁都洛阳后,曾领兵三次伐齐,把淮河以北地区纳入北魏版图。503年,魏军南下击败梁军,在义阳(今信阳)置郢州。北魏在洛阳设司州,上蔡(今汝南)设豫州,南新息(今息县)设东豫州。

515年,孝明帝幼年即位,胡太后临朝听政。528年春,孝明帝密令并州契胡首领尔朱荣领兵进入洛阳,以胁迫胡太后交出兵权。胡太后毒死孝明帝,尔朱荣立孝庄帝。5月17日,尔朱荣以祭天为名,纵兵杀害北魏王公卿士1300多人。此事发生在黄河南岸,称"河阴之变"。

532年,高欢立孝武帝,自任大丞相,坐镇晋阳(今山西太原)遥控朝政,专权跋扈。孝武帝图谋除去高欢。534年6月,高欢统领24万大军直趋洛阳,孝武帝西逃关中,投依宇文泰。高欢另立孝静帝,迁都邺城(今河北临漳西南)。北魏一分为二,东魏都邺城,西魏都长安。两国军队不断在洛阳等地争战。550年6月,高洋逼迫东魏孝静帝禅位,建立北齐政权。557年年初,宇文觉废黜西魏恭帝,建立北周政权。577年,北周出兵灭北齐,毁弃邺城,改司州为相州,移治安阳;在洛阳设东京六府,征发山东诸州兵4万人建造宫殿,但未竣工。

第四节　社会经济的恢复与残破

十六国时期中原战乱频仍,经济遭受严重破坏。北魏前期黄河南北经济有所恢复,迁都洛阳后,中原经济发展较快。北魏分裂后黄河以南成为战场,经济受到破坏,黄河以北诸郡为"皇畿",经济有所发展。

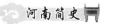
一、农业的复苏

西晋末的永嘉之乱导致"中原萧条,千里无烟"。十六国的百余年间,诸政权之间的战争,不同民族之间的仇杀,使小农经济难以维持,经济形态主要是坞壁经济,辅之以屯田。坞壁由数百上千户组成,平时从事生产,有事则作战防守,使简单的生产得以维持。在十六国诸政权中,后赵、前燕和前秦较重视发展生产,恢复经济。前秦统一中国北方为社会生产的发展创造了条件。统治者劝课农桑,鼓励因乱流移者回乡重操旧业。淝水之战前中原经济发展到十六国时期的最高点。

北魏统治者重视农业生产。太武帝下令"悉除田禁以赋百姓"。孝文帝太和改制部分缓解了生产关系与生产力之间的矛盾,有利于稳定小农经济,对生产的发展起到促进作用。孝文帝责令地方官减轻徭役,尽地利,把代郡百姓数十万户南迁中原,劳动力迅速增加。一些地方官劝课农桑,鼓励垦荒,兴修水利,推动了中原地区农业生产的发展。又在中原兴办屯田。"别立农官,取州郡户十分之一以为屯民,相水陆之宜,料顷亩之数,以赃赎杂物余财市牛科给,令其肆力。"在黄河以北与淮河南北推行军队屯田,诏令豫州都督所部及东荆州减戍士营农,水陆兼作;发河北数州田兵2.5万人,通缘淮戍兵合5万余人,广开屯田。

北魏后期中原地区农具种类增多,出现平整土地的耙和耢,播种工具耧和窍瓠。实行精耕细作和防旱保墒,注重中耕锄草、轮作和施肥,掌握了育种、播种时间及良种选择、培育、保存、处理技术,每亩一般收粟约5石(约300公斤)。在洛阳宅地试为区田,亩产高达12石(约720公斤)。农业生产已发展到较高水平。虽然农业的规模和经济总量不如汉代,但粮食单产和人均产值已超过汉代。

二、手工业、商业的恢复

北魏后期至东魏、北齐时中原手工业生产有所发展。

北魏迁都洛阳后,中原增设铁官,采矿冶炼铸造铁器更为普遍。渑池冶铁遗址附近发现北魏的窑藏铁器出自渑池、新安、阳城(今登封告成)等10多个铸铁作坊。录尚书事高隆之在相州(治今河北临漳西南)监造冶炉,用水力鼓风冶铁铸器。517年,开始开采恒农(治今三门峡)、河内(治今沁阳)等地铜矿,冶铸铜器、铜钱。

陶瓷器制造业也较发达。新出现两彩釉陶,北魏晚期出现白瓷,北齐时漳河、卫河流域成为北方瓷器制造的重要地区。范粹墓出土挂绿彩白釉瓷器当为相州窑的早期产品。它是我国迄今见到的最早的白瓷。

纺织是一种家庭手工业,也有专门的手工作坊。487年,孝文帝诏令:"罢尚方绵绣绫罗之工,四民欲造,任之无禁",中原民间丝织继续保持着传统地位和精湛技术。东魏、北齐邺城(今河北临漳西南)、河内一带织锦业发达,工艺技术"大优于江东"。

北齐范粹墓出土黄釉扁壶

洛阳、邺城等地的粮食加工作坊多利用水力。酿酒和榨油业兴盛。洛阳聚集着各地著名的酿酒专业户,河东(今山西南部)人刘白堕酿造的"鹤觞酒"流布各地。

农业、手工业的发展为商业发展提供了条件。北魏后期洛阳到全国各地的商路四通八达,西域各国与北魏以朝贡与回赐方式的贸易频繁,大批外商胡客纷至沓来,城市商业繁荣。

洛阳有居民10万多户,有大市、小市和四通市。大市遍布工商店肆,贾贩云集,商品繁多。小市是水产品市场,有江南移民3000多家。四通市是与诸国商旅、使臣、归附者进行商品交易的国际贸易市场,有供外国商客、使臣居住的四馆;归正、归德、慕化、慕义四里有"附化之民,万有余家","天下难得之货,咸悉在焉"。江南珍奇异物,西北牲畜皮毛,中亚以及大秦(罗马)、波斯(今伊朗)等地的高级工艺品及香料、石蜜、琉璃、宝石等都有销售,中原的丝绸、瓷器等物产也由此销往世界各地。北魏后期的洛阳是国际性的商业城市。

邺城是黄河以北地区的商品集散地。东魏时洛阳市民40万户迁入,邺城四民辐辏,里闾阗溢,有东、西二市。

第五节　多元融合的文化

魏晋南北朝时期是中原文化的融合期。北方少数民族入主中原带来草原游牧文化。北魏孝文帝推行汉族封建制度,改变鲜卑旧俗,胡族文化和汉族文化逐渐融合。外来的佛教与本土的道教、儒学互相竞争、吸收、融合。洛阳玄学兴盛,佛学传扬,成为北方乃至全国的思想学术中心,中原史学、文学、艺术呈现兴盛的局面。

一、玄学思想的兴盛

魏晋之际一些士人消极避世,研究《老子》《庄子》和《易经》,探讨宇宙本源、人生目的等抽象的哲学理论,其内容玄远,故称"玄学"。洛阳是玄学形成和兴盛的地区。

何晏、王弼首倡玄风。南阳宛县（今南阳）人何晏官至侍中、尚书，好老庄言，著《道德论》《无名论》。山阳高平（今山东微山西北）人王弼随父在洛阳生活，著《道德经注》《周易注》《周易略例》。他们祖述老庄，提出"贵无论"，把"无"作为哲学的最高范畴，认为只要崇尚自然，笃守无为，则万物自化。

阮籍像

国子祭酒、闻喜（今属山西）人裴頠则倡导"崇有论"，认为"无"不能生"有"，世界上一切事物和现象都是"有"，"道"是万有的总合。王弼认为"名教出于自然"，圣王使名教反映自然，按道的原则办事。所谓"名教"是封建政治制度和伦理道德的总称，"自然"是世间事物的总规律（道）。

魏晋之际"竹林七贤"阮籍、阮咸、嵇康、山涛、向秀、刘伶和王戎在修武饮酒谈玄。

陈留尉氏（今属开封）人阮籍著《通易论》《通老论》《达庄论》，认为天地自然存在，万物自然发生，自然界之外不存在精神性的主宰，幻想一种没有君臣名教、不受道德约束的"自然"社会，在"名教"与"自然"关系上持折中态度。谯国铚县（今安徽濉溪西南）人嵇康曾任中散大夫，推崇老庄，著《养生论》《声无哀乐论》，认为万物禀受元气而生，由阴、阳二气的作用孕育而成，形、神互相依赖，人性善恶和才能由禀受的气质决定。人应摆脱名教的束缚，实行"无为而治"。河内郡（治今沁阳）人向秀曾作《庄子注》，"发明奇趣，振起玄风"。他认为万物自生自化,各任其性,君臣上下关系属于"天理自然",主张自然与名教合一。河南(治今洛阳)人郭象好老庄,扩充向秀《庄子注》别为一书,认为"无不能生有","物各自生"。世间万物毫无原因地独自生存着、变化着,这就是"独化",按照名教的原则生活才符合自然,从而把玄学推向高峰。

魏晋中原士人就"贵无"与"崇有"、"名教"与"自然"、"形"与"神"、"才"与"性"关系开展争论,在宇宙本体论、认识论、人性论、社会政治理论的认识上比前代更为深入。

二、佛教的传布与道教的改革

魏晋时期洛阳是全国的佛教传播中心,北朝时洛阳、嵩山及邺城的佛教也极为兴盛。汉魏之际南阳人韩林、颍川(治今许昌张潘古城)人皮业等粗通佛法,曹魏中原出现帛法祖、支孝龙、支道林等僧人。250年,中天竺(今印度)人昙河迦罗在白马寺译出《僧祇戒心经》,首创受戒度僧制度。260年,颍川人朱士行前往于阗(今新疆和田)抄写正品梵书胡本60多万字,送回洛阳。西晋洛阳有佛寺42所,高僧与名士讲佛谈玄相得益彰,佛教在中原立足。310年,龟兹(今新疆库车)高僧佛图澄东来,被后赵石勒奉为国师。佛图澄的高足、扶柳(今河北冀州)人释道安率徒避乱王屋山,移居陆浑(今嵩县)、新野,南下襄阳弘法。北魏孝文、宣武帝和胡太后在洛阳建寺造像,正光年间洛阳佛寺已有1367所。菩提流支等高僧在洛阳永宁寺译经,禅学、华严学在中原流行。518年,洛阳崇立寺比丘惠生与敦煌人宋云到天竺(今印度)乌苌国取得大乘经典170部。虎牢(今荥阳汜水)人慧可到少林寺随南天竺僧人菩提达摩学习禅法。北魏分裂后洛阳僧徒多迁邺城,邺城有佛寺

4000所,僧尼8万人。543年,慧可到邺城传法,禅宗始分为南、北宗。

汉魏之际在汉中传教的五斗米道首领张鲁投降曹操,徒众8万多人迁洛阳、邺城。西晋时天师道、帛家道在中原有一定影响。北魏初上谷昌平(今属北京市)人寇谦之在嵩山石室修习五斗米道,托言太上老君授予"天师之法",编《云中音诵新科之诫》,造《箓图真经》。他依据这两部新经清理整顿道教,除去"三张"(张修、张衡、张鲁)之法,专以礼度为首,加上服食闭练,使道教与封建礼教结合,成为为封建统治服务的新道教。北魏迁都后,在洛阳设立道坊,行拜祠礼。

三、学术的延续与发展

魏晋南北朝时期中原儒学延续,史学繁荣,舆地学兴起,目录学与文字音韵学成就显著。

魏晋洛阳是全国经学研究教育的中心。东海郯(今山东郯城北)人王肃任秘书监、太常,为《尚书》《诗》《论语》《三礼》《左传》作解,又整理其父王朗所作《易传》,并列学官,和门徒众多的郑学相颉颃。北朝中原儒学守护古文经学之藩篱,以章句训诂为学问,渊综广博为高。

魏晋洛阳朝廷设置史官从事史书著述,私家修史蔚然成风。建安年间颍川颍阴(今许昌)人荀悦任秘书监,依《左传》体例修撰《汉纪》。西晋河内温县(今属焦作)人司马彪任秘书丞,著东汉史书《续汉书》;巴西安汉(今四川南充北)人陈寿在洛阳任著作郎,著《三国志》;安定朝那(今宁夏固原东南)人皇甫谧徙居新安(今渑池),著《帝王世纪》。北魏东清河鄃县(今山东淄博东南)人崔鸿参修国史,著《十六国春秋》。东魏杨衒之撰写《洛阳伽蓝记》。西晋时汲郡(治今卫辉)一座战国魏国大墓出土竹简数十车,其中的《竹书纪年》是魏国的一部编年史。

西晋河东闻喜(今属山西)人裴秀官至司空,组织人力对《禹贡》九州的范围及西晋十六州的山岳、河道、城邑、交通进行查核,绘制《禹贡地域图》18幅,是我国最早的历史地图集。他提出分率(比例尺)、准望(方位)、道里(距离)、高下(地势起伏)、方邪(倾斜)、迂直(山川走向)等"制图六体",对后世影响很大。北魏范阳涿县(今河北涿州)人郦道元曾任治书御史、河南尹,撰《水经注》。

魏晋洛阳朝廷藏书管理较完备。魏末河南开封人郑默任秘书郎,整理秘书、中、外三阁图书,编成目录书《中经簿》。晋初颍川颍阴(今许昌)人荀勖领秘书监,与中书令张华等编成《中经新簿》,收载图书1885部,分为四部,在图书编撰学上有重要地位。曹魏太和年间清河(治今山东临清东北)人张揖在洛阳任博士,所著《广雅》是研究古代词汇训诂的重要资料。西晋吕忱曾任义阳王典词令,著《字林》,弟吕静编《韵集》。

四、文学的自觉与创作的繁荣

魏晋南北朝时期是中国文学走向自觉的时期,中原地区涌现出众多名家名作。

诗歌方面,建安年间"三曹"(曹操、曹丕、曹植父子)、"七子"中阮瑀、应玚以及女诗人蔡琰,魏正始年间的阮籍、嵇康,晋太康年间潘岳、陆机、江总等,都有佳篇传世。曹操的乐府诗《薤露行》《蒿里行》反映战争带来的苦难。曹丕的诗作多写恋情和别情。曹植的《送应氏》反映董卓之乱给中原带来的破坏,《名都篇》《白马篇》感情奔放、清新激越。陈留尉氏(今属开封)人阮瑀的《七哀诗》《怨诗》反映当时的社会生活,汝南南顿(今项城西南)人应场的《公宴诗》写曹丕与邺下文士饮宴盛况。陈留圉县(今杞县圉镇)人蔡琰的五言《悲愤诗》"感伤乱离,追怀悲愤",是文人叙事诗的杰作。阮籍的80多首咏怀诗揭露社会黑暗,表达苦闷心情,风格委婉含蓄,寓意深邃,标志着五言诗的成熟。嵇康的《答二郭》《忧愤诗》愤世嫉俗,风格峻切。中牟人潘岳的《悼亡诗》抒情细致,《关中诗》揭露战乱带给民众的苦难;潘尼的《三月三日洛水作诗》《赠河阳诗》辞藻华丽。北朝中原一些乐府民歌价值较高。《木兰辞》约作于北魏迁都洛阳以后,写少女木兰代父从军的故事,句式反复回旋,笔法夸张敷陈。

曹植和左思的辞赋占有重要地位。222年,曹植赴洛阳朝觐,归途渡洛水,作《洛神赋》,熔铸神话题材,通过梦幻境界,描写人神恋爱的悲剧。晋初齐国临淄(今山东淄博市临淄区北)人左思在洛阳撰《三都赋》,文辞铺张夸饰,气势磅礴,豪士争相传写,使洛阳纸贵。

曹丕在孟津写《与吴质书》,忆昔日南皮之游,伤生离死别之情。阮瑀《为曹公作书与孙权》铺张扬厉,纵横驰骋。阮籍的《大人先生传》对社会状况进行深刻揭露和尖锐批判,使气骋辞,奇偶相生,韵散间杂,风格独特。

曹丕在《典论·论文》中指出"建安七子"在各体文章创作中的短长,强调"文以气为主",文章是"经国之大业,不朽之盛事"。陆机的《文赋》论述各种文体的风格特征,探讨立意与修辞的关系,对后世有一定影响。

五、艺术的长足进步

魏晋南北朝时期中原的艺术成就,主要表现在书法、石窟造像和音乐舞蹈等方面。

曹魏颍川长社（今长葛东北）人钟繇的隶书"独探神妙"，又创制楷书，刚柔兼备，幽深古雅，称"正书之祖"，《丙舍帖》《上尊号奏》及"五表"堪称代表。北朝写经真迹与墓志、碑刻、塔铭、造像题记，构架紧密，方笔折角，骨力雄劲，称魏碑体。龙门石窟造像记中的"龙门四品"最为精美。开封人郑道昭有《郑文公碑》和《云峰山四十二种》，被尊为"北圣"。

北朝凿窟造像之风甚盛，龙门古阳洞、宾阳洞等23个洞窟为北朝开凿。宾阳中洞主佛释迦牟尼像是北魏造像艺术的代表，前壁南面两侧的帝后礼佛图形象逼真，雕工高超。巩县石窟第一窟门内的6幅"帝后礼佛图"浮雕最为精美。

曹魏朝廷设乐官负责宫廷音乐演奏和搜集整理古代乐曲。阮瑀、阮籍、阮咸善弹琴作曲，妙解音律。北魏平定河西得《西凉乐》《龟兹乐》，灭北燕得《高丽乐》和《百济乐》，平定江淮得到流传南方的汉晋中原旧曲及江南《西曲》《吴歌》，又得《疏勒乐》。这些乐曲融入洛阳旧乐，统称清商曲。魏宫廷有《武颂》《太

龙门石窟宾阳中洞立佛一铺

韶》《大武》舞,晋宫廷有《武始》《咸熙》《章斌》舞。北朝音乐舞蹈受北方各族乐舞与佛教梵乐影响,呈现出新的特点。

六、科学技术的发展与学校教育

魏晋南北朝时期中原地区在天文历法、医学及农业、冶铸与机械制造技术方面成就显著。

魏晋洛阳朝廷设太史令负责观测天象,制定历法。曹魏杨伟制作的《景初历》"究极精微,尽术数之妙"。西晋太史令陈卓绘成一幅精密的圆形盖天式星图,有1464颗星。孟津朝阳北魏元叉墓室顶部的天象图,绘有星辰300余颗,反映了北魏天象观测的成果。西晋太医王叔和把张仲景的《伤寒杂病论》整理为《伤寒论》和《金匮要略》,又撰成我国第一部系统全面的脉学专著《脉经》。安定朝那人皇甫谧隐居新安(今渑池),撰写《针灸甲乙经》。洛阳龙门石窟有北齐时开凿的"药方洞",刻方140个,药物120种,制法有丸、散、膏、汤,反映了北朝医学水平。

北朝中原农民已掌握选种、播种、耕耘、除草、轮种、套种、保墒、施肥及栽植、嫁接等技术。魏晋之际锻铁技术普及,西晋用"百炼钢"制兵器。曹魏扶风(治今陕西兴平东南)人马钧在洛阳任给事中,制造"水转百戏"、"翻车"(龙骨水车)、转轮式抛石机和指南车。

曹魏重新开办洛阳太学,正始年间重刻"五经"于石,每一字用古文、篆、隶三种字体书写,立太学讲堂前,称《正始石经》。西晋初对太学进行整顿,创办国子学。513年,北魏建成洛阳太学、国子学和四门小学。曹魏中原州郡均设官学,西晋地方官学发展较快。北魏诏立乡学,郡置博士、助教。私学教育也较发达。儿童启蒙教育首先学习识字、书写、记诵六十花甲子顺序及进行简单的计算。

曹操高陵

曹操是汉末著名政治家、军事家和文学家,三国曹魏政权的奠基者,死后谥号武王,葬高陵。传说曹操为避免其墓被盗,修建72疑冢。于是曹操墓在何处成为千古之谜。

2008年12月至2009年2月,河南省文物考古研究所对安阳县安丰乡西高穴村附近的两座大墓进行抢救性发掘。2号墓墓门有精美的石刻画像,墓室内发现三个人骸骨,一男二女。经科学比对和分析,男性遗骸约60多岁,女性一位50多岁,一位20多岁。室内随葬品较为丰富,可复原者250余件,有青石圭、璧等礼器,铁甲、剑、弩、镞等兵器,以及车马杂器、用具、装饰品、陶瓷器和59块刻铭石牌。圭形石牌铭文为"魏武王常所用格虎大戟""魏武王常所用格虎短矛"。墓上原有上千平方米的地上建筑群——陵园。

根据墓葬形制与规模、出土遗物、石牌铭文的内容及字体、墓主骨骼的鉴定,并结合《鲁潜墓志》和西门豹祠的相互位置,以及历史文献记载的魏武陵位置,考古学界和国家文物局确认该墓就是魏武王曹操的高陵。该墓入选2009年全国十大考古新发现,并成为国家重点文物保护单位。

曹操墓被发现的消息公布后,在全国产生轰动效应,也有一些人对发掘和认定表示怀疑,个别学者也对曹操墓持有争议意见。国家文物局明确表示"曹操高陵的考古发掘、学术认定和研究成果公布等程序符合考古工作规程"。如今,曹操高陵本体保护和展示工程已经竣工,供游客参观。

1. 士族的兴起

士族又称世家大族。他们世代多高官,又有较强的经济力量和一定的家学传统。中原士族在东汉后期已经出现,以汝南袁氏和弘农杨氏为代表,但在建安年间遭受打击而一蹶不振。这时又有新的士族兴起,而贵盛于曹魏西晋。

建安年间汝颍地区涌现以陈群、荀彧、钟繇等为首的士族地主群体,这是一个以门第和儒学相结合的政治集团。中原地区是魏晋时期世家大族最为集中的地区。颍川郡有荀氏、陈氏、钟氏、庾氏,荥阳郡有郑氏,陈郡有袁氏、殷氏、谢氏、何氏,南阳郡有刘氏、乐氏、宗氏,顺阳郡有范氏,汝南郡有周氏、应氏,济阳郡有江氏、蔡氏,河南郡有褚氏。

中原士族对魏晋政治和文化影响巨大。曹魏西晋时期影响较大的是颍川陈氏、钟氏、荀氏和河内司马氏,在东晋南朝影响较大的是陈郡谢氏和颍川庾氏,北朝则以荥阳郑氏影响较大。

2. 五胡十六国

从316年匈奴人刘渊建立的汉国出兵灭亡西晋到420年南朝刘宋政权建立的百余年,在中国南方是东晋政权,北方则是五胡十六国。

史林折枝

五胡指当时中国北方入主中原的五个少数民族,就是匈奴、鲜卑、羯、氐、羌。最先入主中原的是匈奴和羯人,后来鲜卑、氐、羌人陆续入主。北方少数民族在魏晋时期陆续内徙,导致中原地区民族矛盾日益激化。

十六国是少数民族及汉人建立的割据一方的国家政权,有匈奴人建立的汉(后改名前赵)、夏、北凉,羯人建立的后赵,鲜卑人建立的前燕、后燕、西燕、西秦、南凉、南燕,狄人建立的前秦,巴氐建立的成汉,羌人建立的后秦,汉族人建立的前凉、西凉和北燕。其中除巴氐的成汉政权立国中国西南地区外,其他政权都在中国北方。中原地区十六国时期先后为汉、后赵、前燕、后燕、前秦、后秦诸政权统治,丁零人和慕容鲜卑人曾分别在滑台(今滑县东)建立翟魏和南燕政权。

第六章 隋唐时期

毫无疑问,农业和丝织业这两项,南北朝以至唐代前期北方都居于领先地位,因而尽管南方经历六朝的显著发展,但经济中心仍在北方。

——唐长孺

君子之于学,百工之于技,自三代历汉至唐而备矣。故诗至于杜子美,文至于韩退之,书至于颜鲁公,画至于吴道子,古今之变,天下之能事毕矣。

——苏 轼

从581年隋朝建立到907年唐朝灭亡,是中国历史上的隋唐时期,包括隋(581—618)、唐(618—907)两个历史阶段。这一时期国家昌盛,经济发展,文化繁荣。中原地处隋唐畿辅,经济文化领先于全国。安史之乱对中原经济造成一场大破坏,唐后期形成藩镇割据局面,全国的经济重心开始由中原向江南转移。

第一节 隋朝与唐前期的河南道

一、隋朝中原政局

北朝的地方行政机构为州、郡、县三级,民少吏多,隋朝改为州(郡)、县两级,在中原地区设18郡:河南尹治河南县(今洛阳西工区),弘农郡治弘农(今灵宝北),荥阳郡治管城(今郑州),梁郡治宋城(今商丘睢阳区),淮阳郡治宛丘(今周口淮阳区),襄城郡治承休(今汝州东),颍川郡治颍川县(今许昌),汝南郡治汝阳县(今汝南),淅阳郡治南乡(今淅川西南),南阳郡治穰县(今邓州),淯阳郡治武川(今南召东南),淮安郡治比阳(今泌阳),东郡治白马(今滑县东),魏郡治安阳县,汲郡治卫县(今卫辉),河内郡治河内(今沁阳),弋阳郡治光山,义阳郡治义阳(今信阳)。郡置太守、通守,县设令、丞、主簿、县正。

隋都大兴城(今陕西西安)地处关中,不利于控制关东地区和全国物资的调运。洛阳地位适中,交通便利。604年,隋炀帝诏令营建洛阳为东京,以杨素为营造东京大监,征调民工200多万人施工,次年初竣工。东京城包括宫城、皇城和外廓城。

杨素是隋文帝的重臣,而受隋炀帝猜忌,其子杨玄感心不自安。611年,隋炀帝率军东征高丽(今朝鲜),杨玄感在黎阳(今浚县)仓督运军粮。613年7月,杨玄感聚兵南下,迅速发展到10万人,围攻洛阳城。杨玄感反隋最终失败,但隋统治集团的内部分裂加剧。

隋炀帝大兴土木,发动对高丽的战争,丁壮多被征调服役或参战。统治集团变本加厉进行盘剥,农民无法生存,只好起来反抗。611年,东郡吏翟让聚集百余人在滑州瓦岗寨(今滑县东南)起兵,称瓦岗军。后来士人李密投靠瓦岗军,成为首领。瓦岗军在荥阳大海寺消灭20万隋军,攻克洛阳金墉城。隋炀帝派江都通守王世充率10多万士兵围剿,瓦岗军失败。

二、唐朝前期中原政局

618年,隋炀帝被杀,东都留守元文都拥立越王杨侗为帝,唐王李渊在长安称帝。次年,王世充在洛阳自称皇帝,国号郑。唐秦王李世民带兵围攻洛阳城,王世充降唐,中原归唐朝统治。

唐代地方行政机构是州(府)、县两级。唐太宗李世民对州县"大加并省",改变了中原的混乱局面。唐代依据山河自然形势将全国划分为10道,遣使分道巡察。黄河以南属河南道,黄河以北属河北道,淮河以南属淮南道,南阳盆地属山南道。后来增加到15道。一度把洛州、汝州从河南道分出,设都畿道驻洛阳,河南道驻汴州(今开封)。

河南道范围广大,今河南省地域属于其西部。洛州(河南府)治河南县(今洛阳西工),汝州治梁县(今汝州),陕州治陕县(今三门峡),虢州治弘农(今灵宝北),许州治长社(今长葛东北),汴州治浚仪(今开封),蔡州治汝阳(今汝南),滑州治白马(今滑县东北),陈州治宛丘(今周口淮阳区),宋州治宋城(今商丘睢阳区),均属河南道;怀州治河内(今沁阳),卫州治汲县(今卫辉),相州治安阳,属河北道;邓州治穰县(今邓州),唐州治比阳(今泌阳),属于山南道(山南东道);

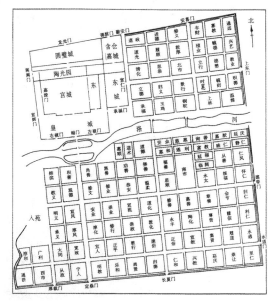

唐洛阳皇城与里坊图

光州治定城(今潢川),申州治义阳(今信阳),属淮南道。

631年,唐太宗诏令修治洛阳宫。657年,唐高宗又令修葺洛阳宫苑,增建殿堂设施。670年,改洛阳为东都。690年,武则天称帝,国号"周",以洛阳为神都,在宫城内建万象神宫、天堂,端门外建天枢、则天门及阙,新建文昌台及定鼎、上东诸门,修筑外郭城垣。705年,唐中宗复位,洛阳仍为东都。

唐东都外郭城略呈方形,南面正门定鼎门宽28米,有三门道和双阙。定鼎门大街是城市的南北轴线,街道纵横交错组成109个里坊。皇城位于郭城西北隅。宫城在皇城北部,应天门由门楼、垛楼、阙楼和城墙、廊庑构成宏伟的建筑群。乾元殿高40米,长115米,宽约59米,建在三重平台之上,是九间九檩的三层重檐楼阁,红墙黄瓦,雕梁画栋,飞檐排角,透花棂窗。唐洛阳城的布局对后代都城建设有较大影响。

第二节 经济的恢复与发展

隋朝实现国家统一,为经济复苏创造了条件。隋唐统治者推行一系列政策措施促进社会经济的发展,唐开元、天宝年间中原经济达到较高水平,成为全国经济最发达的地区。

一、均田、租庸调制与农业的发展

581年,隋朝颁行均田令:农民丁男、中男一夫受永业露田80亩,妇40亩,桑(麻)田20亩。男子18—60岁要从课役:丁男一床(一夫一妇)租粟三石(约180公斤)。户调绢以匹,加绵三两;布以端,加麻三斤。河南、河内诸郡地少人众,农民受田多不足规定亩数,租调却以床收取,负担颇重,贵族官僚占有大量土地却享有免役的特权。

624年,唐朝颁行均田制:丁男、中男给1顷,户主加20亩。授田十分之二为世业,可继承;十分之八为口分,死后交回。工商业者授田减半,有官爵者授予数量不等的永业田。此制承认农民在隋末战争中获得部分土地的现实,分给无地少地的农民部分荒地和官地,庶民地主的田地依旧保留。赋役法规定:男女16岁为中,21岁为丁,60岁为老。每丁岁入租粟2石(约120公斤)。调交绫绢各2丈,丝绵3两;或麻布2.4丈,麻3斤。丁每年服役二旬,不服者收庸每日3尺。

隋代,中原是全国人口最稠密的地区。隋末的战乱造成人口急剧下降。至639年,河南道仅有130多万人,占隋代的1/10。唐初允许从关中逃到河南道的大批百姓在新居地落户。691年，徙关内民户数十万以实洛阳；722年，又徙河曲六州残胡5万余口于许、汝、唐、邓、仙、豫等州。有组织的徙民和人口自然增长使中原人口数量回升。至742年，中原人口达690万，占当时全国总人口的1/7，为农业生产提供了充足的劳动力。在陈州（治今周口淮阳区）、许州（治今许昌）、豫州（治今汝南）实施民屯。中原西部贫瘠的山地得到垦殖，河内郡（治今沁阳）和相州（治今安阳）、卫州（治今卫辉）淤灌改良盐碱地种植水稻。

水利工程陆续兴修。隋初在梁县（今汝州）东修筑黄陂。怀州（治今沁阳）刺史卢贲率众修利民渠决沁水东注，一支渠流入温县，"以溉舄卤，民赖其利"。在济源东北开百尺沟引济水灌溉，新息（今息县）开凿玉梁渠，陕州（治今三门峡）开凿南北利人渠。666年，唐高宗诏令增修汝州梁县（今汝州）黄陂灌溉工程；671年，相州刺史李景在安阳县西开挖高平渠。开元年间疏浚豫州新息（今息县）玉梁渠，灌溉农田3000余顷。农具改进，出现曲辕犁。农作物品种比前代增加，旱地作物广泛种植，在淮河、唐白河和济水流域多植水稻。中原成为全国粮食和桑麻的主要产区。

二、手工业的繁荣

隋朝至唐朝前期，中原手工业在全国占重要地位。洛阳设少府监、军器监、将作监管理官营手工业生产。河北诸郡送工艺户陪东都3000余家。唐高宗时关中雍、同等州很多工商户迁到洛阳。武周时洛阳尚方监有短蕃匠5029人，绫锦坊、内作巧儿407人，内作使、掖庭绫匠233人，配诸司诸使杂匠125人。各州设作院，生产兵器、丝织品等。私营手工作坊多集中在都市。手工业门类有纺织、陶瓷烧造及酿酒、雕刻、造纸、造船、制镜等。

隋朝至唐朝前期,河南、河北道的丝织品居全国首位。相州(治今安阳)的绫文细布特别著名,纱、绢、葛布成为贡品。宋州(治今商丘)的绢全国第一,郑州、汴州(治今开封)、怀州(治今沁阳)次之。唐全盛时每年从河南道征收绢700多万匹,丝绵200万屯(每屯6两),麻布1000多万端(每端5丈)。河南府(治今洛阳)的丝织品除作为贡赋外又通过丝绸之路远销西域。

陶瓷烧造进入高潮。今安阳、巩义、新密、郏县、鹤壁等地发现隋

洛阳关林出土唐黑釉三彩马

唐瓷窑,所烧瓷器以青瓷为主。隋朝开始烧造白瓷,唐前期继续发展,巩义黄冶、铁炉村瓷窑遗址出土白瓷10多个品种,安阳相州窑、新密西关窑、登封曲河窑都烧造白瓷。河南、河北道白瓷产量与日俱增,中国陶瓷逐渐形成“南青北白”新格局。唐高宗时洛阳一带的制陶工匠用矿物作陶坯釉料,先后经约1100℃和900℃的温度烧制,呈现多种色彩,而以黄、绿、蓝为基调,称“唐三彩”。巩义黄冶发现唐三彩窑炉5座,产品塑工精细,造型生动,色彩斑斓。

金属铸造业发展。隋朝河南渑池、河内河阳(今孟州西北)设有冶官,陕州是官营矿冶业的主要基地之一,冶铜作坊众多。河南伊阳县(今嵩县旧县镇)五重山的银、锡矿得以开采冶炼。桐柏围山城发现唐宋时期的冶银遗址。

大运河开通后造船业发展迅速,洛阳、汴州(治今开封)等地有大型作院从事船只建造和修复。此外,造纸业也有发展,雕版印刷出现。

三、交通与商业的发达

隋朝至唐前期,中原地区交通发达,商业恢复发展,与周边地区乃至外国的商品交换增多。

605年,隋炀帝诏令在黄河以南开凿通济渠,从洛阳西苑引谷水、洛水经洛口(在今巩义)达黄河,再从板渚(今荥阳东北)引河水入汴水,从浚仪(今开封)向东南引汴水入泗水,在盱眙(今属江苏)入淮水,又疏通拓宽山阳渎,使淮水与长江连通。次年在黄河以北开凿永济渠,引沁水南通黄河,疏浚曹魏时开凿的白沟运河,北至涿郡(今北京)。610年,又开凿江南河,引长江水入钱塘江。隋唐大运河以洛阳为中心,北抵涿郡,南达余杭(今浙江杭州),全长2400公里,把海河、黄河、淮河、长江、钱塘江五大水系融为一体,成为中国南北交通的大动脉。中国大运河列入《世界遗产名录》,河南境内的遗产点有通济渠郑州段、商丘南关段、商丘夏邑段,永济渠滑县段,洛阳回洛仓、含嘉仓和浚县黎阳仓。

洛阳是隋唐大运河的中心。通济渠唐代称"汴河","西通河洛,南达江淮",各地漕商船只可直

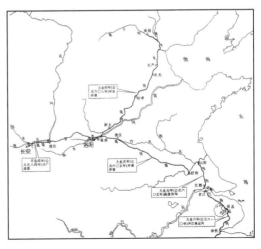

隋唐大运河示意图

抵洛阳城内。洛阳至长安的水运继续利用黄河水道,唐高宗时凿三门峡栈道以挽漕舟,唐玄宗时在三门峡开凿石渠,称"开元新河"。

隋唐时期,洛阳是中原最大的商业都会。隋炀帝曾徙洛州郭内人及天下诸州富商大贾数万家以实洛阳,江南诸州科上等民户分房入东都居住的"部京户"6000多家。洛阳城有居民20多万户,丰都、通远、大同三大市场。丰都市有120行,3000余肆,"珍奇山积";通远市东连漕渠,其上各郡国舟船,数以万计。唐高宗时"徙关外雍、同、秦等七州户数十万,以实洛阳"。洛阳城内人口超过100万,有100多个行会,南、北、西三市。洛阳是欧亚丝绸之路的东端起点,也是仅次于长安的国际性大都市,粟特等国商人云集,中亚、西亚、东欧、北非诸国商旅往来频繁。洛阳曾出土波斯、大秦钱币和表现外商骑骆驼贩运丝绸的三彩陶器。商人从国外购入珠宝、胡粉、香料等奇珍异产,输出丝制品、陶瓷器。唐代汴州(今开封)城内人口近60万,也是雄踞一方的大都会。

第三节 唐后期的藩镇割据与农民战争

一、安史之乱中的中原形势

混血胡人安禄山得唐玄宗和杨贵妃赏识,任平卢、范阳(今北京)、河东三镇节度使。755年,安禄山与平卢兵马使史思明在范阳起兵,南下攻克洛阳,自称皇帝,国号燕。这就是安史之乱。

叛军的杀掠激起中原军民的反抗,南阳、睢阳(今商丘睢阳区)保卫战可歌可泣。南阳是江汉屏障,节度使鲁炅率军5万驻守。756年,叛将武令珣带兵围攻南阳,鲁炅率军民与叛军浴血奋战年余,突围南下襄阳,江汉地区得以保全。睢阳扼中原至江、淮的通道。757年年初,尹子奇带13万叛军进攻睢阳,张巡与许远率7000名守军同叛军战斗400多次,矢尽粮绝,仍坚持战斗,直至城陷。睢阳保卫战阻止叛军南下,对整个战局有重大影响。

中原军民与叛军进行浴血苦战时,郭子仪指挥官军收复洛阳,进军邺城(今安阳)。安禄山死,部将史思明降而复叛,再次攻占洛阳称帝,被其子史朝义杀死。763年叛军首领相继降唐,史朝义自杀,历时8年的安史之乱结束。

中原是安史之乱受害最严重的地区,人烟断绝,千里萧条,经济长期难以恢复。

二、藩镇割据与唐末农民起义

安史之乱后,唐朝开始在内地设立方镇和节度使,藩镇逐渐成为拥有土地、人民、兵甲、财赋的割据势力。唐后期藩镇几乎遍布中原,昭义镇、宣武镇(驻今开封)、淮西镇(驻今汝南),是中原的三大割据势力。

昭义镇割据相(治今安阳)、卫(治今卫辉)、洺(治今河北永年东南)、邢(治今河北邢台)四州。史朝义部将薛嵩降唐后任相州刺史,乘机拥兵割据。薛嵩死,弟薛崿知留后事。兵马使裴志清驱逐薛崿,投降田承嗣,昭义镇并入魏博镇。

宣武镇割据汴、宋(治今商丘睢阳区)、亳(治今安徽亳州)、颍(治今安徽阜阳)四州。节度使田神玉死,都虞候李灵曜作乱。唐朝廷派淮西节度使李忠臣等擒斩李灵曜。永平军押牙刘洽出兵攻占宋、濮、汴三州,朝廷以刘洽为汴宋节度使。刘洽死,子刘士宁继任。行汴州事李万荣驱逐刘士宁自任节度使。李万荣死,割据结束。

淮西镇辖申(治今信阳)、光(治今潢川)、蔡(治今汝南)三州。778年春,节度使李忠臣族子李希烈驱逐李忠臣自立,带兵南取襄阳,北攻汴、宋。784年春,李希烈在汴州(今开封)称帝,国号大楚。两年后李希烈被部将陈仙奇杀死,吴少诚杀陈仙奇据有淮西。814年,吴元济继任,屠舞阳,焚叶县,攻掠鲁山、襄城,长驱杀伤抢劫上千里。817年,宰相裴度督诸军讨伐,李愬率军攻陷蔡州,生擒吴元济,中原最大的割据势力被消灭。

唐后期藩镇争雄夺利,干戈扰攘。黄河南北"农桑俱废,井邑为墟。丁壮服其干戈,疲羸委于沟壑"。城乡残破不堪,经济凋敝。

873年,河南道发生特大旱灾,农民以草根、槐叶为食,官府仍然催租逼赋。次年,王仙芝与尚让、尚君长率数千农民在长垣首揭义旗,攻克曹州(治今山东曹县西北)、濮州。875年7月,冤句(今山东菏泽西南)人黄巢聚众响应,掀开大起义的序幕。876年9月,起义军南渡黄河,克阳翟(今禹州)、郏城(今郏县)等8座县城和汝州,兵锋直指洛阳。唐朝调集大军防守,起义军转攻光(治今潢川)、申(治今信阳)、唐(治今唐河)等州,南下荆襄。878年年初,黄巢引军攻宋、汴等州,兵锋再指洛阳,因唐军有备而转向江淮。次年8月,起义军第三次进军中原,兵临洛阳城下,唐东都留守吴允章出降。黄巢西入关中,在长安建大齐政权。883年5月,黄巢率15万义军东出潼关,在泰山狼虎谷全军覆没。起义军多次转战中原,沉重打击了唐王朝的统治。

第四节 社会经济的停滞

安史之乱使中原经济遭受严重破坏,藩镇割据又导致社会经济持续波动和停滞,而江南经济持续发展,全国经济重心开始从中原地区南移。

130

一、农业、手工业的恢复与发展

安史之乱后，中原社会大乱，均田制瓦解，官僚、地主和商人广占土地，地主田庄扩大，自耕农减少，依附农民增多，计丁征税很难兑现，国家财政收入没有保证。779年，杨炎任相，推行"两税法"：征税以户籍和贫富为依据，分秋、夏两次征收，租庸、杂徭全部省除而保留丁税数额。田亩之税率以779年垦田之数为准均征。行商在所郡县税1/30。两税按资产区分等级征收，使"富人多丁"以及浮客承担法定赋税。但朝廷财政开支全部摊派到百姓身上，人民负担难以减轻。

唐朝廷为尽快恢复农业生产，在有闲田处普遍设立营田，中原多州有营田区分布。796年，宣武军（治今开封）观察巡官崔翰掌管军田，"凿洺沟，斩荽茅，为陆田千二百顷，水田五百顷。连岁大穰，军食以饶"。817年，分蔡州上蔡、郾城、遂平、西平四县为溵州，始开屯田，濒临溵水连绵200里的土地变成膏腴之田。

一些藩镇为壮大经济实力，不得不注意发展生产。朱全忠据宣武（今开封），"内辟汙莱，厉以耕桑，薄其租赋"，以恢复生产。河南尹张全义进据洛阳，派屯将分赴各县招抚农户，劝课农桑，派屯副安辑流民，5年后家家有蓄积。张全义前后治洛阳40年，河南府经济复苏。陈州（今周口淮阳区）秦宗权败亡后，赵犨招抚流亡，恢复农桑，弟赵翊开凿翟王河以溉稻粱，仓廪充实。822年，河阳（治今孟州南）节度使崔弘礼修治河内秦渠，溉田千顷。825年，河阳节度使温造役使民工4万人，开浚怀州古秦渠枋口堰，灌溉附近4县田5000余顷。

唐后期中原手工业缓慢发展。黄河南北的丝织品生产仍然保持着优势。元和、长庆年间河北道贡纳特殊丝织品的州由前期的5个增加到9个,河南道贡纳州数增长近一倍。洛阳官营纺织作坊的丝织品花样不断翻新。白瓷生产进入兴盛期,种类增多。在巩义黄冶唐三彩窑址的唐晚期地层和灰坑中发现青花瓷片,还有部分白釉洒点蓝彩的彩釉瓷器,当为中国青花瓷的发源地。河阴(今郑州西北)、洛阳设盐铁院,掌管银、铜、铁、锡等金属的开采冶炼和食盐专卖。

安史之乱后中原的商品经济仍在发展,粮食和茶、漆、竹、木等都作为商品进行交易,铜钱流通领域扩大。行会组织开始出现。商税逐渐增长,行税和地税相继创立。

二、全国经济重心开始南移

从秦汉到唐前期的上千年中,黄河中下游地区一直处于全国经济的重心地位,唐玄宗时中原仍为全国经济最发达的地区,"大河南北,人户殷繁,衣食之源,租赋尤广"。黄河南北一直是洛阳粮食消费及关中粮食补给的主要来源之一,少府所属丝织作坊分工之细、织染技术之精,仍为江淮地区所不及,生产丝织品的数量和质量远远超过南方。安史之乱后情况开始发生变化。

黄河中下游地区经过上千年的开发,发展潜力已不大。唐安史之乱后中原藩镇割据,战乱频仍,而长江流域却相对安定。大量中原百姓南迁,带去大批劳动力和先进技术,长江中下游地区进入全面开发耕地时期,稻麦复种推广,水稻生产集约化超过北方,经济作物种植面积扩大。在手工业方面,江南道的丝织贡品从唐前期的7州10种发展到后期的15州32种,跃居全国首位,中原退居其后。江南丝织技术已不亚于甚至开始超过北方,丝织手工业生产在数量、质量上逐渐赶上北方,有些品种已超过北方。唐前期洛阳、汴州是极其繁华的商业都会,安史之乱后失去在全国经济中原有的地位。而在江南,作为运河漕运枢纽的扬州繁华程度仅次于长安,长江下游的建康(今江苏南京)、苏州、杭州,中游的江陵(今湖北荆州)、洪州(治今江西南昌)、寻阳(今江西九江)以及华南的广州、明州(治今浙江宁波)、泉州迅速兴盛起来。总之,安史之乱后整个南方的社会经济继续加速发展,而黄河南北的社会经济发展停滞甚至萎缩。全国的经济重心从黄河流域开始稳健、逐步地转移到长江流域。但全国经济重心的南移是一个缓慢的历史过程,到南宋时期方全面完成。

第五节　文化的繁荣

隋唐时期是中原文化的繁荣期。洛阳设有国子监诸学,科举制度创立并初步完善,济济人才为文化兴盛奠定了基础。韩愈、杜甫等人的文学成就举世瞩目,西域乐舞、杂技相继传入,书法家颜真卿、褚遂良留下诸多墨宝,吴道子被尊称为"画圣"。科学技术有很大进步。

一、哲学思想与学术

隋唐时期中原地区出现姚崇、李筌、刘禹锡等思想家,经学、史地学和目录学成果丰硕。

唐代陕州硖石(今三门峡陕州区东南)人姚崇历任三朝宰辅,他认为人死后精神不再存在,因果报应是无稽之谈,批判灾变迷信,反对厚葬和写经造像。隐居嵩山的李筌著有《阴符经疏》《太白阴经》,认为天地由阴、阳二气构成,二气生五行,五行生万物,主张以人事为本、天道为末,强调人在战争中的作用。洛阳人刘禹锡反对以"空"或"无"为世

孟州韩庄韩愈墓园

界本体,指出"空"并非超越物质形体之外的独立存在,而是物质形体的一种形态,气在阴阳交互运动中产生万物。

怀州河阳(今孟州)人韩愈官至吏部侍郎、京兆尹,提出新儒学理论,创立尧、舜、禹、汤、周文王、周武王、周公旦、孔子、孟子等圣人相传的道统,认为仁义道德是先王学说的中心。人性分为上、中、下三品,上品可教,下品可制,中品可以改造。他治经侧重义理,强调心性。河南偃师(今洛阳偃师区)人徐文远曾任太学、国子学祭酒、博士,著《左传义疏》。洛阳人元行冲曾任国子祭酒,著《孝经义疏》等。开成年间,郑州荥泽(今郑州古荥镇)人郑覃等校订九经文字,并书丹刻石,称"开成石经"。

官修史书制度确立。相州(治今安阳)人李延寿撰《南史》《北史》,褒贬恰当,事详文省,条理分明。汴州浚仪(今开封)人吴兢撰《贞观政要》总结"贞观之治"的历史经验,彭城(今江苏徐州)人刘知几在洛阳撰写的《史通》是我国第一部史学理论著作。隋炀帝时编绘中国第一部一统志《区宇图志》和《诸州图经集》。玄奘与弟子辨机撰成《大唐西域记》。

图书目录学继续发展。隋炀帝时对官府37万卷藏书进行整理,得正御本3700余卷,编成《隋大业正御书目录》。唐玄宗时洛阳"聚书四部,以甲乙丙丁为次,列经、史、子、集四库"。褚无量协助元行冲编成《群书四部录》。

二、宗教的兴盛

隋唐时期中原佛教臻于极盛,逐渐中国化、世俗化,建寺度僧、凿窟造像、佛经翻译和佛学讲论成风,宗派形成。隋炀帝在洛阳设道场招致各地高僧。唐太宗对少林寺僧屡加褒奖,召见取经归来的玄奘,为他写《大唐三藏圣教序》。武则天在洛阳建天堂、造夹纻大佛像,唐高宗时凿造龙门石窟奉先寺。629年,河南缑氏(今洛阳偃师区缑氏镇)人玄奘(陈祎)前往天竺(今印度)那烂陀寺学习佛法,645年,携佛经梵本657部和佛像、法器回到长安(今陕西西安),从事佛经翻译19年,译著《成唯识论》,是佛教三大翻译家之一和唯识宗的创始人。禅宗在嵩山少林寺产生,奉达摩为始祖。禅宗四祖沁阳人道信俗姓司马,曾在少林寺学法,后居广济(今湖北武穴北)。他主张"心即佛",强调坐禅摄心,发心自悟。尉氏人神秀俗姓陈,投师禅宗五祖弘忍,在北方传"渐悟"禅学,人称"北宗"。慧能弟子、襄阳人神会常住南阳传法,在滑州滑台(今滑县东)无遮大会上树"顿悟"宗旨,立慧能为六祖,人称"南宗"。禅宗始判南北宗。康居(约今乌兹别克斯坦东)人法藏曾为武后授具足戒,参与新译《八十华严》,在洛阳授记寺宣讲,创立华严宗。

道教与佛教并驾齐驱。隋炀帝时在洛阳造道观24所,度道士1100人。唐代皇帝以老子为先祖,尊崇道教。太宗诏令在亳州谷阳(今鹿邑)修老子庙享祀;高宗尊老子为太上玄元皇帝,在洛阳积善坊建庙祭祀,并亲自到谷阳老君庙祠祀老子,改谷阳为真源县;玄宗制令两京、诸州各置玄元皇帝庙和崇玄学,置生徒,依明经例考试。嵩山、王屋山是茅山宗的传道基地。赵州赞皇(今属河北)人潘师正居嵩山逍遥谷修道。西华法师、陕州(治今三门峡)人成玄英为《老子》《庄子》作注。

怀州温县(今属焦作)人司马承祯主张"摈见闻、去知识",教人"坐忘""收心"。

从西方传来的祆教、摩尼教和景教总称"三夷教"。祆教由波斯(今伊朗)人琐罗亚斯德创立,奉火为善神象征。唐代洛阳立德坊和汴州(治今开封)有胡祆神庙。波斯人摩尼宣扬光明与黑暗对立是善恶的本原,创立明教,又称摩尼教,唐代在洛阳流行,武周时波斯拂多诞持《二宗教》(明与暗)来朝,唐宪宗时在洛阳建摩尼寺。聂斯托良所创景教是基督教支流,唐贞观年间在洛阳流传,洛阳出土有景教经幢。

三、文学艺术的繁荣

隋唐时期中原地区涌现大批著名诗文作家,推动了文学的繁荣。

唐代中原著名诗人众多。初唐陕州(治今三门峡)人上官仪的诗作承袭齐梁宫体诗遗风,称"上官体"。他注重诗歌中对偶与声律的关系,提出"六对""八对"之说,对律诗形成有一定影响。盛唐河南巩县(今巩义)人杜甫被尊为"诗圣",是伟大的现实主义诗人。他在"安史之乱"中写的"三吏""三别"对深受苦难的百姓表示深切关注与同情,人称"诗史"。杜诗风格多样,精警稳重,辞简意丰,律诗格律严谨,对仗工稳,标志着唐代格律诗的成熟,对后世诗歌有巨大影响。李白东来洛阳,与杜甫、高适同游梁宋(今开封、商丘),留下《春夜洛城闻笛》《将进酒》等诗篇。岑参,江陵(今湖北荆州)人,生于仙州(今叶县),其边塞诗格调雄壮,气势豪迈。中唐诗人白居易生于新郑,晚年长居洛阳,与洛阳人元稹倡导新乐府,清浅流畅,以讽谕见长,称"元和体"。河南福昌(今宜阳西)人李贺的《感讽五首》《雁门太守行》构思奇特,格调冷艳,人称"诗鬼"。洛阳人刘禹锡的怀古诗寓意含蓄,寄情深远,

《竹枝词》清新隽永，流畅自然。怀州河阳（今孟州）人韩愈以文为诗，追求新奇。晚唐怀州河内（今沁阳）人李商隐的《重有感》等感伤诗叙议并重，感慨深刻，《无题》等情诗缠绵悱恻，凄婉动人，感染力强。

杜甫像

唐代散文发展到又一个高峰。韩愈是古文运动的旗手，倡导"文以载道"，反对"绣绘雕琢"，从理论到实践全面实行文体、文风和语言的根本革新，有"文起八代之衰"的盛誉。其散文兼善众体，追求新奇，对北宋的诗文革新运动及明清文坛都有深远的影响。

新文体传奇与词初兴。传奇是新体文言小说，元稹的《莺莺传》，白行简的《李娃传》，蔡州朗山（今确山）人袁郊的《红线传》，都很著名。词是文学意蕴深远、音乐节奏优美的文体，兴起于初唐、盛唐，晚唐呈繁荣之势，刘禹锡、白居易是有代表性词作家。

隋唐中原艺术丰富多彩，在书法、绘画、石窟造像和乐舞方面都取得杰出的成就。

钱塘（今浙江杭州）人褚遂良封河南郡公，有楷书《伊阙圣教序》等。郑州荥阳人郑虔能诗善画，精书法，曾作一幅山水画并题诗献上，唐玄宗批尾"郑虔三绝"。琅邪临沂（今属山东）人颜真卿曾在洛阳任殿中侍御史，有行草《祭伯父文稿》、楷书《元次山碑》《八关斋报德记》。

河南阳翟（今禹州）人吴道子被奉为"画圣"，善画佛道人物，在长安和洛阳作壁画300余堵。苏轼称赞他画人物"游刃余地，运斤成风，盖古今一人而已"。他是唐代山水画法与风格变化的引领者。唐玄宗

龙门石窟奉先寺卢舍那大佛

诏令吴道子在大同殿画嘉陵江三百里山水，他一日而就。

造像艺术达到高峰。龙门石窟奉先寺卢舍那大佛、菩萨面相圆润，身躯匀称，褒衣博带，飘逸潇洒；天王、力士粗犷浑厚，遒劲有力，威严可怖，是佛教造像艺术中国化的代表作品。

隋唐洛阳常表演大型乐舞。隋大业年间朝廷有国伎、清商伎、高丽伎、天竺伎、安国伎、龟兹伎、文康伎、康国伎和疏勒伎等"九部乐"，唐代增加高昌伎为"十部乐"，反映了不同民族音乐的融合。上元乐、圣寿乐、安乐、庆善乐、大定乐、光圣乐、太平乐都是著名的宫廷乐舞，分为立部伎和坐部伎。中原民间乐舞有剑器舞、胡旋舞、柘枝舞、录要舞等。

四、科技的进步与教育的发达

隋唐时期中原地区的天文历算学、医学有新发展，铸造、制陶技术也有长足进步。

唐初太史令、滑州白马（今滑县）人傅仁均精通历算，618年采用定朔法编定《戊寅元历》。魏州昌乐（今南乐）人僧一行俗姓张名遂，精通天文、历算,开元年间入京主持天文历法事务,与梁令瓒制造以漏水转动具有报时功能的浑天铜仪,又组织大规模的天文观测,从铁勒(今蒙古国杭爱山北)到交州(今越南河内西北),测量北极高度及冬至、夏至和春分、秋分时日影高度。太史监南宫说率众在中原四个地点进行观测,首次测出地球子午线的长度与二十八宿距天球北极的度数,在世界上首次发现恒星位置变化。由僧一行编定的《大衍历》是当时世界最先进的历法。隋代颍川扶沟(今属周口)人甄权通晓医术,著《脉经》《针方》《明堂人形图》,弟甄立言撰有《本草音义》《古今录验方》。汝州梁县(今汝州)人孟诜撰《食疗本草》,有较高的植物学与医药学价值。

金属冶铸技术有长足进步。武周时在洛阳铸造天枢和九鼎。天枢高35米,神都鼎高6米。铸造如此高大复杂的器物显示冶铸技术之高超。陶瓷生产技术进步,首创低温釉陶唐三彩。

隋唐中原教育体系完备。隋东都洛阳设有国子学、太学、四门学。607年,国子寺设祭酒统领官学,是我国设立教育行政机构和长官的开端。662年,唐朝廷在长安、洛阳置国子监,分两都教授。洛阳有国子学、太学、四门学和弘文、崇文、广文、崇玄馆。地方有州、县学。科举制度形成并初步发展。隋炀帝大业年间始建进士科,后又设明经科,以试策取士,标志着科举制度形成。690年春,武则天策贡士于洛阳洛城殿,首创殿试制度,又开办武举。唐代科举制度逐渐完备。

安史之乱

唐开元、天宝年间,政治日趋腐败,社会矛盾尖锐,中央集权削弱,藩镇割据相继而起。藩镇将领、胡人安禄山、史思明发动叛乱,史称"安史之乱"。

755年冬,平卢、范阳、河东三镇节度使安禄山以诛杨国忠为名,在范阳(今北京)起兵,击败唐军,攻下洛阳。次年自称大燕皇帝,进军长安。同时,使其部将史思明占有河北十三郡地。唐玄宗逃往四川,肃宗在灵武(今属宁夏)即位。叛军所至残暴,人民纷起反抗。757年,安禄山在洛阳被其子安庆绪杀死,长安、洛阳为唐将郭子仪等率军收复,安庆绪退守邺郡(今安阳)。759年,史思明杀安庆绪,回范阳自称燕帝,并再度攻下洛阳。两年后史思明为其子史朝义所杀。763年,史朝义穷蹙自杀,叛乱平定。

安史之乱是唐代最重大的历史事件,前后历时7年,中原社会生产遭受严重破坏。唐朝统治从此由盛而衰,形成藩镇割据的局面,并导致全国的经济重心从中原向长江下游地区转移。

1. 龙门石窟的开凿

龙门石窟又称伊阙石窟,位于今洛阳市洛龙区龙门镇南伊水两岸的龙门山和香山上。它始开凿于北魏后期,之后历经东魏、西魏、北齐、隋、唐、五代、宋等朝代400余年的营造,从而形成南北长1公里,窟龛2345个、石刻佛塔70余座、造像10万余尊、碑刻题记2860余品的石窟。

在龙门石窟中,北朝洞窟约占30%,唐代石窟约占60%。北朝石窟以古阳洞、宾阳中洞为代表。唐代石窟以潜溪寺、奉先寺、万佛洞、极南洞、摩崖三佛龛、看经寺为代表。最大的奉先寺卢舍那大佛开凿于唐高宗时,佛身通高17.14米,面部丰满秀丽,目光安详宁静,嘴角微露笑意,两旁有二弟子、二菩萨、二天王、二力士雕像,高10米以上。整个洞窟雄伟壮观,表现了唐代雕塑艺术的最高成就。

龙门石窟是中国三大石窟艺术宝库之一。1961年被国务院公布为全国第一批重点文物保护单位,2000年联合国教科文组织将它列入世界文化遗产名录。

2. 倡导新儒学与古文运动的韩愈

韩愈(768—824),字退之,怀州河阳(今孟州西)人。他早孤,由兄嫂抚养成人,34岁选授国子监四门博士,47岁转考功郎中、知制诰,参与朝廷机要,官至吏部侍郎、京兆尹。韩愈是一位卓有建树的思想家,一个儒学由汉学向宋学转变中的重要人物,也是一位屈指可数的著名文学家,古文运动的倡导者,有"文起八代之衰,道济天下之溺"的盛名。

韩愈反对佛教,倡导新儒学。为确定儒学的正统地位,他创造了圣人相传的道统学说。他申述《大学》的治国平天下的封建社会关系和道德修养原则,批评佛教的出世学说。他从民族文化、学术传统、理论体系方面对佛教进行批判,而把经学研究重点引向心性问题,重申用道德控制人性的必要性,为宋代学者治经在内容、形式和方法上开辟了新途径。

第七章 五代宋金时期

五代的更迭
北宋的京西北路与东京
金代的南京路
社会经济的恢复和发展
文化的鼎盛

华夏民族之文化,历数千载之演进,造极于赵宋之世。

——陈寅恪

宋代是伟大的创造时代,使中国人在工技发明、物质生产、政治哲学、政府、士人文化等方面领先全世界。

——费正清

从907年朱温建立后梁到1234年金朝灭亡,是中原历史上的五代(907—960)、北宋(960—1126)、金(1115—1234)时期。这一时期中国都城东移洛阳、开封,继5个短暂皇朝的更迭之后,北宋国家相对统一,中原经济持续发展,文化达到巅峰状态。及金灭北宋,宋室南迁,全国经济重心、政治中心外移,成为中原由鼎盛走向衰落的转折点。

第一节　五代的更迭

907—960年,中原地区经历了后梁、后唐、后晋、后汉和后周5个短暂政权的频繁更迭。

一、后梁

907年5月,唐魏王朱温称帝,国号梁,史称后梁,升汴州(治今开封)为东都开封府。次年唐晋王、沙陀部人李存勖从河东(治今山西太原)起兵,与后梁争夺中原。909年,梁太祖朱温迁都洛阳,在对晋战争中屡败。912年,梁太祖次子朱友珪弑父自立,第四子朱友贞杀朱友珪,在开封即帝位,政事日益紊乱。923年11月,后梁被后唐灭亡。

二、后唐

923年5月,晋王李存勖在魏州(今河北大名)称帝,国号唐,史称后唐,迁都洛阳。庄宗李存勖全面恢复唐朝旧制,以后梁东都开封为汴州。官吏大肆盘剥,民不聊生。926年,明宗李嗣源即位,革除弊政,严惩贪污,废除杂税,谷物屡年丰收,社会疮痍稍复。闵帝李从厚猜忌明宗养子潞王李从珂,李从珂引军入洛阳擒闵帝,即帝位,搜刮民财,百姓离心。936年11月,后晋军攻克洛阳,后唐灭亡。

三、后晋

936年6月,后唐河东节度使石敬瑭举兵反叛,为争取支持,对契丹卑躬屈节。10月29日,石敬瑭被契丹人立为皇帝,国号晋,史称后晋,都晋阳(今山西太原)。次年迁都汴州,升为东京,以洛阳为西京。高祖石敬瑭死,出帝石重贵即位,不对契丹帝称臣。946年,契丹骑兵攻入东京,后晋灭亡。次年春,契丹国主耶律德光在开封称帝,国号辽,放纵士兵掳掠,中原民众奋起反抗,耶律德光北遁。

四、后汉

947年3月23日,后晋河东节度使刘知远在晋阳称帝,乘中原无主,率军入汴州,以汴京为东京开封府,改国号汉,史称后汉。次年高祖刘知远死,隐帝刘承佑即位,内部矛盾尖锐。辽兵扰边,隐帝以邢州尧山(今河北隆尧西南)人郭威为天雄军节度使防守河北。950年12月,隐帝听信谗言,派人刺杀郭威。郭威率军回京,隐帝死,太后临朝,郭威监国。

五、后周

951年2月2日,郭威登帝位,国号周,史称后周,仍都东京。954年,太祖郭威病死,养子、邢州龙冈(今河北邢台西南)人柴荣继位,是

为世宗。太祖、世宗相继进行
改革，实行民政、军政分开，用
文臣治理州郡，限制方镇实
权，打击贪官污吏，颁布《大周
刑统》，整顿军队。世宗谋求
统一天下，西征后蜀，南征南

新郑后周世宗庆陵碑碣

唐，北伐辽国。959年8月，世宗病死，子恭帝柴宗训少年嗣位。次年
初，权臣赵匡胤发动兵变，夺取政权，后周亡国。

第二节　北宋的京西北路与东京

一、北宋建立与中原政区

960年2月2日，后周朝廷接到辽军压境的边报，派赵匡胤率军御
敌，到达陈桥驿（今封丘陈桥镇），赵光义和赵普策动将士兵变，把一件
黄袍披在赵匡胤身上，罗列跪拜高呼万岁。赵匡胤率军回京，登上帝
位，国号宋，定都东京开封。

北宋皇朝加强君主专制主义中央集权：削弱相权，解除高级将领
的兵权，由皇帝总领禁军，设枢密院，把统兵权与调兵权分开，强化中
央禁军，削弱地方兵力；路设漕司、宪司、帅司、仓司，位于节度使藩府
之上，削弱节度使的权力；集中全国财权于中央，每年各州的赋税收入
除支度给用外都输送京师。

宋太祖初建东京，"广皇城东北隅，命有司画洛阳宫殿，按图修
之"。宋真宗增筑新城。宋徽宗修筑宫室苑囿，广其规制。东京城由
外城、内城和皇城三重组成。皇城开六门，大庆殿、明堂和宣德楼宏

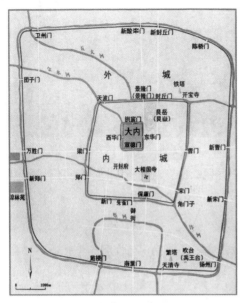

北宋东京城平面图

伟壮丽。皇城外为内城,是官衙和市民区。外城平面近长方形,城墙周长 29126 米。从皇宫正门向南,过内城朱雀门,直至外城南熏门的御道是城市的中轴线。宋东京城打破隋唐都市的里坊限制,把宫阙建在城的中央,这种都城格局为元大都仿效。

北宋在中原设三京:东京开封府治开封、祥符(今开封市),西京河南府治河南县(今洛阳西工区)、南京应天府治宋城(今商丘睢阳区)。地方政权分为路、州、县、乡四级。元丰年间分全国为 23 路。京西北路治河南县,辖河南、颖昌、怀宁、顺昌四府,郑、滑、孟、蔡、汝五州,信阳军。颖昌府治长社(今许昌),淮宁府治宛丘(今周口淮阳区),顺昌府治汝阴(今安徽阜阳),郑州治管城(今郑州),滑州治白马(今滑县),孟州治河阳(今孟州),蔡州治汝阳(今汝南),汝州治梁县(今汝州),信阳军治信阳。此外,邓州治穰县(今邓州),唐州治泌阳(今唐河),属京西南路。相州治安阳,怀州治河内(今沁阳),卫州治汲县(今卫辉),属河北西路。澶州治濮阳,属河北东路。陕州治陕县(今三门峡),虢州治虢略(今灵宝),属永兴军路。光州治定城(今潢川),属淮南西路。路最高长官转运使总管一路之事务,特别是财政,提点刑狱公事主管刑法狱讼,安抚使主管军政。州、县长官由中央直接委任。

二、庆历、熙宁新政与北宋灭亡

1004年10月,辽圣宗耶律隆绪率20万大军南侵,兵临澶州(今濮阳县)城下,宋真宗御驾亲征抵澶州北城。双方在澶渊(今濮阳县西)签订盟约,规定宋每年给辽银10万两,绢20万匹,称为"岁币"。这是北宋与辽国签订的屈辱条约,但它使北方州、县及河北地区稳定下来,和平局面维持百年之久。北宋开放对辽榷场贸易,促进了物资以及文化交流。

1035年,苏州吴县(今江苏苏州)人范仲淹权知开封府,依法行事,兴利除弊,"肃然称治"。1043年,范仲淹任参知政事,改革弊政,整顿吏治,发展生产,减轻百姓负担,史称"庆历新政",遭权贵反对而失败。1057年,庐州合肥(今属安徽)人包拯权知开封府,改革诉讼制度,杜绝衙吏敲诈勒索,断案公正,政绩卓著。

宋神宗时国弱民贫,有识之士呼吁改革。1069年,抚州临川(今属江西)人王安石任参知政事,兼领"制置三司条例司",颁行均输法、青苗法与农田水利法,保甲法、免役法、方田均税法、养马法、市易法及将兵法首先在开封府属县试行,史称"熙宁新政"。变法触犯官僚贵族、富商巨贾的利益,实行过程中又出现偏差,因遭到强烈反对而中止。

1125年11月,立国于中国东北的金国军队侵宋。次年初,金兵包围开封,李纲率军击退。金国以和谈进行讹诈,要求宋朝拿犒军费黄金500万两,银5000万两,绢、缎各1万端,牛、马各1万匹,割太原、中山(今河北定州)、河间(今属河北)三镇归金。钦宗全部同意这些条件。这一投降行为激起开封军民强烈反对,钦宗仍令李纲负责守城,再次击退金军进攻。9月上旬,金将完颜宗望(斡离不)等率军围攻东京开封。12月初,钦宗降金,北宋灭亡。此事史称"靖康之变"。

1127年6月,宋康王赵构在南京应天府(今商丘睢阳区)即帝位,后南迁临安(今浙江杭州),史称南宋。宋高宗赵构以宗泽为东京留守,大败金兵。但宋朝廷议和息兵的国策已定,宗泽忧愤而死。杜充继任东京留守,掘开黄河堤防阻挡金兵南犯,导致黄河改道,夺淮入海,黄河以南地区仍被金兵占领。

第三节　金代的南京路

一、岳飞抗金与金朝在中原的统治

金灭北宋后,在大名府(今河北大名)建立伪齐政权。活跃在顺州伊阳山区(今汝阳县西)的翟兴抗金武装与黄河南北义军联合,抵抗伪齐和金兵的进攻。

1134年6月,金军主帅完颜宗弼(兀术)再次率军南侵,南宋神武后军统制、彰德汤阴(今属安阳)人岳飞率军迎敌,收复襄阳、邓州、唐州(治今唐河)。1136年春,岳飞移军襄阳,派部将王贵、牛皋、杨再兴等领兵北上进攻伪齐,令抗金民兵首领梁兴返回太行山联合忠义社义军,在敌后展开抗金斗争。次年12月,金朝废伪齐政权,在汴州(今开封)设行台尚书省。

1140年6月,金兵分四路大举南侵,占领汴京、洛阳。7月,完颜宗弼率军直扑顺昌(今安徽阜阳),宋东京副留守刘锜大破金兵。河南北路招讨使岳飞奉命北伐,收复颍昌(今许昌)、淮宁府(今周口淮阳区)、郑州和洛阳。岳飞率轻骑进驻郾城,完颜宗弼会合各路大军进逼。岳飞之子岳云率骑兵大破金骑兵"拐子马",岳飞领骑兵突战,金军惨败。不久完颜宗弼统重兵进攻颍昌,被岳飞游奕军、背嵬军击败。岳飞进军朱仙镇,大破金兵,完颜宗弼退回开封,金军分崩离析。岳飞计划指日渡黄河,收复河北。宰相秦桧连下金牌逼迫岳飞撤军,黄河以南又被金军占领。次年12月,南宋和金国签订屈辱的"绍兴和议",两国以淮河为界,

汤阴岳飞庙岳飞塑像

确立了宋、金南北对峙的局面。岳飞被宋高宗、秦桧以"莫须有"的罪名杀害,但他作为抗金名将而永垂史册。

1153年,金海陵王改汴京开封为南京。1158年,左丞相张浩、参政敬嗣晖率众营建南京城。1161年11月,金世宗即位,采取措施发展生产,促进民族合作和社会安宁。但女真贵族大量掠夺土地,造成贫富变更和赋役不均。金统治者强迫中原汉人按女真发式剃发,穿着女真服装。

金朝沿袭宋制,在中原设置路、州(府)、县三级政权机构。黄河以南为南京路,黄河以北分属大名府路、河北西路、河东南路。南京路治南京开封,辖开封、河南、归德三府及睢、陕、邓、唐、裕、钧、嵩、汝、许、亳、陈、蔡、息、郑等十余州。孟、怀二州属河东南路,相、卫、浚三州属河北西路,滑、开二州属大名府路。路设兵马都总管府,都

总管兼府尹,总判府事,不兼总管府者为散府;转运司掌管税赋钱谷、仓库出纳、权衡度量之制,长官是转运使。在南京开封设留守司,置留守、同知留守事和副留守。节镇州设节度使,防御州设防御使,刺史州设刺史。县设令、丞。

二、金都南迁及其灭亡

1214年,蒙古国军队进逼金中都(今北京),金国蹙兵弱,难以守卫,宣宗迁都南京开封,改河南府(治今洛阳)为金昌府,升为中京。金朝南迁后加重对中原人民的剥削和压迫,掠夺黄河以南百姓土地安置来自河北的军户,开封近郊百余里以内的良田被圈为狩猎场。为修筑开封内城掠夺建材而拆毁民居,为制作皮球等物品在开封府各县大肆搜索、宰杀耕牛。金国所需均由河南人民承担,百姓力竭财殚;又大量发行纸币"交钞",造成物价飞涨,民不聊生,逃亡接踵。

1231年12月,金军主力在邓州禹山(今淅川东南)小胜蒙古军,南京防御松懈。及金元帅娄室在襄城被蒙古军击败而逃回南京,平章拜牲方匆匆布防。次年初,金将合达、蒲阿领步骑15万自邓州救援南京,在三峰山(今禹州西北)遭到蒙古军夹击,士兵溃散。开封粮尽援绝,金哀宗出逃归德(治今商丘睢阳区)。次年7月,再迁蔡州(治今汝南)。1233年9月,蒙古派使者到襄阳重申宋、蒙联合攻打蔡州的盟约。蒙古塔察儿率军包围蔡州,南宋孟珙、江海率师2万进攻蔡州。宋、蒙联军日夜攻城,次年初城陷,金朝灭亡。

第四节　社会经济的恢复和发展

　　五代后梁、后唐时中原社会经济初步恢复,后晋、后汉时政局混乱,经济破坏,后周时又有所复苏。北宋中原经济达到高峰,金代开始衰落,全国经济重心从中原移至江南。

一、农业的恢复与发展

　　五代诸政权为增加赋税收入,不得不注重农业生产。后梁时汴、洛、许、陈诸州经济恢复。张全义任河南尹,经济复苏显著。后周太祖平均赋役,招抚流亡耕种无主田地,官田分赐耕农充作永业;世宗令按地亩均定田赋,废不时征敛,罢营田,变佃户为自耕农,兴修水利,发展生产。

　　宋初,开封周围23州土地耕垦不过十之二三。灭后蜀、吴越、南唐、北汉,迁其臣民数十万到中原,劳动人手增加;又招集流亡,奖励垦殖。规定农民所开荒地为其永业,减免赋税。派劝农使按行陈、许、蔡、唐、邓、汝诸州,民户垦荒100亩以4亩起税,经济迅速恢复。

　　宋真宗以后陆续兴修水利工程。1015年,郑希甫发民力开渠通淮。1024年,张群平调京畿民夫在开封及宋、陈、蔡、颍诸州兴办排涝工程,大片低洼淹渍土地变成良田。仁宗时疏导相州(治今安阳)、卫州(治今卫辉)诸河,灌田数万顷。唐州(治今泌阳)刺史赵尚宽调发兵卒修复古陂渠,溉田万余顷。黄河、汴河流域开展大规模淤田。1069

年,秘书丞侯叔献组织引汴水淤田,开封、应天府(治今商丘睢阳区)大片瘠薄土地变成良田。1076—1078年引汴河水淤京东西土地,1万多顷瘠薄、盐碱地成为沃土。大力推广水稻种植。太宗时汝州、唐州设"稻田务",许州(治今许昌)通判张士逊从襄汉招募种稻户教民种稻。真宗时黄河以北诸州普遍种稻,原产越南的优良品种占城稻在开封试种,然后推广。但赋税繁重造成民户逃匿,大规模征兵使劳动力流失,加上黄河决溢和自然灾害的制约,中原农业在全国处于中等水平。

1128年,南宋东京留守杜充为阻止金兵南下而掘开黄河堤防,成为黄河长期南泛的开端。1194年,黄河在阳武(今原阳)决口改道,河道靠近开封并经常泛滥,汴河、五丈河、蔡河、金水河等水系被淤没,生态环境变坏。金军烧杀抢掠,中原白骨蔽野,荆莽千里。

金世宗诏令招集河东诸路流民,给予一定数量的闲田,免除三至八年的租税。宣宗初年把河北军户近百万口迁至黄河以南以增加劳动人手,又诏令凡旱地可改水田者一律改种水稻,按旱地征租。金后期中原垦田面积几乎是北宋的3倍。至1219年,"河南军民田总一百九十七万有余,见耕者九十六万余顷"。南阳水稻每亩最多可收五石(约300公斤),亩产超过北宋。

二、发达的手工业和商业

五代中原手工业有所恢复。周世宗扩建开封城,疏浚汴河、蔡河以利交通,罢诸州作院,选精工巧匠充东京作坊,销毁佛像铸造新币以解除钱荒,建立柴窑,烧造瓷器,工商业发展。

北宋中原纺织、采矿冶铸、陶瓷、酿酒等行业发达,丝织业在全国居首位。开封设少府监,辖文思、绫锦、染、裁造、文绣五院,诸州设铸钱监,制造御用器物;将作监掌管土木工匠板筑造作之政务;军器监掌监督缮治兵器什物。文思院领42作,内侍省后苑造作所领81作,良工巧匠云集。东京开封官营纺织染色业规模宏大、门类齐全。全国瓷器生产有五大名窑,中原有官窑、汝窑、钧窑,考古发现禹州钧台窑、宝丰清凉寺窑等多处窑址。相州(治今安阳)、阳翟(今禹州)、巩县(今巩义)、河阳(今孟州)有煤矿开采。东

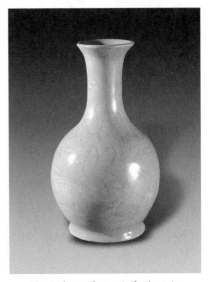

宋汝瓷天蓝釉刻花鹅颈瓶

京开封金属制造作坊众多,设有法酒库、内酒坊和都曲院,民间造酒作坊72家,也是全国雕版印刷中心之一。

　　金代中原手工业发展水平整体不如北宋。渑池露天煤矿开始开采。鲁山、宝丰、南阳"皆产铁,募工置冶"。在黄河沿岸盐碱地设盐场制盐。制造火器的兵器作坊众多。钧州(治今禹州)窑场生产渐盛。怀州(治今沁阳)等地设绫锦院掌织造常课匹缎之事。

　　北宋以开封为中心的水运交通网四通八达。汴河是沟通南北物资交流的大动脉,蔡河经陈州(治今周口淮阳区)达寿春(今安徽寿县)接通淮河水运,五丈河汇合于济水以通东方漕运。陆路交通从开封向东可达山东半岛,向南经颍昌(今许昌)可达襄阳,向西经洛阳入关中,向北可达河北诸州。

　　五代时东京"工商外至,络绎无穷",沿街开店较普遍,经营时间延长。后周东京是中国北方最大的商业都会,有财产数十万、邸店数千间的富商大贾。12世纪初东京开封城居民有26万户,约130万人,加

上驻军和流动人口,人口总数约160万,有商户2万多家,店铺林立,是当时中国乃至世界最大的城市。

金灭北宋后中原残破,经济萧条,江南经济则稳步发展。宋金战争停止后南宋号召流民复业,孝宗时阡陌相望,水利设施恢复,又大兴屯田,理宗绍定年间年谷屡丰。江浙圩田面积扩大,粮食、茶叶产量大幅度提高。手工业也逐渐恢复,造船业、陶瓷业、织染业发达。南宋末,临安人口达120万,有商行440个,建康(今江苏南京)、广州、肇庆、湖州等城市也很繁荣。金汴京则商业萧条。南宋时全国经济重心已转移到江南,中原经济日渐落后。

第五节　文化的鼎盛

北宋国子监诸学完备,书院兴起,教育发达,理学奠基,文学艺术兴盛,科学技术进步,中原文化达到巅峰状态,金代开始衰落。

一、学术的昌盛

北宋中原学术昌盛,以象数学和洛学最值得称道。

五代亳州真源(今鹿邑)人陈抟致力《易》学,著《指玄篇》,绘《先天图》。其《龙图》绘出河图洛书的图式,以白圈表示奇数,黑点表示偶数;一至十的排列为河图,一至九的排列为洛书。范阳(今河北涿州)人邵雍初迁共城(今辉县),再徙洛阳,著《皇极经世》。他运用符号、卦象及数字关系推算宇宙变化,认为太极分两仪,两仪分四象,四象分八卦,八卦相错,产生六十四卦。两仪、四象、八卦、六十四卦是"象",一、二、四、八、十六、三十二、六十四是"数"。其学称先天象数学。

洛阳人程颢官至太子中允、权监察御史里行,其弟程颐曾任崇政殿说书。二程兄弟是理学的奠基者,其学说和学派称"洛学"。二程

程颢、程颐像

认为"理"是宇宙万物的根源和主宰,也是其普遍规律和准则,矛盾对立的双方相互作用即"遇"或"交感"推动着事物的产生和运动变化。人性分为"天命之性"和"气质之性",前者为善,后者有善恶、高下之分。"格物致知"是去掉物欲的蒙蔽而穷致事物之理,"闻见之知"和"德性之知"相配合方能得到真知。二程主张通过行仁政、重礼义教化来缓和社会矛盾,又强调纲常伦理,认为人应克制欲望以保持"天理"。二程门徒众多。南剑州将乐(今属福建)人杨时曾任迩英殿说书兼国子祭酒,南宋时任工部侍郎兼侍读。他既著书阐发二程的思想学说,又在东南兴教立学,在洛学南传中起到重要作用。洛学在全国各地传播,逐渐形成程朱理学、陆王心学、事功之学三大体系。

学术的博大精深也表现在经学、史学、金石学、地理学、语言学等方面。后唐洛阳国子监刻印9部经书,有利于经学的传播。北宋王安石新释《诗》《书》《周礼》,称《三经新义》,颁发国子监作为学校教育的必读教材,称"荆公新学"。五代后晋户部侍郎张昭远等修成《唐书》,北宋翰林学士欧阳修等又撰《新唐书》。浚仪(今开封)人薛居正监修《五代史》,欧阳修撰《新五代史》。翰林学士、陕州夏县(今属山西)人司马光等修成编年体史书《资治通鉴》。开创于北宋的金石学是考释

金石文字、甄别古器形制及古物收藏整理的学问,欧阳修有《集古录》,密州诸城(今属山东)人赵明诚有《金石录》,京兆蓝田(今属陕西)人吕大临有《考古图》及《释文》,祥符人王黼有《宣和博古图》。北宋重视地图绘制,翰林院画工绘制《淳化天下图》,王曾绘《九域图》,沈括绘《天下州县图》,晏殊绘《十八路州军图》。地理总志有抚州宜黄(今属江西)人乐史的《太平寰宇记》和镇江丹阳(今属江苏)人王存的《元丰九域志》,府志有庆源府平棘(今河北赵县)人宋敏求的《河南志》。宋仁宗时建崇文院,令张观等整理藏书编目,赐名《崇文总目》,孙奭等又编《秘书总目》。宋真宗诏命重修韵书,赐名《大宋重修广韵》,参知政事丁度又编修《集韵》。国家藏书和修书机构称馆阁,置学士整理文献典籍,编成《太平御览》《太平广记》《文苑英华》和《册府元龟》四部大型类书,集前代之大成。

二、宗教的发展

五代、宋、金时期中原佛教、道教兴盛,犹太教传入。

周世宗诏令整饰佛寺,淘汰僧尼。北宋统治者认为佛教"有裨政治",恢复译经院,刊印《大藏经》,设戒坛度僧。宣和年间,开封府有寺院691座。佛教宗派有禅宗、律宗、净土宗、天台宗、华严宗,律宗在中原占主导地位。金代中原一些寺院重新修建,禅宗兴盛。

北宋道教在皇帝倡导下发展迅速,东京有宫观近70所。宰相王钦若编撰《翊圣保德真君传》,伪称"圣祖"赵玄朗传授天书,把赵氏始祖塑造为道教神。真宗、徽宗分别以"天书"降临日为"天庆节""天应节",令各地修建宫观。金天眷年间,卫州(治今卫辉)人萧抱珍创"太一教",京兆咸阳(今属陕西)人王重阳在宁海州(今山东烟台东南)创立全真道,在中原传布。

北宋有犹太人"留遗汴梁",繁衍为17个家族100多户。他们每天寅、午、戌三时做礼拜,周六设"斋",春、秋祭祖,自称其教为"一赐乐业(以色列)教"。

三、文学的新成就

北宋出现诗文革新运动,散文、诗歌创作成就显著,词作兴盛。

五代中原诗作沿袭晚唐颓靡遗风。宋前期建宁府浦城(今属福建)人杨亿分司西京,在洛阳与钱惟演、刘筠等交游唱和,点缀升平,结为《西昆酬唱集》,西昆派风靡文坛数十年。宋中叶文坛领袖、庐陵(今江西吉安)人欧阳修继承韩愈、柳宗元的古文传统,强调"道"对"文"的决定作用。他知贡举时排斥太学体"险怪奇涩之文",倡导诗文革新。

欧阳修的散文叙事简括,议论纡徐有致,章法曲折变化,语言自然流畅,风格清新,代表着北宋散文的最高成就。范仲淹在邓州撰写的《岳阳楼记》脍炙人口。眉州眉山(今属四川)人苏轼官至礼部尚书,政论文针砭时弊,各体杂文自由随意;弟苏辙长期在中原任职寓居,文章论事精确,修辞简严。二人死后葬郏县西北,后来又为其父建衣冠冢,称"三苏坟"。王安石的散文立意超卓,语言简练朴素。

北宋中原诗人颇多。汴州(治今开封)人苏舜钦能诗,《淮中晚泊犊头》清新恬淡。应天府宋城(今商丘睢阳区)人张方平的诗作多有新意。迁居陕州(今三门峡)的魏野诗风狂放轻逸,格调高远;迁居宋城的石延年诗风豪壮。邵雍诗风温柔敦厚,浅显俚俗,平中见奇,隐含哲理。欧阳修在中原写有《书怀感事寄梅圣俞》《绿竹堂独饮》《七律五首》等诗篇。宣州宣城(今属安徽)人梅尧臣的《黄河》《汴渠》意境新颖。苏轼有《游静居寺诗并序》《游玉津园》,苏辙有《洛阳试院楼上新晴五绝》《登嵩山十首》。金代元好问有《中州乐府》。

词是宋代具有时代标志的文体。迁居开封府雍丘(今杞县)的宋祁词作工巧清丽,以《玉楼春》《木兰花》为代表。卫州(治今卫辉)人贺铸有《东山词》传世。万俟咏为大晟府制撰,词作风格平实雅致。南唐后主李煜晚年被俘送开封,其《虞美人》《望江南》等词沉郁苍凉,黯然伤神。抚州临川(今江西抚州)人晏殊官至宰相,为婉约派宗师,有《珠玉词》。欧阳修的《六一词》清新疏淡,婉约清丽。章丘人李清照在开封的词作《点绛唇》《如梦令》《醉花阴》,格调清新明丽。杭州钱塘(今浙江杭州)人周邦彦提举大晟府,词作以艳情与羁愁为主,为格律词派宗师。相州汤阴(今属河南)人岳飞的《满江红》慷慨激昂,大气磅礴。

四、多彩的艺术

五代至宋金时期中原地区的绘画书法和音乐舞蹈都达到高峰,杂剧艺术兴起。

北宋开封翰林图画院名家荟萃,多承扬荆浩、关仝等北方画派的风格,来自西蜀的黄居寀、高文进与来自南唐的董羽、厉昭庆等带来南方画派画风,互相借鉴融通而达到高峰。

中原的山水画称北派山水。五代泽州沁水(今属山西)人荆浩隐居太行山洪谷(今济源境内),所画山水树石高古雄浑,《匡庐图》构图精妙,刻画精细。北宋怀州温县(今属焦作)人郭熙的山水寒林画《早春图》《关山春雪图》,"得云烟出没、峰峦隐显之态,布置笔法,独步一时"。王希孟所绘《千里江山图》山峰危耸,瀑布高挂,沼泽流水,色彩

《清明上河图》局部

青绿鲜亮。怀州河阳（今孟州）人李唐山水画独步一时，有《万壑松风图》《清溪渔隐图》等。

河南白波（今孟州西南）人武宗元善画释道人物，有《朝元仙杖图》。舒城（今属安徽）人李公麟曾任中书门下省删定官，善用白描法画人物。开封人吴元瑜擅长花鸟、佛像、骏马，线条纤细，色彩鲜明。画院承忠郎李迪善画鸟兽花竹，有《枫鹰雉鸡图》《雪树寒禽图》。洛阳人郭忠恕精工界画，格调高古。密州东武（今山东诸城）人张择端官至翰林学士，所绘《清明上河图》构图精妙，笔法细致，有划时代意义。宋徽宗善画花鸟、人物、山水，《芙蓉锦鸡图》《枇杷山鸟图》等花鸟画传神逼真。绘画理论方面有荆浩的《笔法记》和郭熙的《林泉高致》，《宣和画谱》是研究宋代以前绘画的珍贵资料。

五代冯翊（今陕西大荔）人杨凝式官至少师，擅长草书、隶书，有《夏热帖》《神仙起居法》。北宋迁居洛阳的李建中行书尤工，有《贵宅帖》，迁居宋城（今商丘）的石延年书迹笔画遒劲，力透纸背。宋徽宗行、草、正书笔势劲逸，有瘦金体《闰中秋月诗帖》与《牡丹诗帖》传世。苏轼、黄庭坚、米芾、蔡襄四大书法家在中原留有不少墨宝。《嘉祐石经》以篆书、楷书并列，颇有功力。侍书学士王著精选唐代以前103人420件作品临摹刻版，称《淳化秘阁法帖》。《宣和书谱》著录内府藏汉魏至宋代197位书法家作品1344帖，有重要价值。

北宋宫廷音乐机构有教坊、云韶部、钧容直、东西班乐。宋徽宗时设大晟府议颁新乐。宫廷盛行"队舞"，民间舞蹈有舞蛮牌、扑旗子、舞判、哑杂剧、车舞、船舞等。宋杂剧是各种歌舞表演、滑稽表演和杂戏的统称，也专指有剧本有角色的戏曲演出，分正杂剧和艳段。

五、科学技术的进步

北宋时期中原地区的天文学与医学成就卓著，三大发明对社会进步影响巨大，建筑技术引人注目。

北宋对恒星进行多次大规模观测，先后颁行10部历法。杭州钱塘（今杭州）人沈括提举司天监，改进浑仪、浮漏、影表，实测日、月、五星行度，保举卫朴制成《奉元历》。泉州同安（今属福建）人苏颂创制的水运仪象台兼具观测天体运行、演示天象变化和自动报时三种功用，其《新仪象法要》所附5幅星图是流传至今最早的全天星图，比欧洲文艺复兴前观测的星数多422颗。

医学集前代之大成。开封设太医局和药局，整理、编纂医学典籍。翰林医官使、应天府睢阳（今商丘睢阳区）人王怀隐等编成《太平圣惠方》，曹孝宗主持编写《圣济总录》。仁宗时校正医书局订正《素问》《灵枢》《伤寒论》《金匮玉函经》《脉经》《千金要方》，殿中丞、陕州（治今三门峡）人孙兆等编著《外台秘要》。《开宝本草》《嘉祐本草》《大观本草》《政和本草》相继面世。针灸技术长足进步，太医局医官王惟一铸腧穴铜人式，著《铜人腧穴针灸图经》。

火药使用、活字印刷、指南针出现于北宋。《梦溪笔谈》《武经总要》载指南针（鱼）的制作方法，阴天、夜晚行军用来辨别方向，北宋末用于航海。军器监下设"火药作"。中期火药武器外壳用纸涂漆制成，点燃后发射，用于火攻；末期发明的"霹雳炮"和"震天雷"外壳用铁制作，靠爆炸杀伤。12世纪火药、火炮的制作方法由中亚传至欧洲。五代雕版印刷发展。洛阳史家湾砖厂出土了926年雕印的《大随求陀罗尼》。后唐洛阳国子监采用雕版印刷技术刻印《九经》。宋庆历年间毕昇发明活字印刷术，对后世的印刷业产生深远影响。

北宋建筑技术提高。开封的城阙宫殿、寺庙佛塔、桥梁多为木构，都料匠喻浩著《木经》，对木构建筑颇有研究。开宝寺木塔高120米，后改为砖砌八角形仿木结构，历900多年仍巍然屹立。东京汴河上的州桥是北宋木拱桥的代表作。将作监、管城（今郑州）人李诫修撰的《营造法式》是中国建筑力学理论的突破和飞跃。

六、教育与科举的完善

北宋统治者重视学校教育，有中央官学和地方官学，书院异军突起，科举规范制度化。

宋初国子学辖广文、太学、律学三馆，后太学单独建校，实行"三舍法"：初入学为外舍生，经考试合格升为内舍生，再考试升为上舍生，上

始建于北宋的嵩阳书院大门

舍生考试合格可直接任官。宋仁宗诏州郡立学，河南府（治今洛阳）、应天府（治今商丘）和诸州均兴办官学。金代京师分别设汉人、女真人的国子学、太学，地方府设府学，州设节镇学。

北宋全国有四大书院，中原有应天府书院和嵩阳书院。后晋杨悫创办"睢阳学舍"，范仲淹制定条规，延聘师资，曹诚捐资建学舍150间，宋真宗赐额"应天府书院"。后周时在嵩山南麓建太乙书院，宋太宗赐额"太室书院"和《九经》，宋仁宗赐额"嵩阳书院"和学田百亩。中原还有百泉书院、邓州花洲书院、鸣皋书院。书院藏书丰富，教学与研究结合。

北宋贡举取消门第限制，取士名额扩大，科目以进士为主。考试分为解试、省试与殿试。解试是州府和国子监把合格士子贡入礼部的考试，省试是由礼部举行的考试，殿试是皇帝亲自召对新进士，赐及第、出身。1066年，确定"三年大比"制度。又实行"糊名（封弥）考校"，考卷经誊录再送考官，考官亲属另行考试，称"别头试"，以防作弊。

读史益智

宋室南迁

1125年11月,金军分两路大举攻宋,宋徽宗传帝位给宋钦宗赵桓而仓皇南逃,宋钦宗诏令割太原、河间、中山三府给金国以求和。但宋东京留守李纲等坚持抗金,三府军民抗拒割地,钦宗遂废除割地议和协议。1126年9月,金军分两路再度侵宋,钦宗派康王赵构为使前往金营议和,金使提出宋金划黄河为界,因河北军民坚决反对,割地议和难以实现。金兵多次围攻开封城,被守城军民击退。后金军攻上开封城墙,宋钦宗奉表降金。1127年3月20日,金国下令废黜宋徽宗、钦宗二帝,金军遣押其宗族470多人北归,北宋灭亡。

北宋灭亡后,原宋大元帅、康王赵构从相州(今安阳)南逃应天府(今商丘)。6月12日登上帝位,是为宋高宗。后建都(行在所)于临安(今浙江杭州),史称南宋。

宋室南迁是中原历史的一个重大转折点。此前的数千年,中国历代王朝多在中原地区建都。随着宋室的南迁,中国的政治中心从中原地区移出,经济重心也完全转移到江南,中原开始由鼎盛走向衰落,经济文化日渐落后。

1. 理学的奠基

北宋时期学术昌盛,周敦颐、邵雍、张载、程颢、程颐并称"北宋五子"。周敦颐和邵雍是理学的先驱,张载和二程则是理学的奠基者。程颢、程颐兄弟早年曾师从周敦颐,而与张载是姻亲关系,曾共同切磋学术,又与长于象数学的邵雍过从甚密。二程长期在洛阳居住治学,后人便以"洛学"称呼这一学派。程颢最早提出"天理"观念,在建立伦理本体上比张载来得更明确、更直接、更迫切。"天理"二字最早见于《乐记》,但在二程的理论体系中,"天理"才成为脱离物质载体的纯粹理念世界。二程充分吸取释、道之学,融合三家,方体贴出"天理",并进而构建出包括自然观、认识论、人性论在内的完整思想体系。

由北宋二程和张载奠基的理学思想体系,经南宋朱熹的继承阐扬、集其大成,而趋于成熟,盛行于元明诸代,故称"程朱理学"或"宋明理学"。理学是儒学发展的一个新阶段,它不仅成为中国封建社会后期占统治地位的思想学说,而且在东亚、东南亚产生了巨大影响。

史林折枝

2. 《清明上河图》

中原绘画艺术,北宋时期达到高峰,以北派山水画最为著名,人物花鸟画臻于精妙。东武(今山东诸城)人张择端,字正道,早年游学东京开封,为翰林书画院待诏。他工于界画,舟车、市桥、郭径画自成一家,所绘《清明上河图》《西湖争标图》,号称神品。

《清明上河图》作于北宋后期,是反映东京开封市井生活的作品。该画为横幅,长528.7厘米,宽24.8厘米,绢本设色,以外城内东南角侧的城郊为起点,向西沿着汴河溯流而上,经过内城的土桥、东角子门,到繁华的保康门街而止。画中有蜿蜒的河流,豪华的龙舟,精致的楼台,美观的桥梁,店铺作坊、车船牛马、寺观廨宇、城门庭院、树木花草,应有尽有;人物550多位,士农工商,医卜僧道,形形色色,活灵活现。该画繁而不乱,长而不冗,采取"散点透视"的传统画法,描绘开封汴河岸畔的繁华景象,笔法细致,栩栩如生,在中国绘画史上具有划时代意义,为国之瑰宝。现藏北京故宫博物院。

第八章 元明清（前期）时期

元朝的统一,结束了五百多年的民族纷争和血战,使全国各族人民有可能在比较安定的环境中从事生产,发展物质文明和精神文明,这无论如何是历史的进步。当时的中国,从各族间互相倾轧厮杀的战场变成了一个民族大熔炉。

——韩儒林

明嘉靖初开始了文明的第四期,其重要的标志就是商业经济的繁荣,市场的壮大,以及由此带来的城市文化形态的形成,世俗化、商业化、个性化成为一时的风气。同时,王学左派兴起,张扬个性,肯定人欲,向理学禁欲主义发起冲击,为思想解放开辟了一条道路。

——袁行霈

从1279年蒙古灭亡南宋到1840年鸦片战争前,是中国历史上的元(1279—1368)、明(1368—1644)二代和清代前期(1644—1840)。元代在黄河以南、长江以北建河南江北行省,明清时期河南省的地域范围基本固定下来。这一时期全国的政治、文化中心从中原地区移出,河南成为一个普通省份,经济文化由盛而衰,辉煌不再。

第一节　元代的河南江北行省

1252年,蒙古国忽必烈奉命总领漠南汉地军国庶事,率军南征,设河南经略司,整顿地方行政,设立屯田。1260年春,忽必烈即大汗位,建立燕京行中书省,巩固了在中原地区的统治。1271年年底,正式建国号大元,元朝建立。1274年,定都燕京(今北京),称"大都"。

一、河南江北行省的设立

1268年,元朝在开封设河南行中书省。1291年改为河南江北行省,辖12路、7府,其中2路3府今属河南省:汴梁路治开封、祥符县(今开封市),领五州:郑州治管城(今郑州),许州治长社(今许昌),陈州治宛丘(今周口淮阳区),钧州治阳翟(今禹州),睢州治襄邑(今睢县)。河南府路治洛阳,领陕州,治陕县(今三门峡)。南阳府治南阳,辖五州:邓州治穰县(今邓州),唐州治泌阳(今唐河),嵩州治伊阳(今嵩

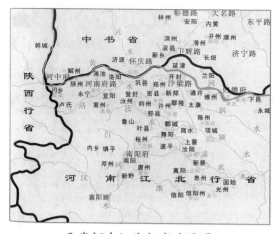

元代河南江北行省政区图

县),汝州治梁县(今汝州),裕州治方城。汝宁府治汝阳(今汝南),辖4州:颍州治汝阴(今安徽阜阳),息州治新息(今息县),光州治定城(今潢川),信阳州治罗山。归德府治睢阳(今商丘睢阳区),辖徐、宿、邳、亳四州。此外,黄河以北的彰德路治安阳,领林州;怀庆路治河内(今沁阳),领孟州;卫辉路治汲县(今卫辉),领辉州(治今辉县)、淇州(治今淇县)。开州治濮阳,滑州治白马(今滑县),浚州治浚县,属大名路。以上路、州均属中书省。

河南江北行省的长官有平章政事、左右丞、参知政事。路设总管府,置达鲁花赤、总管。达鲁花赤(意为镇守者)由蒙古人(或色目人)担任,总管由汉人担任。府、州、县均设达鲁花赤,府设知府或府尹,州设州尹。

二、元朝河南社会与红巾军起义

元朝实行民族歧视政策,臣民分为四等:蒙古人最尊贵,色目(今中亚人及新疆维吾尔族)人次之,再次是汉(淮河以北汉族)人,南人(淮河以南汉族)最低贱。政府主要官员由蒙古人及色目人担任,汉人和南人不许打猎、习武、集会、学习蒙古文,家中不能存放兵器,被打不准还手,甚至被掠卖。南人20户编为一甲,由蒙古人当甲主。

172

蒙古宪宗时史天泽为汴梁经略使,兴利除害,诛杀贪官,境内大治。但元朝政治日益腐败,卖官鬻禄,贿赂公行,官吏公开敲诈勒索,捐税繁重。元代后期,每年征调的数量比元初增加20倍以上,仍难满足巨额军费和赏赐之需,于是滥发纸钞,导致货币贬值,经济崩溃。黄河溃决频繁,灾害严重。1343年,黄河决白茅堤(今山东曹县西),河南、山东沿河地区成为水乡泽国,接着又发生旱灾、瘟疫,人民难以生存。诗人廼贤写道:"河南年来数亢旱,赤地千里黄尘飞。麦禾槁死粟不熟,长铲挂壁犁生衣。"

1351年,朝廷调发汴梁(今开封)、大名15万民夫修治黄河,白莲教首领韩山童、刘福通等发动起义,头裹红巾为标识,人称"红巾军",很快发展到10多万人,攻克洛阳,进军怀庆路(治今沁阳)。元朝调大军镇压,刘福通退保安丰(今安徽寿县南)。1357年夏,红巾军分三路北伐,攻占卫辉路(治今卫辉)。次年5月占领开封,后被元军击溃。

1367年11月,农民起义军首领、吴王朱元璋派征虏大将军徐达率25万明军北伐,攻克汴梁(今开封)、洛阳。1368年9月,徐达率明军攻入元大都(今北京),元朝灭亡。

第二节 社会经济的恢复

一、农业的恢复与贾鲁治河

蒙古灭金后,"汉地不治,河南尤甚"。统治者没收官田和汉贵族土地赐给蒙古贵族。蒙古军队进入中原,大批百姓被杀戮或被役为奴。1252年汴梁路、河南府路、南阳府的民户不到金代的1/6。

元朝廷设劝农司,禁止贬降良民为奴婢,招集逃亡民户,鼓励垦荒,实行屯田和兴修水利以恢复农业生产。1252年,在汴梁设立经略司,以忙哥、史天泽等为使,屯田唐、邓等州,授予兵、牛,在邓州置屯田万户。1265年阿术、阿剌罕等率领士卒在孟州以东、黄河以北荒地立屯耕种。1269年征发南京(今开封)、河南(今洛阳)、归德(今商丘)诸路编民2万余户,在唐(今唐河)、邓、申(今南阳)、裕(今方城)等地立屯。1260年,怀孟路地方官谭澄令民众开凿唐温渠,引沁水溉田。1261年,募集丁夫修筑石堰引沁水入黄河,建水闸,疏浚四条大渠,灌溉济源、河内(今沁阳)等5县土地3000多顷。朝廷设立汴梁稻田提举司,汴梁路设稻田总管,管理官营稻田事务。

元世祖在位时基本上没有发生自然灾害,农业生产得到恢复和发展。到泰定帝时,河南"烟火相望,鸡犬之声达乎四境,桑麻被野,枹鼓不鸣","提封三千余里,郡县星罗棋布,岁输钱谷数百万计",在江北诸省中贡献粮食最多。木棉和苎麻引入。元代中后期,土地兼并严重,苛捐杂税繁多,不少农民转徙南方,河南农业凋敝。

在元代的近90年间,黄河发生多次决溢和改道。1344年6月,黄河北决白茅堤和金堤,下游多地变成水乡泽国。1351年5月,贾鲁任总治河防使,征发民工25万、戍军2万疏浚故河,修筑堤埽,堵塞白茅决口,使河水回归故道汇淮入海。贾鲁又对河南境内几条水道加以整治,利用旧有河道疏凿一条新河,人称贾鲁河,河南中部的河溪沟渠有了吐纳宣泄之地,又沟通沿河州县之间的水道,对发展农业生产和水上交通起到很大作用。

二、手工业的延续与商业的恢复

元代河南官营手工业主要集中在纺织、兵器制造、皮革方面。河南省有10个专管手工业生产的局(司),工匠有五六万人。兵器制造业庞大,在路、府、州设军器人匠提举司、军器人匠局或军器局,负责军用品生产。麻纺织业高度发展,纺织技术先进。彰德路、怀庆路(治今沁阳)设有织染匠人局,使用大纺车一昼夜纺绩百斤,所织麻布比南布价格高数倍。棉纺织业出现。制瓷业恢复很快。禹州发现元代钧窑遗址160余处,窑炉扩大,烧造工艺改进,产品实用。至元年间,荥阳南天里、密县(今新密)王寨村煤窑得到重新开采。民间冶铁业发展,中统末年,钧州(治今禹州)、济源兴办铁冶铸造农具。

元朝统一全国后,各地经济往来频繁,河南商人增加,省城开封商业逐渐恢复。汲县(今卫辉)是重要的商品集散地,汝宁府(治今汝南)商业也很发达。

第三节 明代的河南政治

1368年年初,元末农民起义军首领、濠州钟离(今安徽凤阳东北)人朱元璋在应天(今江苏南京)建立明朝。1421年,明成祖朱棣迁都北京。

一、政区设置与社会状况

明代地方设省、府(直隶州)、县(属州)三级政权。明初改元汴梁路为开封府,在开封设中书省河南分省,后改称河南承宣布政使司,习称"河南省",辖境北起武安,南达信阳,东自永城,西至潼关,下设8府、1直隶州、96县和11属州。开封府治祥符(今开封市),辖陈州(今周口淮阳区)、许州(今许昌)、禹州、郑州;河南府治洛阳,辖陕州(今三门峡);归德府治商丘(今商丘睢阳区),辖睢州(今睢县);汝宁府治汝阳

明代河南行省政区图

（今汝南），辖信阳州（今信阳）、光州（今潢川）；南阳府治南阳，辖邓州、裕州（今方城）；怀庆府治河内（今沁阳）；卫辉府治汲县（今卫辉）；彰德府治安阳，辖磁州。汝州升为直隶州。今濮阳、南乐、清丰、内黄、浚县、滑县、长垣当时属北直隶大名府。

省设承宣布政使司、都指挥使司和提刑按察使司，合称"三司"，分掌行政、军队和司法。承宣布政使司的长官是左、右布政使；都指挥使司的长官是都指挥使；提刑按察使司的长官是按察使。省下设四分守道和三分巡道：大梁分守道驻祥符，河南分守道驻洛阳，汝南分守道驻南阳，河北分守道驻怀庆（今沁阳），分理民政、财政，主掌钱谷之事；大梁、汝南分巡道驻信阳，河南分巡道驻汝州，河北分巡道驻磁州（今河北磁县），分理司法，主掌刑名之事。府的长官为知府，负责本府的民政、财政和司法。州的长官称知州，县的长官称知县。

1430年，杭州府钱塘（今浙江杭州）人于谦巡抚河南、山西，轻敛薄赋，创立平粜条例，设义仓，丰年官府购储粮食，荒年廉价卖给饥民。宣德、正统年间邻省近20万流民进入河南，于谦划拨荒田、滩地给流民耕种，发给种子和耕牛，免征税粮；发动民工疏浚黄河祥符（今开封）至仪封（今属兰考）黄陵冈段河道，疏通封丘金龙口工程，加强黄河堤防的修筑管理。于谦的廉洁勤政得到百姓拥戴，人们在开封建于公祠,奉祀不绝。

明代把皇室子孙分封到各地成为藩王。河南省先后封11位藩王:即开封周王,南阳唐王,洛阳伊王、福王,彰德赵王,怀庆郑王,汝宁秀王、崇王,钧州徽王,卫辉汝王、潞王、建设王府。藩王享有政治特权,朝廷赏赐丰厚。王府通过"奏讨""乞请"、接受"投献"以及侵夺官民田地等手段扩充田庄,致使"中州地半入藩府"。潞王朱翊镠即占有土地4万顷。

二、社会矛盾的激化与农民军转战河南

明中期以后,河南土地兼并愈演愈烈,导致大批自耕农破产,加上自然灾害,出现大量"逃户"与"流民"。开封、归德、汝宁三府和伏牛山区成为流民的聚集地。土地兼并使为国家提供财赋的田地数量锐减,但税粮丝数额不减反增。如1482年河南起科田地比1391年减少11821顷,征收税额反而增加79707石(粮)、两(丝),农民赋税负担明显加重。

万历年间,内阁首辅张居正改革赋役制度,实行"一条鞭法",把名目繁多的差徭以及土贡方物归并合则,一律征银;取消力役,由政府雇人应役,役银向田亩摊派。此举改变了赋役严重不均的状况,阶级矛盾相对缓和,对农民的束缚减轻,工商业者可免役,出现摊丁入亩和赋役货币化的趋向。1581年,一条鞭法在河南普遍推行。但是朝廷在正常赋役之外时常加派,明神宗派矿监税使搜刮钱财,地方乡绅也盘剥百姓,从而激起民变、兵变和农民起义。

1633年,陕北农民起义军进入河南。1635年年初,农民军首领在荥阳召开大会,部署开展全国性的农民战争。高迎祥、李自成率部攻打河南,明军大举反击,高迎祥被杀,义军受挫。1637年,李自成率农

民军5000骑转入河南,各地起义农民纷纷加入,攻克宜阳、郿城,发展成数十万人的大军。李自成提出"均田""免粮"口号,把豪绅富户的粮食财产分给农民,得到人民拥护。至1642年,义军已连获洛阳、新蔡、襄城、朱仙镇、汝宁五次大捷,占领整个河南。同年10月,黄河马家口和朱家寨两处决口,河水直扑开封城,城内百万军民十之八九死于非命,建筑物破坏,城市衰落。1644年,李自成在陕西西安建立大顺政权,然后率军攻入北京,明朝灭亡。

第四节 社会经济的缓慢发展

由于黄河决溢带来的自然灾害和宗藩供养带来的剥削加重,明代河南经济环境持续恶化。经济状况呈现出两重性:一方面,全省仍有许多发达地区,有不少优势和新发展,经济仍保持着较强的实力;另一方面,横向与强势发展的江南沿海地区相比,河南经济质量存在不小差距;纵向与唐宋相比,河南在全国的经济地位明显下降。

一、农业生产的恢复

明初,河南"多是无人之处",信阳、裕州(今方城)、考城(今属兰考)、柘城等10多州、县都不足千户,大片土地荒芜,而与河南毗邻的山西省则人多地狭,衣食不足。明统治者采用移民垦荒的政策,把山西民户迁到河南,从洪洞县广济寺西侧的大槐树下启程。从洪武年间到永乐初的50多年间,几乎每年都有大批山西人迁到河南各地。山西移民和土著人口自然增长使河南人口增加。1393年,全省有315617户,至1578年增加到633067户,为农业生产提供了更多的劳动力。统治者采取鼓励垦荒的政策。1394年,规定河南等地的农民开垦的荒地听其自有。洪武年间曾大面积免除河南赋税,并实行民屯,"凡官给牛种者十税五,自备者十税三"。又诏免予征收,三年后再亩收租一斗。永乐年间实行军屯,"大河南北,在在兴屯"。明前期采取的移民屯垦、奖励农桑政策,促进了农业生产的恢复与发展。

明代黄河多次泛滥。1448年,黄河在新乡八柳树决口,水利专家徐有贞采取建水门、开支河、浚运河等措施进行治理。1489—1491年黄河两次决口,副都御史刘大夏率众疏浚黄陵岗南贾鲁旧河、孙家渡河和祥符(今开封)四府营淤河,开凿新河70多里,筑长堤自胙城(今延津)至徐州。淤废的沁河广济渠得到修整疏浚,建闸控制水量,新开凿6条河渠。万历年间,河内(今沁阳)、济源上万名民工在枋口(今济源五龙口)凿穿石山建输水洞,修砌桥闸,建25堰,灌溉5县农田数万顷,又在沁水北开广惠河,并建成渠系配套工程。

明代河南农作物品种多样化,种稻县增多。1543年,鄢陵、尉氏、襄城、巩县(今巩义)等地种植玉米,万历年间各地广泛栽种红薯。明中期粮食产量提高,怀庆府小麦亩产可达4石(约240公斤)。经济作物如棉花、蓝靛、红花、芝麻、花生种植渐广。"中州沃野,半植木棉",河南是全国棉花的重要产区。1578年在河南征收棉花14万多公斤,占全国棉花征收总量的27.8%。河南有产麻县51个,产丝县68个,产蓝靛县35个,产红花县28个,产油料县13个。但豫东平原因黄河改道频繁,土地沙荒盐碱,易涝易旱,加上农具陈旧,河南农业仍相对落后。

二、手工业和商业的发展

明代河南手工业生产缓慢发展,矿冶业保持较好势头,中后期棉纺织业发展较快。

河南有丝织业的州、县57个,占全省的72%;有棉织业的州、县54个,占68%。一些地方官积极推广棉织。万历年间,巡抚钟化民令各府州县官下乡劝农即查纺织之事,勤者赏劳,惰者责戒。确山知县陈幼学配置800多部纺车分发各乡。濮阳、鄢陵等地棉布质量可与江南媲美。

万历年间,河南(治今洛阳)、南阳两府"矿徒四集,不下数万"。采煤业进一步发展。安阳龙山煤矿巷道深数百丈,顶部支板,开采前用长竹筒把瓦斯排出以保安全。新安、禹州设铁冶所管理冶铁,制造农具。在安阳和登封发现明代冶铁遗址,鲁山发现炼铁炉100多座。金、银、锡矿也在开采冶炼。灵宝秦岭发现明代金矿洞800多个。桐柏、栾川发现明代银矿遗址。

制瓷业缓慢发展,禹州钧窑、汝州汝窑以及许州窑生产持续,怀庆(治今沁阳)、汝宁(治今汝南)、宜阳、登封、陕州(治今三门峡)都有瓷器生产。

河南水陆交通便利,卫河、贾鲁河贯通南北,颍河、淮河直通皖、苏。漕船经淮河、沙河抵颍歧口(今周口),换大船沿黄河到八柳树(今新乡南),车运赴卫河,转输北京。航船可沿黄河从淮安到达祥符(今开封)黄家楼,装车陆运到陕州(治今三门峡),换小船沿黄河上行到潼关。

开封、洛阳商业繁荣,安徽、山西商人在河南从事典当、盐业。开封人口近百万,城关厢店铺林立,货物山积。洛阳人口数十万,家庭丝织、棉织、酿酒等手工业店铺和商肆酒馆众多。府、州、县城大多得到重建,1/4比较繁荣。市镇贸易兴起。万历年间,朱仙镇成为南北商人聚集与商品集散地,有商铺400多家。周家口(今周口)商业贸易初具规模。荆紫关凭借丹江运输的便利,水陆绉毂,商贾辐辏。清化镇(今博爱）居民数万家,财货聚集。

第五节　清代前期的河南政治

　　1636年,立国中国东北的"大清"军队开始与明军争夺山海关。1644年4月,明朝灭亡,清军进入北京。爱新觉罗·福临在北京即帝位,建清皇朝。清军旋南下占领河南大部分境土。被明末黄河洪水冲毁的开封城得以重建。

一、河南的行政设置

　　清代地方分为省、道、府（直隶州、厅）、县（散州、厅）四级。省级军、政长官是总督、巡抚,下设布政使、按察使和提督学政。省下设"分守道"与"分巡道"。"分守道"主管钱谷政务;"分巡道"主管刑狱案件。河南省府驻祥符（今开封）,不设总督时由巡抚兼提督军务、粮饷,管理河道、屯田。下设一分守道,即开归分守道,驻开封;四分巡道:河陕汝道驻陕州（今三门峡）,开归陈许郑道驻开封,河北道驻武陟,南汝光道驻信阳。

清代河南省政区图

道下为府（直隶州、厅）。1731年，河南省设置8府、7直隶州：开封府治祥符（今开封），河南府治洛阳，归德府治商丘，彰德府治安阳，卫辉府治汲县（今卫辉），怀庆府治河内（今沁阳），南阳府治南阳，汝宁府治汝阳（今汝南）；陈州治怀宁（今周口淮阳区），许州治今许昌，陕州治今三门峡，光州治今潢川，还有禹州、郑州、汝州。府长官称知府，州长官称知州。府下为县（散州），长官为知县。县下有里甲、保甲。

二、田文镜的改革与尹会一的政绩

1724年，汉军正黄旗人田文镜任河南巡抚，后擢河南、山东总督。他致力于政治经济改革：一是减征耗羡（赋税所征加耗在抵补实际损耗的盈余），把原来全省平均每两加八钱降为一钱多；又规定养廉银数额，扣除官员生活和办公费，剩余提解补偿前任的欠款。二是整顿吏治，严禁官绅包揽钱粮词讼。三是推行保甲制，维护社会治安。四是税制改革，推行摊丁入亩，减轻贫民负担。田文镜抚豫9年，社会积弊减轻，财政状况好转。

1737年，保定府博野（今属河北）人尹会一调任河南巡抚，倡导广开财路，发展生产。他要求百姓因地制宜，开水田，植五谷；在盐碱地煎土熬硝，买卖贩运。组织民众疏浚河道，排泄积水；令地方官晓谕农户按时耕种，因工本不足过时未种者借给仓谷；一佃户种地不得超过30亩，多施粪肥，勤除草，讲求耕耘方法，鼓励种树；让地方官造织机分给民户使用，一年后还本。清理粮仓，按歉收数量出借米谷，通商便民。尹会一任巡抚3年，河南农业生产恢复发展，全省70%以上州县有棉织业，能调出粮食10万余石（约6万吨）救济其他受灾省份。

三、社会矛盾激化与白莲教起义

雍正年间以后,河南土地兼并逐渐加重,大地主出现。夏邑人彭家屏曾任布政使,在家乡"拥有厚资,田连阡陌"。仪封(今兰考东)周伯章"田连四邑,亩以万计"。外省商人多乘灾荒年份来河南购买田亩。土地兼并与高利贷剥削使不少自耕农失去土地,沦为佃户。地主对佃户"肆行役使,过索租课"。水旱灾害频仍。黄河下游河道因淤积而成地上悬河,遇洪水就发生决溢,"大水猝至,室庐一空"。旱灾、风灾、蝗灾也屡见不鲜。人民生活无着,被迫起来反抗。

乾隆年间,民间宗教白莲教从秘密转向公开,从宗教活动转向反抗斗争。1788年,鹿邑人樊明德创立混元教,刘之协改为三阳教,襄阳人宋之清创西天大乘教,徒众在河南等地活动。1796年年初,荆州、襄阳等地白莲教发动起义,分三路进军河南,清廷发动地主武装坚壁清野。三阳教首刘之协率领起义军转入河南,1800年7月在伏牛山区立旗、誓师,刘之协自称天王,后在叶县被清军俘虏,起义失败。1813年,滑县爆发李文成领导的天理教起义,攻占长垣等地。清军包围滑县城,义军突围,遭伏击失败。白莲教起义是封建社会末期规模较大的农民起义,打击了清朝的统治。

第六节　社会经济的上升

明末的战乱使河南人口锐减,经济衰颓,清前期逐渐恢复,乾隆年间河南经济已经恢复到宋代以来的最好状况。

一、农业的恢复与水利的兴修

清初,统治者下令把明朝宗藩的土地作为"更名地"给予原种之人为业,规定"滋生人丁,永不加赋",实行"蠲免赋税""奖励垦荒"政策,以恢复农业生产。1723年,推行"摊丁入亩",废除丁口税,按土地数量收货币税。1766年,河南农田数量占全国总数的9.8%,位居全国第二;赋税总数占全国总数的9.2%,位居全国第四。

清代前期近200年,黄河有67年决溢,大半发生在河南境内。1662年夏,黄河在武陟、开封等地决口,河道总督朱之锡率众堵塞。1677年,河督靳辅大规模治理黄河,在考城(今兰考堌阳)、仪封(今兰考仪封)、封丘筑堤,在荥阳修埽工,此后数十年黄河相对安流。1724年以后,河道副督嵇曾筠在郑州、中牟、阳武(今原阳)修堤岸,建埽坝,疏浚开封北旧河道,解除水患。乾隆年间,在中牟开挖惠济河分贾鲁河水势。怀庆府(治今沁阳)整修引沁灌渠,在丹河上开渠13条。河南府(治今洛阳)疏浚洛河旧渠,灌溉两岸百里之田。

乾隆初年,诏谕"河南民人愿将旱田改为水田者,钱粮仍照原定科则,免其加赋",水稻种植遍及豫东、豫南。番薯(红薯)在怀庆、河南、汝宁、卫辉四府广为种植。伏牛山区及豫北、豫东广泛种植玉米。花生、烟草广泛种植。清前中期河南省109个州县中,有产棉县90个,产麻县59个,产丝县73个,产蓝靛县65个,产红花县34个,产油料县46个,产烟县7个。农业生产结构改变,生产商品化进程加快。

二、手工业和商业的缓慢发展

河南民间手工业以纺织、矿冶较为发达。纺织业是河南覆盖面最广、最发达的手工业。全省89个州县有棉织业,64个州县有丝织业,并呈现专业化趋势。孟县(今孟州)和正阳等地是商品棉布产区,光州(治今潢川)、信阳是葛布重要产地,开封、南阳府丝织业最发达。汴绫、汤阴绸、临颍锦是省内的名优产品。全省约1/5的州县产煤。煤窑实行土法开采,有的雇工数千人。禹州和巩县(今巩义)铁矿开采,铸铁业规模扩大。康熙年间济源铜矿开采30多年,河内(今沁阳)李封等地开采硫黄。陕州(治今三门峡)甘壕、密县(今新密)、鲁山、新安有瓷器生产。酿酒业发达,直隶(今河北)、山西、陕西等省所用酒曲出自河南,温酒、鹿邑酒、清丰酒、宝丰酒出现。

清初河南商业衰退,但经雍正、乾隆年间恢复发展已超越明代。活跃于河南的商人以山西、陕西籍为主,本省商人以怀帮和武安商帮为主。怀帮主要经营药材及布匹、粮食、竹器,转运南北杂货。清初重建开封城,汴桥隅、大隅首、贡院、鼓楼隅商店分布密集。洛阳城南门、东门大街最为繁华,山陕商号多达651家。怀庆府、孟县、温县、正阳、许州(今许昌)、光州、光山廛肆陈列,财货充斥。朱仙镇是"天下四大名镇"之一,全盛时人口20多万,商铺620余家,繁荣甲于全省。赊旗店(今社旗)乾隆年间有各种店铺400余家,周家口(今周口)道光年间商户有千余家。北舞渡商铺众多,经营商品中转和批发零售。这些镇集市场在全省经济中占重要地位。农村市场规模扩大,全省集镇发展到上千处。

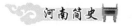
第七节 传统文化的延续

一、思想、学术的活跃

在元、明、清三代河南的思想学术中,理学居统治地位,心学流传,经世之学出现,经学与金石学、史学小有成就,地方志修纂兴盛。

元代河南理学家以姚枢与许衡最为著名。姚枢祖籍柳城(今辽宁朝阳),迁居洛阳,曾任昭文馆大学士,提出八条治国大纲,建议"罢世侯,置牧守","选人以居职,颁俸以养廉,去污滥以清政,劝农桑以富民"。晚年居辉州(今辉县),与许衡、窦默讲习理学。河内(今沁阳)人许衡,字仲平,官至左丞、国子祭酒,倡导儒学,推行汉法,著《鲁斋遗书》,认为"道"是不变的精神实体,"道"衍生"精气",然后分为天地,产生日月星辰、人和万物。心、性是"理"在人身的体现,人改变气质关

许衡像

键在修养,努力实行才能体现真知。

明代河南有以曹端为代表的理学家,何瑭、崔铣、尤时熙、孟化鲤等心学家,王廷相、高拱、吕坤等实学家。明初,河南渑池人曹端历任霍州、蒲州学正,有《曹月川集》。他学尊程朱,以静存为要而重践履,

认为太极是万物之源,理与气一体,"理是本"。人的本性是仁义中正,"三纲五常"是治国齐家的准则。在他和薛瑄的影响下,河南出现阎禹锡、尤时熙、崔铣、何瑭等理学、心学名士。明中叶河南有王廷相、高拱、吕坤等进步思想家。开封府仪封(今兰考东)人王廷相"博学好议论,以经术称",官至南京兵部尚书,著《雅述》《慎言》,是明末清初经世思想的先驱。他认为"元气"是世界的本原,太极就是太始混沌清虚之气。气载乎理,理出于气,不能离气言性。认识以感性知识为基础,知识来源于实践。政治制度应随社会历史的演进而变化。开封府新郑(今属郑州)人高拱官至内阁大学士,坚持气一元论,主张理、气合一;否定天命论,强调人的主观能动性;在认识论上主张求实、求是,行贵于知;反对空疏之学,主张经世致用。归德府宁陵(今属商丘)人吕坤官至刑部侍郎,有《去伪斋文集》《呻吟语》,强调"气"是本体,"元气"主宰天地万物,"理"寓于"气",倡导实学。

清代孙奇逢、汤斌、李来章、张伯行、耿介、冉觐祖、窦克勤和张沐称"中州八先生",其学术代表着清前期理学的高峰。北学泰斗、保定府容城(今属河北)人孙奇逢清初客居辉县夏峰村,讲学著书25年,有《夏峰先生集》。他"以慎独为宗,以体认天理为要,以日用伦常为实际",持理、气二元论,认为世界的本原是元气,又认为"心"是宇宙的"真体"。天就是太极,太极就是理。认识过程是由渐悟到顿悟,强调知行并进。归德府睢州(今睢县)人汤斌官至尚书、内阁学士,著有《洛学编》。他尊崇理学而不废心学,认为"道本于心",性与道就在人身、人心,表现在纲常伦理与日常生活中,主张知行并进,身体力行。

明清河南学者多攻经学和金石学。周王府宗正朱睦㮮对《易》《春秋》研究深邃,著《五经稽疑》《授经图传》。河南偃师(今洛阳偃师区)人武亿在群经注疏、诸史异同、地志金石方面多有创获,著《群经义证》

《三礼义疏》《偃师金石记》《安阳金石录》。开封府祥符(今开封)人常茂徕擅长《春秋》,著《续两汉金石记》《续中州金石考》《祥符金石记》。

史学也小有成就。明代南阳府邓州(今邓州市)人李贤官至朝廷首辅,著《鉴古录》,奉敕修撰《大明一统志》,保存了明代以前志书资料。祥符(今开封)人李濂编纂有《汴京遗迹志》《祥符文献志》《祥符乡贤传》。清代归德府睢州(今睢县)人汤斌三入史局,曾总裁史事,撰《拟明史稿》。

明代河南省修纂方志271种。省志以成化《河南总志》最早,嘉靖《河南通志》价值最高。嘉靖《彰德府志》、万历《开封府志》、正德《怀庆府志》、弘治《河南郡志》出类拔萃。清代河南方志修纂常态化,志书比明代多近一倍,修志理论和志书更为成熟。巡抚贾汉复、沈荃修纂的顺治《河南通志》被朝廷颁诸全国作为样式,影响最大。巡抚顾沅、学者张沐修纂的康熙《河南通志》体系更为完备。乾隆《河南府志》《彰德府志》《偃师县志》《固始县志》是府县志中的佼佼者。

二、宗教的衰落与演变

元朝河南的佛教、道教都有发展,伊斯兰教出现。明清两代佛教和道教衰落,伊斯兰教发展,西方天主教及基督教传入,民间秘密宗教白莲教兴盛。

元朝奉佛教为国教,僧人免除税役。少林寺是禅宗中的曹洞宗基地,临济宗也在河南传布。龙川和尚主持重修洛阳白马寺,规模宏大,塑像精致。明代佛教逐渐世俗化,河南禅宗以临济宗最盛。1555年,司礼监掌印太监黄锦整修白马寺,奠定其规模与布局。清康熙年间临济宗法嗣、洛阳人如琇和尚重修白马寺,台阁殿宇焕然一新。清中期以后佛教衰落。

元代道教全真教、真大教、太一教都在河南传播,全真教势力最大。明嘉靖、万历年间滥发度牒,河南各地道教大肆修建宫观,广置田产,教派主要是正一教与全真教。清代全真教中衰后又复兴,河南有中岳庙、老君山、太清宫、延庆观等著名宫观。

元代回族人形成。随着探马赤军在河南屯田,穆斯林在各地建礼拜寺,元末明初始称"清真寺",伊斯兰教(又称回教)在河南传布。明末西方天主教传入河南。1613年,天主教耶稣会士意大利人艾儒略、郭居静和法国人金尼阁到开封传教。1628年,意大利神父毕方济在开封购民房改建教堂,有教徒数百。清初法国耶稣会士恩理格到开封主持教务,在朱仙镇、扶沟等地设传教点。

元朝统治者严禁白莲教,但它仍在民间秘密传播。明清河南民间宗教仍以白莲教为主,有闻香教、八卦教、清茶门教等名目。

三、文学与艺术的发展

元、明、清三代,中原文坛相对沉寂,但诗歌散文不无成就,戏剧、小说兴盛。

元代理学家姚枢的诗歌理学气息浓厚,其侄子姚燧以散文著名,许衡的诗词功力深厚。

明代河南文坛以李梦阳、何景明和王廷相影响最大。他们反对粉饰太平、形式典丽的"台阁体"文风,提倡致用,强调诗歌的"格""调",重视"比兴错杂",发起文学复古运动。李梦阳祖籍陕西庆阳(今属甘肃),迁居开封,官至户部员外郎,强调"文必秦汉,诗必盛唐",是明中期文学复古的代表人物。其文章各体皆备,诗歌反映现实,揭露时弊,才气豪迈,笔力雄健。汝宁府信阳(今属河南)人何景明官至陕西提学副使,倡导文学复古运动而力求创新,文章风格突出,诗作体裁多样。开封府仪封(今兰考东)人王廷相也主张文学复古,议论文说理透辟,论辩充分;杂文借物言事,寓含深意;边塞诗苍凉悲壮。归德府(治今商丘睢阳区)人侯方域明末在南京参加复社,清初归隐故里,与文士结"雪苑社"。他的诗歌笔力遒劲,议论文流畅

商丘侯方域壮悔堂

恣肆,气势宏伟,散文流畅通达。宋荦诗作工丽清秀,富有画意。

明代河南府洛阳人方汝浩撰有长篇章回小说《禅真逸史》《禅真后史》和《东度记》。清代汝州宝丰人李海观的白话小说《歧路灯》,写开封府祥符(今开封)书香世家公子谭绍闻染恶习锒铛入狱、后浪子回头重振家业的故事,揭示封建社会末期中下层社会的生活,结构比《红楼梦》略高一筹。

杂剧是元"一代之文学",河南作家有郑廷玉、李好古、宫天挺等。彰德路(治今安阳)人郑廷玉编撰杂剧22种,生活气息浓厚。汝宁府西平(今属驻马店)人李好古撰杂剧《张生煮海》《劈华山》《镇凶宅》。大名路开州(今河南濮阳)人宫天挺撰作《死生交范张鸡黍》《严子陵垂钓七里滩》等杂剧6种。明周宪王朱有燉创作杂剧31种,称《诚斋传奇》。清代河南孟津(今洛阳孟津区)人王鑨写有传奇《华山缘》《秋虎丘》《双蝶梦》,河南新安人吕履恒有《洛神庙》,吕公溥有《弥勒笑》。

元、明、清三代河南文人书法、绘画趋于衰落,壁画、年画、乐舞、戏

剧等民间艺术则有所发展。

元初影响最大的书法家鲜于枢出生于汴梁路(治今开封),擅长楷书、行书,草书尤精,有《韩愈进学解草书卷》《老子道德经楷书卷》。明初南阳府(治今南阳市)人宋广明擅长草书。河南孟津人王铎仕清任礼部尚书,书法功力深厚,风格独特。其草书以沉雄顿挫为体,飞动变化为用,达到寓变于毫端、寄情于纸上的艺术境界,人称"神笔",有《拟山园帖》《琅华馆帖》等传世。

朱德润、张路、张成龙、王铎是北派山水画的代表。元代归德府睢阳(今商丘睢阳区)人朱德润的山水画师法自然,溪山清远,林木挺健,峰峦耸秀,笔墨秀劲清雅,有《秀野轩图卷》《松溪放艇图卷》。明代开封府祥符人张路山水、人物画皆工,山水画有戴进风致,人物画继承疏体写意传统,笔势雄壮,有《山水人物册页》《道院驯鹤图轴》。开封府(治今开封)人张成龙画作细密精工,笔力高古,以《峨眉积雪图轴》最佳。王铎亦善画,其《乡野卧游图轴》《秋山闲居图轴》颇有特色。

民间画工的壁画与木版年画成就斐然。元代河南府路洛阳人马君祥父子及其艺徒所作山西芮城永乐宫三清殿大型壁画《朝元图》,场面宏伟,主次分明,线条流畅,色调纯朴浑厚。清代朱仙镇年画分为门神、神码、故事、家堂、游戏图五类,采用黑线条勾勒,套色印刷,构图奔放,色彩鲜艳。

明清河南小曲、杂曲、时调小令内容丰富,形式多样。宣德、万历年间《锁南枝》《傍妆台》《山坡羊》等在开封府流行,嘉靖、隆庆年间《闹五更》《美生草》《粉红莲》等歌曲在汝宁府信阳流行。民间器乐合奏曲有鼓吹乐、弦索乐、吹拉乐、锣鼓乐,独奏曲有吹管乐、拉弦乐、弹弦乐。说唱音乐有牌子曲、锣鼓曲、弦子曲和鼓板曲。明代民间乐舞有讶鼓舞、狮子舞、高跷、竹马、蹦伞,清代有狮子舞、舞龙、旱船、小车、高

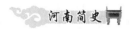

跷、腰鼓等。

清康熙年间河南梆子逐渐发展成熟,有班社、名演员、剧目,并形成不同的地域流派。越调原称四股弦,明末出现,清乾隆年间禹州组织有越调班社。

四、科学技术与学校教育

元、明、清三代河南科学技术成就主要表现在数学、天文历法、植物学、医学与水利、农业技术方面。

元代理学家许衡通晓历法,1276年领太史院事,与郭守敬改进天文观测仪器,在全国建造5处观测台进行观测,至今仅存河南阳城(今登封告成)观测台,在大规模观测的基础上制定了中国古代最卓越的历法《授时历》。

明郑恭王世子朱载堉潜心研究天文律历和数学,著作辑为《乐律全书》。中国古代用"三分损益法"求十二律,所得十二音程大小不一,无法返宫和转调。朱载堉找到计算律管长度的公式,求出完整的八音度,把它分为十二个相等的半音,制表标明标准律管、半长律管和双长律管的长度,称"十二平均律",在世界上影响巨大。他首创珠算开方,发明不同进位制的小数换算方法,创造求解等比数列的中项和其他各项方法,又研究圆周率,其研究方法和成果

沁阳郑王府朱载堉像

192

已与近代自然科学接近。清代归德府柘城(今属商丘)人李子金著《算法通义》,创造性地发展某些几何原理,给出求正弦余弦函数值的近似公式,改进三角函数造表法公式以提高精确度;《历范》用象限表推求日行盈缩,较为准确。柘城人杜知耕融会中西数学知识,著《几何论约》。

明代周王朱橚建植物园引种野生植物,观察其生长、发育、成熟、繁殖,编著《救荒本草》,列举植物414种,是"中世纪最卓越的本草书"。固始人吴其濬状元出身,官至湖广、云贵总督,在家乡创办"东墅"研究植物,花费30多年写成《植物名实图考》,记载植物1714种,附图1800多幅,在植物分类、药材形态、药物治疗学方面有创造性贡献。

明代周王朱橚等汇集明代以前各家方书和民间验方、单方,编成《普济方》,集中华医药方济之大成。开封府雍丘(今杞县)人李中立著《本草原始》,收药物478种,在药物鉴定方面价值颇高。清代归德府夏邑(今属商丘)人杨璿擅长辛凉宣泄、升清降浊、清热解毒、攻下逐秽疗法,著《伤寒瘟疫条辨》。陈州商水(今属周口)人王广运精通医理,著《十二经络针灸秘法》,并为张仲景的《伤寒论》作注解。

水利技术进步。元代总治河防使、泽州高平(今属山西)人贾鲁采取先疏后塞方法对黄河进行大规模治理,采用"石船堤障水法"堵塞白茅决口,是堵口技术的创举。清代淮海道员、汝宁府罗山(今属信阳)人黎世序采取"束水攻沙"方略疏浚海口淤积,使河水返故道入海,改厢埽为碎石护坡,组织编撰《续行水金鉴》。在农业生产方面,清前期广泛采用高产栽培方法"区田法"。

元、明、清三代河南存在地方官学、书院与私学。官学逐渐衰落,书院教育兴盛。

元代河南有路、府、州、县四级官学,明初府、州、县学重建或创办,中叶以后官学因沦为科举附庸而衰落。清代设提督学政掌管全省学校,有官办儒学116所,因教职不举而逐渐衰落。

元朝河南的百泉书院、嵩阳书院、伊川书院得以延续,新创办颍谷书院、洛西书院、志伊书院、儒林书院。明代河南建书院75所,开封府祥符(今开封)有大梁书院、二程书院和游梁书院。1468年,户部尚书、许州襄城(今属许昌)人李敏以"丁忧"还乡,在紫云山建屋读书讲学,朝廷赐额"紫云书院"。1528年,侯泰在登封嵩阳观旧址造房,捐助学田,聘师授徒,嵩阳书院复兴。清代河南多开办书院,1644—1733年修复和新建书院71所。大梁书院明末被河水冲毁。1673年,河南巡抚佟凤彩在天波楼旧址重建,后迁建州桥西、行宫东路北。1825年,钱仪吉任主讲,开创新风,讲授经史、小学、天文、地理,不学习八股文。清初理学大师孙奇逢主讲百泉书院,学者云集。康熙初年,登封知县叶封重建嵩阳书院,耿介主持嵩阳书院30年,学风大盛。

社学和义学遍及河南乡村、集镇。明代全省有社学327所,清代达700余所。私塾分为蒙馆和经馆。蒙馆进行初级识字教育,主要诵习《百家姓》《千字文》等;经馆着重诵习"四书""五经",研习八股文和写诗作对。

1315年,元朝恢复科举考试,河南江北行省会试在汴梁路祥符县(今开封)举行。明代科举制度更为完备。乡试三年一科,考试内容包括经义、诏诰律令和经史时务策。河南乡试在开封府祥符县(今开封)河南贡院举行。成化年间以后八股文成为科举考试的固定文体。考生答卷用墨笔,由专人用朱笔誊录,考官用青笔评阅。乡试合格者参加会试与殿试,合格者称进士。清代科举分为正科与恩科,制度与明代大体相同,搜检、弥封、誊录、对读、阅卷和科场回避制度更为严格。考试内容因循明代而有变动,制义更注重"四书",文体沿用八股文。

贾鲁治河

1344年6月,河南连降大雨,黄河暴溢,北决白茅堤(今兰考东北)、金堤,沿河郡邑农田被淹,民房冲塌,给人民带来极大苦难,也破坏了运河漕运和盐场。

1351年5月,元顺帝任命河东高平(今属山西)人贾鲁为工部尚书、总治河防使,征发汴梁(治今开封)、大名等14路15万民工及庐州(治今安徽合肥)等18翼2万军队到河上服役。首先开凿黄陵岗(今兰考东北)至白茅、黄固至哈只口(今虞城境内)的新河道,又疏浚减水河140公里,然后堵塞南行之旧河道,使河水由新凿之河道至哈只口进入故道,东流徐州,合淮河入海。贾鲁在治理黄河的同时,又利用旧河道,疏凿了一条从荥阳到周家口的新河道,人称贾鲁河,它使河南中部的河流有了宣泄之地,并成为中原联系江淮的水运干线。

贾鲁治河工程大、速度快,是治理黄河史上的创举。但因征发役使各地一二十万人治河,也使尖锐的社会矛盾激化。因此历来对贾鲁治河褒贬不一。后人在贾鲁故宅题诗说:"贾鲁治黄河,恩多怨亦多。百年千载后,恩在怨消磨。"评论可谓公允。

1. 洪洞移民

经历元末的战乱之后,明初河南"多是无人之处",人口稀少,一些州县人口在千户以下,造成大片土地荒芜。而与河南毗邻的山西省则人多地狭,衣食不足。

明代统治者采取移民垦荒的政策,将山西民户迁至河南定居。官府在山西平阳府洪洞县广济寺设置机构,办理移民迁徙手续,颁发户部迁徙证件。广济寺西侧有一棵大槐树,移民在那里等待迁送,洪洞大槐树就成为山西移民外迁的启程地。

从洪武年间到永乐初年的50多年间,几乎每年都有户部组织山西人分批前往河南。移民主要来自太原府、平阳府(治今临汾)、泽州(治今晋城)、潞州(治今长治)、辽州(治今左权)、沁州(治今沁县)、汾州(治今汾阳)的属县,定居在怀庆(治今沁阳)、卫辉、彰德(治今安阳)、开封、归德(治今商丘睢阳区)、汝宁(治今汝南)、南阳、河南(治今洛阳)8府12州88县。山西移民使河南地区人口增加,对社会经济的发展起到促进作用。

2. 明代河南的藩王

明初统治者为加强专制主义中央集权统治,避免皇权旁落,将子孙分封到全国各地,建立起24个藩王,以后又多有分封。藩王有兵权和监察之权,经济上朝廷常赐给大量金钱、物品、岁禄和田园。分封在河南的藩王共有11位：开封的周王，南阳的唐王，洛阳的伊王、福王，彰德的赵王，怀庆的郑王，汝宁的秀王、崇王，钧州的徽王，卫辉的汝王、潞王。藩王在就藩地建立王府，成为机构庞杂的小独立王国。

王府占有的田产往往跨省连郡，潞王朱翊镠占有土地4万顷。1613年，福王朱常洵至洛阳就藩，朝廷赐田2万顷。1432年，明宣宗特赐周王"开封府税课钞，令王府自收"，并命"兵部给开封民丁三百人充王府校尉"。藩王残酷的剥削加重了人民的负担，不利于经济的发展。

一些藩王为文化的发展作出了突出贡献。如周王朱橚在植物学、医学方面成就显著；周宪王朱有燉精于诗文词曲，创作的杂剧风行一时。周王府宗正朱谋㙔以经学著称。郑王世子朱载堉学识渊博，创立十二平均律，是中国封建社会末期的一颗科学与艺术巨星。

第九章　清代后期

与外界完全隔绝曾是保存旧中国的首要条件，而当这种隔绝状态在英国的努力之下被暴力所打破的时候，接踵而来的必然是解体的过程，正如小心保存在密闭棺材里的木乃伊一接触新鲜空气便必然要解体一样。

——马克思

自从一八四〇年的鸦片战争以后，中国一步一步地变成了一个半殖民地半封建的社会。自从一九三一年九一八事变日本帝国主义武装侵略中国以后，中国又变成了一个殖民地、半殖民地和半封建的社会。

——毛泽东

从1840年中英鸦片战争爆发到1911年清朝灭亡,共72年,属于清代后期。鸦片战争是中国近代史的开端,从此中国进入半殖民地半封建社会,河南人民也陷入苦难的深渊,掀起了轰轰烈烈的反帝反封建斗争。这时,民族资本主义新经济在河南产生,出现了新旧文化的交替。

第一节　19世纪下半纪的河南社会

一、鸦片战争后的社会与捻军的反清斗争

19世纪上半纪,英国通过大量走私鸦片,每年从中国掠夺数百万两白银,毒害数以百万计的中国民众。1839年,湖广总督林则徐在广东实施禁烟,收缴外商鸦片在虎门销毁。1840年6月,英国殖民者发动鸦片战争,清廷连续征调河南绿营兵和乡勇驰赴前线,仅扬威将军奕经麾下的中原壮士就有3000多人。1842年8月29日,钦差大臣耆英与英国签订《中英南京条约》,清朝开放五口通商,赔款2100万银元,割让香港,给予外国领事裁判权和最惠国待遇,外国教会可在华传教。中国的主权独立与领土完整受到破坏,开始沦为半殖民地半封建国家。

鸦片战争失败和不平等约的签订,给河南带来广泛而深远的影响。一是鸦片大量输入导致白银外流,银价上涨。1845年前后的银价较鸦片战争前增长70%—80%,而同一时期以制钱计算的粮价却没有多大变化,农民的田赋负担进一步加重。二是官府为弥补鸦片战争带来的巨额财政亏空,进一步加大对人民的搜刮,正赋以外的杂税名目

沁阳北伐太平军指挥部旧址

繁多,丁漕浮收、差徭改折及各种苛派、厘金、捐输加重,导致社会矛盾激化。三是天主教、耶稣教及东正教等"洋教"传入。1843年,天主教意大利米兰外方传教会的教士进入卫辉府(治今卫辉)传教,次年罗马教廷在南阳靳岗设立总教堂,管理河南教务,全省天主教徒已有2000余人。

1851年1月11日,洪秀全等在广西桂平金田村发动农民起义。1853年3月,义军攻占江宁(今江苏南京),改称天京,建立太平天国。为推翻清朝廷,太平军北伐三次进入河南。

1853年5月13日,李开芳、林凤祥率太平军从浦口北上,击溃河南巡抚陆应谷的4000名官兵,进入归德府城(今商丘睢阳区),围攻开封未克,在汜水(今荥阳西)、巩县(今巩义)一带强渡黄河。清军聚集3万多人阻击,太平军在怀庆(今沁阳)城外大败清军,挥师进入山西。1854年,曾立昌率太平军北伐援军攻入永城、夏邑,取道山东增援北伐军。1862年4月,太平天国西北远征军陈德才部进入南阳,赖文光部与豫南捻军会合,在郑州、邓州、鲁山三次打败清军僧格林沁部骑兵。

19世纪中叶,因军队调动、军饷和军需物资的运送络绎不绝,河南人民的差徭负担成倍增加,处境"如水益深,如火益热",被迫结成"捻党",反抗清王朝的腐败统治。河南捻军主要在豫东、豫西南、豫南活动,皖北捻军也不断转战河南。

1853年,永城的李月、宋喜元和夏邑的王贯三、李高行等部捻军分别起事,在虞城马牧集与官军作战。次年,苏天福又在永城起事。

1855年7月,豫东和皖北各部捻军领袖在雉河集(今安徽涡阳)"会盟",推举张乐行为盟主,下按五色分设五总旗,豫东捻军苏天福任黑旗"大趟主"。豫东捻军与皖北捻军配合,多次围攻归德府城。次年豫西南捻军李太春、王四老虎等部攻克裕州(今方城)城,转战汝州、汝宁府(治今汝南),被河南巡抚英桂率军击溃。1859年春,皖北捻军进入河南,在北舞渡击毙清军将领邱连恩。次年5月初,又在柘城马铺歼灭清军川北镇总兵王凤祥、荆紫关副将王庆长等部。9月,刘玉渊、宋喜元等部捻军4万多人从亳州进入河南,在汝阳(今汝南)野猪岗歼灭8000名清军。

1862年8月,清朝特命僧格林沁统辖河南、山东两省军务,领骑兵进入豫东,在雉河集击败苏天福、王贯、张乐行三部捻军主力,豫东捻军溃散。1864年,陈大喜的豫南捻军与赖文光、张宗禹领导的太平军联合,组成"新捻军",重创清军僧格林沁部骑兵,击毙僧格林沁。清廷又以曾国藩督办直隶、山东、河南三省军务,镇压捻军。张宗禹、赖文光部连续数月在中原穿梭作战,挫败曾国藩"重点设防""以静制动"及"聚兵防河"的方略。1866年11月,清廷改命李鸿章为钦差大臣镇压捻军,东、西两路捻军先后失败。

二、19世纪末的社会与反洋教斗争

19世纪中叶的长期战事对河南社会的影响巨大:一是户口耗减,田地荒芜,民生凋敝。二是战乱中死亡流移者失去的土地,大部分落入地主富人之手。光绪末年,固始县土地"绅富占者十七八,民间己业自种者不过二三";永宁(今洛宁)山区地主张、乔、商、马、雷诸家土地"挂千顷牌"。地主占有的土地或让农民佃种,或自家雇工耕作,地租剥削率高,佃农无生产积极性。三是封建统治腐朽,不少地主豪绅通过"捐纳"买官,军人因军功获得职衔,"吏治日偷"。光绪后期河南各县的丁漕仅正额即浮收一倍成为"羡余",被州县官中饱私囊。

上述种种原因叠加,河南农业生产日趋衰退,广大农民的生活日益贫困化,"民生日蹙"。

1883年,英国传教士在上海建立基督教组织"中华内地会",次年内地会在商水周家口(今周口)建福音堂,后来把黄河以北地区划归加拿大长老会的宣教区。1893年,河南省8个县建立教堂31所。1906年,俄国东正教传入河南。至1910年,河南省天主教堂和福音堂共75所,遍及全省7府、36州县。洋教士霸占农田、房屋,包揽词讼,庇护教徒为非作歹,勒索教务赔款,激起河南人民的强烈反抗。

19世纪后期,河南10多州、县相继发生反教会斗争,较大的是"南阳还堂案"。1861年,南阳靳岗天主教堂指认城内江浙会馆是天主教在康熙年间所建教堂旧址,要求清总理衙门咨请河南当局归还。南阳士绅联名具呈,要求官府据理严拒,民众把洋教士住处"毁坏殆尽"。1866年,河南巡抚李鹤年令南阳府"劝谕"江浙会馆首事之子"情愿将会馆捐让",并允许教堂买城内周姓房产宅地。南阳民众鸣锣聚集,声称要尽杀教士、教民,一些绅士联名具呈,反对在城内建天主教堂。1884年,中法战争爆发,南阳人民掀起新的反洋教浪潮。1894年靳岗天主教堂表示"永远不

南阳靳岗天主教堂司铎楼

204

索"城内江浙会馆。"南阳还堂案"以南阳人民的胜利而告终。

1900年,义和团运动波及豫北、豫东,河南掀起群众性的"烧堂毁教"行动。是年夏,河南大旱,开封和许多州县传播口号"杀了洋人头,猛雨往下流",汝南刘二磨等聚众扒教堂,逐洋人。八国联军进犯天津、北京后,河南人民掀起一场猛烈的反帝风暴,南阳农民7000人手持刀矛棍棒,高喊口号"扒洋楼,报冤仇",围攻靳岗教堂,3天后聚集民众数万人。因官府威胁利诱,教堂得以保存。确山民众3000多人围攻韩庄天主教堂,周围数十里村民前往援助,攻入教堂,教士出逃。19世纪末河南人民的反洋教斗争,表现了不畏强暴、敢于斗争的精神和不甘屈辱、共御外侮的爱国情怀。

第二节　近代农工商业与新型城镇的出现

清代后期河南社会经济日趋凋敝,不能望江南沿海地区之项背,但也发生了一些新变化,主要是开办洋务、农业生产商品化扩大和新兴城镇的形成。

一、农业的衰退与农产品商品化的扩大

1840年河南全省人口约2434万人,清末增至2611万人,耕地面积超过800万公顷。小麦种植占耕地面积60%以上,产量居全国首位,棉花、芝麻、黄豆的产量也居全国前列。产棉州县增加到90个,年总产值达700多万两白银。淮河、白河、洛河流域及豫北盛产水稻。怀庆府(治今沁阳)、南阳府等地土壤肥沃,农作物产量较高。以冬麦为中心的多熟集约耕作、复种轮作和间混套作,精耕细作,多粪肥田,提高投

入产出水平的耕作制度在豫北、豫西等地推广。邓州、许州(今许昌)多植烟草,南阳、洛阳、开封附近多养蚕,伏牛山区畜牧业兴盛。1872年,巡抚钱鼎铭组织民众开凿贾鲁河故道,疏积沙,补残堤,使上游无水患,下游通舟楫;疏浚勺金河、丈八沟、余济河、永丰渠以资灌溉,井灌技术、汲水机器进一步普及。但农具落后,小麦、玉米平均亩产低于周边省份,经济作物棉花、烟草、芝麻种植面积小,棉花品种差,养蚕法陈旧,农产品人均拥有量和粮食商品率低,全省田赋岁收总额由清代前中期的300多万两白银减至200多万两白银。

河南农业生产衰退的原因:一是地主、官府的头会箕敛,农民没有生产积极性。全省土地约半数为地主占有,佃农受地租、劳役和高利贷剥削,官府丁漕浮收、差徭改折、各种苛派、厘金、捐输和杂税令农民不堪重负。二是自然灾害频繁酷烈,造成人口减少,农业生产条件恶化。1877—1878年,华北遭受罕见大旱,河南59个州县受灾,大批灾民饿死、外逃,全省人口减少180万人,几十年后经济仍没有恢复原有水平。1887年9月,黄河在郑州石家桥决口,郑州、中牟以下15个州县一片汪洋,灾民200万人。三是生态环境恶化。黄河南北水利设施大坏,河流很少疏浚,沟渠大都淤平,耕地变成不毛的沙丘。

随着河南与国内、国际市场联系日益紧密,社会生活消费提高,市场需求增加,河南经济作物种植日广,农产品商品化加快。

棉花种植面积增加,初步形成几个专业化的植棉区。1870年前后,河南府(治今洛阳)四乡绝大部分土地植棉。20世纪初,安阳、邓州、洛阳、通许、商水、孟县(今孟州)等地年产棉花350多万公斤。芝麻、黄豆、花生种植日广。19世纪80年代以后,河南蚕桑业发展,在祥符(今开封)、永城、荥泽(今郑州古荥镇)等地推广湖州桑秧、蚕种,伏牛山区成为国内山蚕的主要产区之一。蓝靛、红花因产值高受农民青睐,怀庆府、南阳府和禹州等地所产药材增加。全省罂粟种植面积占耕地总面积5%—10%。1897年河南产土药约6万担(300吨),居全国第三位。豫西南多种烟草。19世纪末,邓州与淅川烟田总面积有两三千公顷,所产"邓片"畅销国外。禹州、襄城、上蔡、郏县、洛阳等地晒烟运销山西和广东、湖北口岸。农产品商品化促使自然经济解体和商品经济发展,为资本主义经济因素的增长创造了条件。

二、手工业、商业的发展与开办洋务

晚清时期随着资本主义经济因素的输入,社会经济发生变化,传统手工业有较大发展。

19世纪中叶以后,河南农村手工棉纺织发展很快,豫中、豫南、豫北一些县成为棉布新产区。开封生产汴绸,禹州城内有500多家仿制汴绸。南阳府一些县成为新兴丝织业区。19世纪90年代,南阳县有专业机户七八百家,机具3000余架,南阳绸远销蒙古、俄国,或进入上海市场,归德(今商丘)万寿绸、陈留(今开封祥符区陈留镇)河南绸也很著名。纺织商品生产由副业转变为主业,促使"农""工"的分离,经济近代化的步伐加快。

19世纪中叶,河南23个州县有采矿业,开采点39处,以煤矿最多。19世纪末,彰德、卫辉、怀庆三府土煤窑有20多万名工人。禹州的造纸,孟县(今孟

农民家庭纺织图

州)、信阳、罗山、洛阳的制皮,叶县、襄城的铜器制造,滑县道口的锡器制造,清化(今博爱)、信阳、固始、永宁(今洛宁)的竹器业,鹿邑、柘城、郾城(今驻马店郾城区)的草帽辫业,都是近代新兴或有新发展的产业。

清代后期,河南商业有新发展。光绪年间,南阳城陆续开办经营京广杂货和"洋货"的商铺,赊旗店(今社旗)市场秦晋出产的盐、茶和"百货悉备"。19世纪80年代,商水周家口(今周口)有粮行、粮坊上百家,金针菜、芝麻、牛羊皮、牲畜等交易繁盛,滑县道口镇与天津的粮、盐、药材和百货运销兴旺。随着农村商品交换的增长,地方性的初级市场——集市迅速发展。光绪后期,鹿邑县集市增至50处,永城增至89处,成为清代后期河南城乡商品经济发展的又一表征。河南土著商人和商业资本也有新发展。此前全省各地较大商家大多来自山西、陕西等省,光绪中后期开始发生变化。清末林县(今林州)"晋商仅有一二,城乡商号皆林人自营"。信阳"本籍商人,居然特树一帜"。以经销药材为主的怀商得到进一步发展,巩县(今巩义)、太康、潢川、汝南、新蔡、郾城、信阳、淅川、南阳等地商人崛起。

19世纪60年代至90年代中期,全国掀起"洋务"运动,学习西方,开采矿藏,兴办机器工业,修筑铁路,架设电线。河南洋务的开办是从堵塞黄河决口开始的。1887年9月,黄河在郑州石桥口决溢,为迅速堵塞决口、修复堤坝,河南巡抚倪文蔚与河东河道总督吴大澄奏请引进外国机器,购买一批窄小铁轨,100辆运土铁车,一套电灯设备和两艘小轮船,在西坝铺设窄轨铁路,又用水泥在河中砌筑石坝。为治河中加强与清廷的联系,架设济宁到开封的电线,在开封设电报局。此后河南各城镇相继架线设电报局。

但是到19世纪末,河南地区仍然是一幅耕织结合的自然经济图景。河南人民深受官府和地主富人的盘剥,经济力量极其薄弱,只能耕田而食,织布为衣,剩余部分进入集市,也不过是以有易无、调剂余缺,城乡最大的商铺仍然是粮、盐、纱、布和杂货。守旧的社会习俗使河南商品经济的活动天地窄小,经济近代化的进程缓慢滞后。

第三节　20世纪初的新形势和新变化

一、帝国主义侵略的深入

19世纪末,世界主要资本主义国家向帝国主义过渡,对殖民地和半殖民地国家的侵略和争夺加剧,地处中国腹地的河南也成为列强直接进行经济侵略的对象,通过修筑铁路、开采矿藏实施经济掠夺。

英国商人觊觎太行山一带的丰富矿藏。1897年,英商在伦敦成立"北京辛迪加"(福公司),又拉拢翰林院检讨吴式钊、分省补用道程恩培组建"豫丰公司"。福公司代理人罗沙第和豫丰公司订立合同,由豫丰公司向福公司借款,"开办怀庆左右,黄河以南、西南诸山各种矿务"。1898年4月7日被清廷批准,福公司假借豫丰公司的名义取得豫北采矿权。1902年7月,在修武县下白作(今焦作)购地建矿厂,取名"泽煤盛厂",这是当时外国在华的最大矿场。到1907年,福公司在豫北煤矿投资1397万元,约占英国在华总投资38%。福公司开采焦作煤矿,拒绝缴纳出井税和利润,并强行在当地售煤,企图扼杀当地土煤窑,独霸

修建中的卢汉铁路郑州黄河大桥

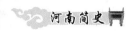

豫北煤矿。

帝国主义觊觎中国铁路修筑权。英、德、俄、法等国为修筑卢(沟桥)汉(口)铁路进行激烈争夺。1897年5月27日,清廷与比利时财团签订借款合同,把这条南北干线出卖给俄、法,1906年夏全线建成通车。1902年8月,河南省当局与福公司订立道(口)清(化)铁路章程,将修筑权拱手让给福公司。1905年,福公司诱胁盛宣怀签订借款合同,由中国铁路公司向福公司借款70万磅,按年息5厘交付利息,把道清铁路收回自办。福公司获得优惠利率,不仅收回筑路投入资本,又获得60年的铁路所有权。汴(开封)洛(阳)铁路原由中国铁路公司筹款修筑,俄、法两国要挟把修筑权给予比利时。1901年10月,盛宣怀和比利时合股公司代表签订合同,由比利时公司借款2500万法郎,39年还清,全路由比利时公司包办。卢汉、道清、汴洛三条铁路的修筑,是帝国主义侵略势力深入的表现。

义和团运动后,帝国主义利用天主教、耶稣教变本加厉进行文化侵略:一是向河南省府与有关州县勒逼"赔偿",仅黄河以北诸县付给教堂、教民的"赔款"即达20万两白银,粮食2000多石(约12万公斤)。二是要求省、县严惩义和团运动期间的"滋事各犯"。清廷下令各级官吏"优待保护"教堂、教士与教民,教会乘机大肆拓广教务。1907年,天主教新设豫西教区,河南基督教教堂由义和团运动前的12座增加到1910年的44座。

随着20世纪初河南的门户洞开,帝国主义侵略势力快速延伸,加快了河南社会半殖民地、半封建化的进程。

二、人民的反抗斗争

帝国主义侵略的加深,封建压迫和剥削的加重,激起河南人民的反抗,包括收回路矿权、反对洋教,城镇居民的反帝反剥削,农民的抗粮抗捐以及秘密会社的反清斗争等。

受南方保路运动的影响,20世纪初,安阳煤矿公司申请修筑安阳境内铁路,留日学生和绅商发起组建河南铁路研究会和河南铁路公所,准备自筑洛(阳)潼(关)、开(封)徐(州)、信(阳)浦(口)各线。铁路公所在各地设立招股分所集资,官府为筑路加收盐捐。洛潼铁路由绅士商人争归自建。开封成立保矿公会,许州(今许昌)、卫辉等地组建分会,又成立河南矿务研究会,组建宏豫、光豫公司,抵制福公司掠夺豫北矿权。1909年,福公司要在当地售煤,修武县千余名农民冲入福公司矿场,砸毁机器。

洋教士干涉地方行政、司法,欺压百姓,引起河南人民极大愤慨。20世纪初,河南17个府、州、县发生反教会斗争。1902年,泌阳县张云卿等率领2000余人杀死罪恶多端的教民6人,焚毁教堂数十处,毁坏370多户教民房屋。1906年,周家口仁义会首领吴太山发揭帖声讨洋教士的罪行,聚众杀死恶霸教民范心顺一家四口,教士、教民纷纷逃离。

河南学潮与全国的爱国运动密切相连。1908年,全国发生反抗日本侵略的"二辰丸案",开封学界召开大会,号召抵制日货。次年,帝国主义国家企图瓜分中国,开封各学堂学生罢课、集会反对。商人也以各种方式投入政治运动。1905年,开封、洛阳商人掀起抵制美货活动。

义和团运动后,河南每年财政支出高达600多万两白银,出现严重赤字。河南当局推行"钱粮改章",让历来交银完粮的州县改交铜钱,官府利用折价多收农民两倍以上的粮税。1903年,河南4府20多个州、县的数万名农民奋起反抗,迫使清廷下令停止此举。河南当局为办新政普遍加收捐税也引起农民反抗。1903年,滑县道口商人反对设立卡局苛征粮税,各商店罢市停业。1904年,临颖商人和农民反对加收烟酒税,火烧县衙,打死知县。1910年,密县(今新密)农民拥入县城,拆毁县府大堂;长葛、叶县各有上万人在城内集会抗捐。

三、新政的举办

20世纪初,民族危机和国内政治危机空前严重,清廷不得不进行以"新政"和"立宪"为内容的改革。

河南也开始举办新政,改编训练军队,试办巡警,振兴农工商业,兴办学堂。河南当局裁汰绿营,改编为巡防队四十营,按西方军制设步队、马队、炮队、工程兵及军乐队,总称第二十九混成协,使用新式武器,学习日本操练方法。改保甲局为巡警局,在开封设巡警总局,各府、州、县设立巡警。1903年,在开封设商务农工总局,分设矿务、商务、农务总会,在各地创办工艺局(厂、实业社)和农林会(试验场、桑园),推广美国长纤维棉种,试种甘蔗,引进湖桑和技术工人以改良蚕桑业。1904年后的10年间,全省手工业工场增加160多个,创办新式企业27个,开封、洛阳、郑州、周家口、道口等城镇对外开放。1902年,设河南大学堂,成立学务公所管理全省办学事务。宣统年间全省创办各类学堂8600多所,学生近30万人。选派学子官费留学日本,并开放自费留学。河南省当局为创办新政,向全省人民摊派捐款,增加了人民负担,但新政在一定程度上促进了全省经济、文化的发展。

1906年9月,慈禧太后下诏颁布"预备仿行立宪",各地纷纷成立立宪公会。1908年,河南省当局在开封成立河南总办咨议局筹办处。次年,选举96名议员组成咨议局。立宪运动虽然夭折,但是河南民族资产阶级借此渐次形成有组织的政治势力,在革命运动中发挥领导作用。

四、辛亥革命的风雷

随着新式学堂的兴办和出国留学,河南资产阶级知识分子在接受革命思想的过程中逐渐成长起来,河南赴日本留学生20多人参加中国资产阶级政党——同盟会。1907年,杜潜等从日本回国,组建同盟会河南支部,发展会员。革命党人以学堂为平台,向学生灌输革命思想。开封200多名同盟会员成为豫东革命运动的中坚。1906年,刘纯仁在新军中进行策反工作。1908年,刘凤楼、王庚先、周维屏在开封联络新军、巡警,准备发动起义,被警方侦知,刘纯仁、杨源懋等到洛阳联络豫西在园会成立复汉军,准备武装起义。陕州(今三门峡)、汝州、永宁(今洛宁)、新蔡等地的革命党人也联络会党准备起事。

1911年10月10日,武昌新军和以同盟会为代表的革命党人在武昌发动反清起义,全国各地纷纷响应,一个多月内有14个省和上海宣布脱离清廷独立。独立各省代表议决在南京成立中华民国临时政府,选举孙中山为临时大总统。此年是农历辛亥年,史称"辛亥革命"。

在辛亥革命风暴中,河南革命党人进行多次武装夺取政权的尝试。许州(今许昌)人张钟端主持同盟会河南支部,联络省城及各县军警和民间武装,购买枪械,准备起义。张钟端被革命党人推举为河南革命军总司令,决定12月23日在开封举行起义,被告发。22日夜,起义领导人

张钟端像

开会作战前部署,巡防营士兵冲进会场,张钟端等被捕。24日清晨,11位革命志士被押赴刑场,从容就义,用赤诚和鲜血为辛亥革命史书写了光辉的一页。

辛亥革命推翻了清朝的统治,结束了中国几千年的君主专制制度,开创了完全意义上的民族民主革命,以巨大的震撼力和深刻的影响力开启了中国前所未有的社会变革。

第四节　民族资本主义新经济的产生

20世纪初,河南与世界资本主义市场联系日益紧密,社会经济发生变化,商品经济发展,自然经济解体,民族资本主义和民族资产阶级开始诞生。

一、民族资本主义工矿业的创办

20世纪初,河南封建经济结构渐趋解体,为资本主义新经济的产生提供了条件。自然经济的破坏为资本主义的发展提供了广阔的商品市场,大量农民和手工业者的破产为资本主义的发展提供了大量劳动力。省内一批官僚、地主和商人敛积了数量可观的钱财,外省富豪也有投资河南的意愿。在中原大地母体中孕育已久的民族资本主义幼婴终于呱呱坠地。清廷推行"振兴商务,奖励实业"政策,"挽回利权""实业救国"推动有志之士致力创办近代企业,包括采矿、机器制造和轻纺业。截至1911年,河南已有商办煤矿8家,工业企业15家。

1897年,河南巡抚刘树棠在开封开办河南机器局,制造子弹枪炮,这是全省第一个近代军事工厂。1904年,又开办郑州京汉路机器厂和修武京汉铁路工厂及安阳洪河屯翻砂厂。

1902年,禹州知州曹广权等组建"豫南公司",开办三峰煤矿,这是河南首家民族资本主义企业。次年,候补道马吉森和谭士祯等在安阳丰乐镇创办六河沟煤矿。1906年,郝镜塘开办密县煤矿,靳法惠等在修武创办凭心煤矿,叶怀古开办汤阴崔沟煤矿。随后又有宜阳广益煤矿、汤阴宝善煤矿开办。

1904年,唐玉田在滑县道口镇创办继兴面粉公司。次年,马吉森等在安阳创办广益纱厂,孙延林等在禹州创建官商合办的钧瓷厂。开封创办有耀华、鸿昌火柴公司,普临电灯工厂和自来水厂。还有光山人陈世状等创办的火柴公司,以及安阳中兴电灯公司、巩县裕中瓷业公司。

河南民族资本主义工业幼弱。20世纪的前10年,河南省近代民族工矿业的资本总额不过200万元,在经济中所占的比重很小。1911年,全国近代工矿资本总额近1.6亿元,河南仅占其1%强。资本主义经济实力微弱,企业机器设备数量少,资本有机构成低。

河南民族资本主义工业幼弱和成长缓慢的原因,一是由于封建统治腐朽,城乡封建势力和保守习俗强固,各种盘剥异常苛重,广大人民极端贫困;二是由于帝国主义的侵略和压迫,使资本主义经济生长的土壤十分贫瘠。

二、交通条件的改变与商品市场的扩大

19世纪末至20世纪初,纵贯南北的卢(沟桥)汉(口)铁路与横向的道(口)清(华镇)铁路、汴(开封)洛(阳)铁路在河南省形成两横一纵格局。"汴省自铁轨交达,风气大开,商务、实业,进步甚速",对河南发展商品经济,引进科学技术,扩大市场起到促进作用。

1900年,慈禧太后和光绪皇帝由西安返京途经河南,架设了从潼关经河南到直隶的电线,在陕州(今三门峡)、洛阳、河内(今沁阳)、汲县(今卫辉)、安阳、郑州设立电报局。至清末,全省邮电网络初具规模,传统驿传方式和邮驿制度被取代,通信更为便捷。

随着铁路的修筑和门户的洞开,河南与国内、国际市场的联系日益紧密。商品经济的新潮犹如涡轮,把"耕稼社会"的死水微澜冲激成喧动多变的市场波涛。豫东、豫东南和豫西南的油料和食油"贩行甚远";豫北所产棉花北运天津,南向汉口,东去青岛、上海;郑州、洛阳一带的特产、果品远销南、北各省。河南货物运入湖北,"交易繁盛百倍"。铁路沿线粮食运出与日俱增,致使省内粮价"较前数年增至一倍有余",反映了粮食生产商品化的扩大。外货输入日增,河南的封闭状态有很大改变,市场格局大为改观。

三、铁路沿线城镇的兴盛

20世纪初,卢汉、汴洛铁路在郑州相交,给河南交通运输与商业带来巨大改变。铁路沿线一些新城镇兴起,一些城市因铁路经过而繁荣。

郑州原为开封府所辖的散州,成为铁路枢纽后,城南门、北门外有商店数十家,西门外到火车站附近旅馆、商店、商行、钱庄林立。1904年升为直隶州,1909年对外开放为商埠。郾城漯湾河(今漯河)原为一个渡口,自卢汉铁路穿过,舟车辐辏,货物堆积,商贾聚集。驻马店原为确山一个驿站,自卢汉铁路穿过,铁路沿线开设很多商店、旅馆、粮行。新乡是卫河航运码头,有转运煤的店铺40多家,钱庄9家。朱仙镇、北舞渡、周家口和赊旗镇(今社旗)则因不通铁路而逐渐衰退。

1908年，开封南关开放为商埠，南关火车站、南门内、曹门大街、西门大街有各种商行，马道街、北土街洋货、绸缎、杂货和金店云集。洛阳火车站附近有旅馆、商店、邮局、医院，城内、东关外、南关商行林立。信阳火车站附近、北门外共和里街成为商业繁华区。其他铁路沿线城市也都有不同程度的发展。

铁路沿线城镇形成以城市为主体的商品市场，在规模、功能、商品流通量等方面都成倍地超过原来繁华的集镇。开封、洛阳是人口密集、以零售业为主体的消费市场；郑州、许州（今许昌）、新乡、安阳、信阳成为地区性中心集散市场，漯湾河、驻马店、确山等是区域性农产品集散地，河流沿岸的繁华镇集保留着传统市场的特点，洋货增加。河南商业具有运出原料、输入制成品的半殖民地半封建市场经济的特点。

新兴的繁华镇集分为三类：一是工商业镇集，如河内清化镇（今博爱）、镇平石佛寺；二是某专项商品或农产品的专业镇集，如陕州（今三门峡）会兴镇、唐县（今唐河）源潭镇、内乡西峡口（今西峡县）、安阳丰乐镇和新安狂口镇；三是转运贸易镇集，如淅川荆紫关、滑县道口镇。市场的变化促使商品结构的改变，形成洋货、土货共存的局面。

商品经济的发展使商人队伍逐渐扩大，全省有53个州县、3个镇成立商会，开封成立商务总会，全国15个省有河南商人的足迹。

20世纪初，河南的商品经济发展较快，但仍不能望江南沿海地区之项背。河南自然经济的存留仍在南方和沿海诸多省份之上，小农与家庭手工棉纺织业结合在大多数州县延续，农、副、手工业的商品生产和商货运销远欠充分，厘金年收入与南方商品经济发达省份相

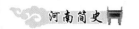

距甚远。

第五节 新旧文化的交替

一、理学、经世之学与西学的传播

晚清河南当局大力倡导程朱理学。河南巡抚严树森重修开封"二程祠",巡抚锡良创办河南大学堂,聘"泥古而不通今,尊中而不重西"的山东理学家孙葆田为总教习,让学生诵读《孝经》《小学集注》等书。道光年间至光绪初年程朱理学"复兴",河南出现一批名儒。河内(今沁阳)人李棠阶潜心理学,融贯程、朱、陆、王各家之说。开封人倭仁、鄢陵人苏源生、林县(今林州)人徐定唐等都是名重于时的理学家。至20世纪初,抱残守缺的理学在河南思想文化界仍居优势。一位洛阳举人说:"方今学术淆乱,弃夏就夷,惟吾乡尚保洛学不失。"

河南也有一些学者主张经世之学。固始人蒋湘南鸦片战争期间积极为国计民生出谋划策,对当时的重大问题如禁烟、治河等都有专门论述。获嘉文士王钊"学无不窥",鸦片战争后潜心撰作《筹海(防)十三策》。滑县士人郭云升提出《安边十五策》。

鸦片战争后,中国落后于西方资本主义国家的现实被越来越多的人认识,向西方学习被认为是中国摆脱落后的必由之路。通过开办教会学校和医院,出版近代报刊,创办新式学校讲授西方科学文化知识,欧美近代自然科学、社会科学知识在河南传播。

最先传播西学的是西方传教士。西方教会为顺利传教,采取兴办医院、学校和开展慈善事业等举措收买人心,扩大影响。1911年,中原发生灾荒,圣公会主教怀履光出任"华洋义赈会"会长,从海外募集救灾款及食品向灾民发放。教会学校向学生灌输西方宗教信仰,教会医院把西方医学传入。西方思想观念和近代科学文化的传入,对河南的文化转型起到一定的作用。

1894年,西学开始进入河南文化思想界。祥符(今开封)人刘曾绿作《西法议》,提倡仿行西方经济政策,准许官绅合资组建公司从事造船、开矿、铸钱、邮政、保险等事业,制造各种机器。中日甲午战争后中华民族危机深重,维新变法思潮和政治运动高涨,河南一些青年学子把目光转向西方,试图从那里寻找经世良方和救国真理。19世纪初,各类学校陆续开办,更多青年接触时代新知,渴求西学。西学的传播启发了青年学子,教育了封建知识分子,使他们的思想观念发生深刻变化。商丘青年井俊起尽力搜求、涉猎"一切中西时务书",进入河南师范学堂学习,回乡组织"迪新社",宣传新思想。新蔡人刘纯仁博览中外政治、法律、史地、哲学、外交、财经书籍,思想大变,成为河南民族民主革命的宣传者和领导人。

二、报刊的创办与图书事业的发展

1904年,河南巡抚陈夔龙创办了河南最早的报纸《河南官报》;1906

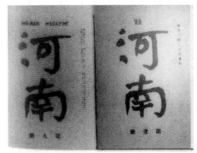

《豫报》和《河南》杂志

年,河南学务公所创办河南第一份日报《开封简报》,后更名为《中州日报》。此外,还有《河南白话报》《河南教育官报》等。这些官办报纸对传播西学、交流信息起到一定作用。资产阶级知识分子也开始创办报刊。1906年,河南留日同乡会在日本创办《豫报》;1908年,留日河南籍学生创办《河南》杂志。这些报刊是"时务"和"新学"的载体,对经济、政治、文化进步起到推动作用。

1897年,河南省河北道谕令属员购买传播新思想的《时务报》供书院诸生阅读,以广见闻。1902年,顺天乡试和河南乡试在开封举行,次年全国性的科举会试也在开封举行,各省举人云集。上海开明书店在开封设门市销售新书和报刊。1908年,从日本留学回国的李锦公在开封创办大河书社,销售新书、报刊。河南开始创办书店,兴建图书馆。1909年,河南提学使孔祥霖创立河南省图书馆,大体同时建立的还有开封师范学堂图书馆、河南省立普通图书馆。书店、图书馆的创办对开启民智具有促进作用。

三、科举考试的废除和新学堂的开办

1840年前后,河南有儒学118所,主要为科举考试服务。光绪年间河南有书院106所,省辖书院有"大梁书院"和"明道书院",道辖书院有"河朔书院"和"豫南书院",其余为府、州、县书院。私塾是基础教育的主要场所。此外,还有外国教会开办的教会学校。

1902年,清廷颁布设立新式学校章程。河南巡抚锡良在开封创办河南大学堂,开设中学、算学、西文三门课程,后改称河南高等学堂,设备科、正科和专科,聘用英国人讲授物理、化学。1905年,河南各地掀起办学堂的热潮,陆续开办中学堂和小学堂。至1909年,全省有专门学堂11所,实业学堂30所,师范学堂63所,中学堂23所,小学堂2800多所,女子学堂17所,在校学生近9万人。学堂的建立标志着封建传统教育的瓦解,资产阶级教育制度的初步确立。学堂授课增加近代科学知识,对西学传播起到一定作用。李时灿、张嘉谋等从民间发起"兴新学运动",是近代河南教育的开拓者。安阳人马青霞留学日本回国,在北京、开封、尉氏等地兴办女子学堂,为河南兴办新学作出较大贡献。

河南省开始选派学生出国留学。1905年,从河南武备学堂中选送50名学生到日本振武学校、60多人到其他学校学习。

1842年,开封河南贡院重建,规模宏大,是全国四大贡院之一。1900年,八国联军侵入北京,顺天贡院被毁,癸卯(1903)恩正并科会试和甲辰(1904)正科会试及顺天乡试在河南贡院举行。这是清代最后两次全国性的科举考试。1905年9月清廷宣布全国科举考试一律停止。发端于隋朝洛阳、延续1300多年的科举考试制度被彻底废除。

四、近代科学技术的缓慢发展

清代后期,河南一些学者从事自然科学研究,取得一定成绩。

一些学者在研究中国传统数学的基础上吸纳西方数学知识。河阴(今属荥阳)人秦阿灼为学广博,著有《数学初基》。宜阳人梁凤诰精研数学,著有《天文历法无代冥稿》。李元勋著《天文勾股》《圆率引》《招差引》。汜水(今荥阳西)贡生陈元勋精研数学、天文、地理、历法,著有《禹贡考》《天文节略》,并自制天文仪器,是近代河南自然科学的先驱。

研究中医的学者更多。固始人万青选著有《医贯》《寿世葆元辨证》《士材三书辨证》等书。镇平人高建章精研医理,著有《伤寒论广义》《金匮要略广义》。郑县(今郑州)人弓泰著《方脉合编》《眼科正谬》《幼科医案》等。西方医学开始传入。1904年,刘宇澄在固始开办普仁医院,她是河南第一位西医妇产科医生。

区田法又称区种法,是一种旱作农田丰产技术。1899年,淇县(今属汤阴)人冯绣以18亩地作区田试验,采用多种经营、套种、间作技术,一年三季有收获,每亩收谷合十三四石(约780—840公斤)。他所著的《区田试种实验图说》对这种多熟集约种植模式进行了总结。

在西方治河思想与水利科学技术的影响下,河南在水利设施建设、基础理论、计算方法、建筑材料上都有明显进步。开始以海拔计算高度的技术观测水位涨落。19世纪末20世纪初,欧美河工技术引入,推动了河南河工技术的进步。卢汉铁路郑州黄河桥是一座采用西方技术修建的钢铁桥梁。

辛亥革命

1894年,中国民主革命的先驱者孙中山建立了第一个资产阶级革命团体兴中会,1905年与华兴会、光复会联合,组成中国同盟会,以"驱除鞑虏,恢复中华,建立民国,平均地权"为纲领,在各省和海外建立革命组织,并多次发动武装起义,为辛亥革命准备了条件。

1911年,清廷出卖铁路修筑权,激起全国人民的反对。10月10日,武昌新军中的革命党人发动武装起义,攻占湖广总督署,控制了武昌城。各省纷纷响应,两个月内14个省宣布独立,清廷迅速瓦解。12月,孙中山回国,被17省代表会议推举为临时大总统。1912年1月1日,在南京成立中华民国临时政府,2月12日,清帝被迫退位,结束了清朝的封建统治。

辛亥革命是一场中国资产阶级民主主义革命。习近平总书记在纪念辛亥革命110周年大会上的讲话指出:辛亥革命极大地促进了中华民族的思想解放,传播了民主共和的理念,打开了中国进步潮流的闸门,撼动了反动统治秩序的根基,在中华大地上建立起亚洲第一个共和制国家,以巨大的震撼力和深刻的影响力推动了中国社会变革,为实现中华民族伟大复兴探索了道路。

1. 洋务运动

19世纪60—90年代,清廷一部分带有买办性的当权派采用一些资本主义生产技术,开办学堂,以维持封建统治。洋务派官僚奕䜣、曾国藩、李鸿章、左宗棠等以"自强"和"求富"为标榜,开办江南制造局、福州船政局和各省机器局等近代军事工业,并派遣留学生学习生产技术。从70年代起,采取官督商办方式,开办轮船招商局、开平矿务局、天津电报局、唐山胥各庄铁路、上海机器织布局等企业。1895年以后,洋务派购买军舰,成立北洋海军,并用官商合办方式开办了一批工矿企业。

因所办企业在技术和原料方面依赖外国,加深了帝国主义对中国政治、军事和经济的控制;又因企业的封建性与垄断性,阻碍了民族资本主义的发展。洋务派掌握的军队在中日甲午战争中受到毁灭性的打击。洋务运动加速了中国社会半殖民地化的过程,它的失败宣告了洋务派标榜的"自强求富"的完全破产。但洋务教育则对清末学制和教学内容的改革有所促进。

2. 戊戌变法

戊戌变法是1898年(农历戊戌年)发生的资产阶级改良主义的政治运动。1895年清军被日本军队击败,民族危机

史林折枝

空前严重。代表民族资产阶级和开明士绅政治要求的康有为等，在北京发动各省应试举人1300多人上书光绪皇帝，反对签订《马关条约》，以变法图强为号召，组织强学会，掀起维新变法运动。康有为、梁启超、谭嗣同、严复等人在各地组织学会，设立学堂和报馆，宣传变法维新，影响及于全国。1898年4月，康有为等以保国、保种、保教为宗旨，在北京倡设保国会。光绪皇帝接受变法主张，引用维新人士，从6月到9月陆续颁发维新法令，推行新政。但以慈禧太后为首的守旧派操纵军政实权，坚决反对变法维新。9月21日守旧派发动政变，光绪皇帝被幽禁，谭嗣同等六人被杀害，康有为、梁启超逃到日本，变法运动失败。

第十章 中华民国时期

　　五四运动宣告了资产阶级领导的旧民主主义革命的结束和无产阶级领导的新民主主义革命的开始。从此,中国近代史展开了新的篇章。

——胡　绳

　　中国共产党领导了、而且继续领导着轰轰烈烈的光荣的胜利的革命战争。这个战争不但是解放中国的旗帜,而且是具有国际的革命意义的。……在新的抗日民族革命战争的阶段上,我们将引导中国革命走向完成,也将给东方和世界的革命以深刻的影响。

——毛泽东

　　1912—1949 年 9 月,是中华民国时期,可分为北洋军阀政府(1912—1927)和南京国民政府(1927—1949)两个阶段。这一时期"风雨如晦,鸡鸣不已",军阀混战,政治黑暗,人民革命,救亡图存,中国从沉沦走向复兴,河南也发生了翻天覆地的变化。

第一节　北洋政府时期的政局

　　1912年年初,中国革命的先行者孙中山在南京就任临时大总统,2月12日清帝退位,历史进入中华民国时期。

　　河南项城人袁世凯,1895年在天津小站组成"新建陆军"。1901年,署理直隶总督兼北洋大臣,逐渐把军队扩充为北洋六镇,形成北洋军阀集团。1912年,袁世凯独掌清廷军权,他一方面授意部下通电赞成共和,逼清帝退位;另一方面要挟中华民国临时政府,以选举他为总统作为议和的条件。临时大总统孙中山表示,如清帝退位,宣布共和,他将宣布辞职,推选袁世凯。2月24日,参议院选举袁世凯为临时大总统。袁世凯把临时政府迁至北平(今北京),窃夺了辛亥革命成果。

袁世凯像

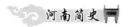

一、袁世凯的独裁统治与白朗起义

中华民国实行省、道、县三级建制。省级长官称都督,后改为省长。省长公署下设政务厅、保安处等机构。河南全省划分为四道:开封道治开封县,河北道治汲县(今卫辉),河洛道治洛阳县(今洛阳市),汝阳道治信阳县(今信阳市)。道设道尹公署,县设知事。

袁世凯安插表弟、项城人张镇芳署理河南都督。张镇芳践踏民主共和原则,实行专制,指使暴徒闯入省议会,杀害革命志士。官吏贪暴,政治败坏。1912年5月10日的开封《大中民报》刊登一首诗写道:"堂堂贵戚莅中州,亡国余威使人愁。大陆依然崇专制,共和若水付东流!"

1913年3月,袁世凯派人暗杀国民党代理事长宋教仁,罢免江西都督李烈钧、安徽都督柏文蔚、广东都督胡汉民,又派兵南下,妄图消灭革命力量。国民党人发动"二次革命",河南革命党人也投入其中,查光复等在开封秘密集会,决定联络省内军界、学界和绿林武装讨伐袁世凯,省内多地革命党人计划攻占中心城市宣布独立,都没有成功。

宝丰人白朗早年投身当地绿林武装,打出"中华民国豫南军政府鲁(山)县代调民军"旗号,成为一支受革命影响的农民起义军。张镇芳和陆军总长段祺瑞组织围剿,义军转战鄂西北,发展到上万人。在一个多月内横扫陕西13县,兵锋直指汉中。当地民众"坚壁清野",义军饥困东归,在临汝(今汝州)、宝丰交界处被围,白朗战死,起义失败。

袁世凯镇压"二次革命"后,逐步实行独裁统治。1913年10月6日,国会选举袁世凯为正式大总统,他踢开国会另组"政治会议",下令取消国民党议员资格,解散各省议会。1914年5月初,政治会议公布

《中华民国约法》,取消内阁制,总统独揽大权。1915年12月12日,袁世凯登上皇位,复辟帝制。革命军将领蔡锷在昆明发动护国战争讨伐袁世凯。护国军节节胜利,广东、浙江、湖南、陕西、四川省宣布独立。1916年3月22日,袁世凯被迫取消帝制,后抑郁而死。

1914年9月,汝南人赵倜被袁世凯授任河南将军。他收罗各地匪化武装组建宏威军,控制近10万士兵,实行"专制帝政",各级官员由他派任,巧取豪夺,搜刮民财,人民苦难加重。

二、五四运动与青年的觉醒

1919年年初,第一次世界大战的战胜国在巴黎召开和平会议,西方列强拒绝中国代表提出的取消外国在中国的某些特权、废除"二十一条"等正义要求,决定把战前德国在中国山东的权益转让给日本,激起国内青年学生的强烈愤慨。5月4日,北京3000多名学生在天安门前集会游行,遭到军警镇压,北京学生宣布罢课。河南青年学生积极响应北京学生的爱国行动。5月13日,开封1000多名学生集会,要求中国代表不得在"和约"上签字。5月18日,开封各界1万多人举行国民大会,呼吁人民行动起来保卫国家主权。河南学生联合会在开封成立,开封学生实行总罢课,进行演讲,散发传单,查禁日货。暑期,开封3000多名外地求学的学生返乡,推动了爱国运动的蓬勃发展。

"五四运动"打破了河南的沉闷局面,青年社团和新刊物应运而生。1919年年底,省立二中学生组成"青年学会",创办《青年》半月刊;省立第一女子师范学生组成"女子同志会",创办《女权》。《新青年》《每周评论》成为青年最爱阅读的刊物,河南青年开始觉醒。

三、吴佩孚的统治与工人运动

袁世凯死后,北洋军阀分裂为直系、皖系和奉系。1920年7月发生直皖战争,直系取胜,吴佩孚担任直鲁豫巡阅副使和两湖巡阅使,坐镇洛阳,控制直、鲁、豫、鄂、陕诸省。河南督军、省长赵倜没有获得任何利益,反而迎来吴佩孚这个"太上皇"。1922年4月,直奉战争爆发,吴佩孚北上督师,河南防务空虚,赵倜图谋把直军赶出河南。5月6日凌晨,宏威军突袭郑州,冯玉祥率军兜剿,宏威军溃散。冯玉祥任河南督军,清理赵倜不义之财,所得款项用作教育经费;清剿土匪,安定社会秩序;惩治贪官污吏;推倒寺庙内神像,令僧人还俗,改寺庙为学校;提倡新风,破除陋习,禁赌、禁娼。吴佩孚要直接控制河南,遂调冯玉祥进京,把省政府迁至洛阳,河南军政大权落入吴佩孚手中。

吴佩孚统治河南,政治压迫和经济盘剥加重,兵祸、匪祸深广,自然灾害频繁,民不聊生,反抗军阀统治的工农运动风起云涌。

第一次世界大战期间,民族工商业发展,工人队伍壮大,河南产业工人已有4万人。1920年,武汉共产主义小组成员赵子健到京汉铁路郑州职工学校任教,李大钊到该校讲话,宣传马克思主义。

1921年7月中国共产党成立后,中国劳动组合书记部北京分部罗章龙到洛阳开展工作,在铁路工人中发展党员,郑州、彰德(今安阳)、开封、洛阳铁路工人相继成立俱乐部。河南产业工人开始奋起斗争。11月,陇海铁路先后发生徐州车站修理厂锁闭八号门事件和洛阳机车修理厂提前锁闭牌箱事件,点燃了工人心中的怒火。11月20日,东起徐州西至洛阳陇海路机务工人全线大罢工,斗争取得胜利,标志着河南工人开始登上政治舞台。12月,中共洛阳组成立,游天洋任组长,这是中国共产党在河南建立的第一个党组织。

1923年年初，京汉铁路总工会筹委会决定2月1日在郑州举行京汉路总工会成立大会，共产党员张国焘、陈潭秋参与领导，吴佩孚令

郑州二七纪念塔

郑州警备司令靳云鹗"设法制止"。当天清晨，工人代表、来宾200多人冲破军警包围进入会场，完成会议程序，但会所被捣毁、封闭。2月4日，总工会宣布全路总同盟罢工，上午11时京汉铁路所有客货车一律停运。军警逮捕郑州分会委员长高斌等，威胁利诱，严刑拷打，逼迫下令复工，高斌等坚决拒绝。2月7日，军阀血腥镇压铁路工人，林祥谦、施洋等数十人死在屠刀下，这就是"二七惨案"。这次罢工标志着工人运动已由经济的总同盟罢工转变到争取自由的政治斗争阶段。罢工失败表明敌人力量强大，工人阶级孤军奋战难以取胜，必须和广大农民及小资产阶级组成反帝反封建的统一战线。

四、直奉战争与国民大革命

在1924年冬的第二次直奉战争中，直系讨逆军第三军总司令冯玉祥等发动"北京政变"，直系军阀失败。冯玉祥、胡景翼、孙岳所部组建为中华民国国民军，冯玉祥为总司令兼第一军军长，胡景翼、孙岳为副总司令兼任第二、三军军长，胡景翼任河南"督办"，孙岳为省长。国民军二军在信阳击败直军，统一河南。1926年年初，吴佩孚乘国民军二

军北上讨伐奉军、河南空虚之机,派直军从汉口北进,攻占开封、郑州,河南又落入吴佩孚之手。9月,冯玉祥聚集旧部出兵陕、甘,兵锋直指豫西。10月10日,广东国民革命军北伐占领武昌,吴佩孚率直军残部败逃河南。1927年3月,奉系军阀张作霖派兵南下占领郑州、许昌。

1924年,倾向国民革命的胡景翼任河南督办,共产党员冯品毅、马文彦等以个人身份加入国民党,王若飞、李震瀛等到河南从事革命活动。1925年5月27日,国民党河南省首次代表大会在开封召开,选出执委会,到当年底全省已建立19个县市党部,有党员3600多人。

1925年5月30日,上海发生"五卅惨案",开封3次举行数十万人的集会游行,罢课、罢工、罢市,抵制英、日货。郑州各界9000多人举行声讨英、日帝国主义罪行大会。反帝浪潮波及40多个县,福公司焦作煤矿和郑州豫丰纱厂工人举行罢工。9月18日,河南省总工会在郑州成立。10月中旬,中共豫陕区执委会成立,王若飞任书记。

1926年4月18日,河南省农民协会在开封成立,至5月底全省农协会员已发展到27万。9月,中共第三次中央扩大执委会作出议决案,指出河南等省应利用红枪会发展农民协会。中共豫陕区委召集信阳、许昌、杞县、洛阳等地农协、枪会代表开会,选举产生河南全省农民自卫团总部。1927年3月中旬,河南省武装农民代表大会在武昌召开,毛泽东到会讲话。河南农民运动发展,有农协会员约100万人,武装农民约25万人。

1927年4月16日,武汉国民政府决定出师北伐奉军,唐生智为总指挥,率领四个军一个独立师沿京汉线北进,总指挥部设在驻马店。5月13日,北伐军向奉军发起总攻,经历西平、上蔡、临颍三个战役。23日,贺龙率领独立第十五师进攻逍遥镇,奉军旅长刘震东部败退临颍,北伐军进围临颍,张学良、韩麟春调郑州、开封等地奉军主力增援。28

日凌晨,北伐军一纵队第二十六师投入战斗,第七十七团蒋先云部以共产党员、共青团员为骨干冲锋陷阵,蒋先云壮烈牺牲。第十师先头部队与二纵队联合突破小商桥防线,奉军败退。北伐军乘胜追击,奉军10万精锐丧失殆尽。

武汉国民政府出兵北伐时,冯玉祥率国民革命军第二集团军出潼关,克洛阳,逼郑州。北伐军一纵队逼近开封。6月初,北伐军与第二集团军会师郑州、开封,北伐战争胜利结束。

第二节　北洋政府时期的经济

北洋政府统治时期,河南经济发生了一些变化,主要是农产品日益商品化,民族资本主义工矿业有较大发展,商业较快迈向近代化。

一、农业的衰退与农产品的商品化

民国初年,河南全省农业人口约3000万,耕地约760万公顷。因生态环境恶化,水利工程失修,自然灾害频仍,每年有大半土地歉收。20世纪20年代,沿黄各县粮食年均亩产不过50多公斤,低于清乾隆初豫北地区的75公斤。农业生产呈现衰退之势。

随着国内外市场对原料的需求增大和铁路带来的运输便利,河南农产品日益商品化。首先,是粮食的商品化,信阳大米,安阳、商丘小麦,开封高粱都有大宗输出。其次,是经济作物种植面积扩大。20世纪20年代,河南棉花种植面积和产量均居全国第五位,全省98个产棉县中37个县有棉花输出。1925年,全省蚕丝产量达到5960吨,较民国初年增长10倍。大豆、花生、芝麻的种植面积和产量持续增长,油菜籽和麻的种植面积也较清末有所扩大。1918年,全省烟草面积45万多公顷,总产1135万担(约5亿多公斤)。罂粟的种植也较清末更广。经济作物种植和农副产品商品化的扩大,加快了自然经济解体的进程,城乡经济与国内、国际市场的联系愈益紧密,成为河南经济逐步近代化的象征。

二、资本主义工矿业的发展

民国初年,帝国主义国家准备第一次世界大战,对华商品和资本输出收缩,求购中国商品较前增加,为中国民族资本主义的发展提供了机遇。农商总长、民族资本家张謇颁行了一些有利于民族资本主义发展的政策,人们的爱国热情转化为兴办实业,成为民族资本主义发展的新动力。河南省内一些官僚、商人投资厂矿,南方工商业者纷纷前来兴办企业。河南各地掀起一股"实业热",组建公司报请省府立案者无日不有。1912—1918年全省开设工厂29家,资本总额为220万元上下,年均约31.4万元;1919—1927年开设工厂60家,资本总额1055万元上下,年均约120万元。民族资本主义工业有明显发展。

民国初期,河南许多县创办煤矿。1914年,修武三家煤矿合组为中原煤矿公司,1915年5月与福公司实行分采合销,1924年中原煤矿公司产煤近95万吨。1919—1927年,河南出现新的开矿热潮,六河沟煤矿矿区扩大到9平方公里;观台和台子寨两处矿工增加到3万人。

纺织业投资少,效益大,不少人创办纺织厂(公司)。1918年河南全省有纱锭3.2万枚,1927年增至11万多枚。1920年,上海资本家穆藕初在郑州兴办豫丰纱厂;1922年,天津资本家周学熙等在汲县(今卫辉)创办华新纺织厂。多地创办面粉厂(公司)。1917年,英美烟公司在许昌设立烟叶复烤加工厂。1927年,许昌出现多家机器卷烟厂。

手工纺织是河南专业性、商品性的手工业生产代表。20世纪20年代,"织布厂"使用木制手拉机或铁轮机,以粗洋纱作经线、土纱作纬线织改良土布,或全用粗洋纱织仿制洋布。丝织品由家庭手工作坊使用旧式木质织绸机织造,丝绸商向许昌织户发放原料和织机,由织户"包织"成绸,回收外销。1927年,许昌手工卷烟厂发展到360家,出现"商人雇主"和商人向烟工供应烟丝、用纸,规定卷烟样式、牌号、质量、生产数量、交货日期,回收成品时支付工资。这些,成为河南资本主义生产发展的标志。

三、商业和交通运输

随着经济、社会条件的变化,河南商业以较大的步伐走向近代化。旧式商人从经营"土货"转向经营"洋货",由国内营销转向出口。外国洋行物色、培养、派遣商人到河南经商。美孚、德士古等石油公司在南阳设置经销点,天津的法、英、日本洋行派遣"华伙"到河南收购土产品和烟叶,开办分公司销售洋货,组成营销网络,把众多烟叶收购商和小商贩变成他们伸展经济势力的触须。河南的商人和商业资本作为外国资本主义工商业资本的附庸和补充而存在。

铁路沿线一批商业城镇兴起。1917年以后,郑州兴建多家工厂,邻省和沪、汉、津、青等地商人拥入,10多年间人口扩充近10倍。民国初年,驻马店居民不过数千,1931年增加到4万,商户800多家。洛阳、安阳、新乡、许昌、南阳、商丘城区,道口镇、清化镇(今博爱)、周家口(今周口)、赊旗(今社旗)、荆紫关、漯湾河(今漯河),均成为商业重镇。经营药材的怀商,氾水(今荥阳西)的麻商,南阳、镇平的绸商,足迹远达南北各省。

铁路和公路运输出现。民国初年,卢汉铁路纵贯河南南北,道清、汴洛铁路与它相交,开行火车进行客货运输。1920年,河南利用堤埝修筑公路。1921年,开(封)周(口)、漯(河)周(口)汽车公司开始载客运营。1927年,全省通行汽车线路长1300多公里。火车、汽车逐渐取代车船骡马,以铁路、公路为骨架的新交通格局取代以"官道"和河流为网络的旧格局。它不仅促进了商品经济的发展,在政治、文化和社会生活方面也影响深广。

第三节　南京政府时期的政局

一、国民党统治的强化与鄂豫皖革命根据地的斗争

1927年5月底,武汉国民政府北伐军和国民革命军冯玉祥部在郑州、开封会师。6月13日,河南省政府成立,冯玉祥任主席。6月20日蒋介石、冯玉祥在徐州会商,冯玉祥国民革命军改为西北国民革命军。冯玉祥宣布和中国共产党决裂,把军中和地方党员干部"礼送出境"。7月15日,武汉国民党中执会通过《取消共产党案》,河南省党部筹委会通缉共产党员,解散工会、农协,数百人被捕。武汉、南京政府合流,大革命失败。

1928年10月6日,蒋介石委任亲信刘峙为河南省政府主席,河南真正纳入南京国民政府的管辖。刘峙组建各县党部,国民党的统治深入到基层。

冯玉祥像

1929 年,国民党新军阀之间因军队编遣发生矛盾,拉开"中原大战"的序幕。5 月中旬,西北军将领刘郁芬等推冯玉祥为"护党救国军西北路总司令",通电要求蒋介石下野。蒋介石收买西北军将领韩复榘、石友三、刘镇华,冯玉祥损失 10 万大军,西北军退回陕、甘。10 月 9日,西北军将领宋哲元等再次通电拥戴冯玉祥、阎锡山,反对蒋介石。西北军兵分三路进入河南,蒋介石调动五路大军讨伐,西北军主力退回陕西。12 月初,唐生智等在郑州联名通电指责蒋介石制造内战,唐生智就任护党救国军第四路总司令,驻军漯河,被击败。

1930 年 3 月 15 日,西北军、晋军、桂军高级将领 57 人联名通电,拥戴阎锡山为中华民国陆海空军总司令,冯玉祥、张学良、李宗仁为副总司令。4 月 23 日,西北军、晋军进入河南。5 月 11 日,蒋介石组编讨逆军,刘峙第二兵团攻占归德(今商丘),西北军孙良成、吉鸿昌部投入战斗,蒋军退至山东;何成浚第三兵团南北夹攻许昌,西北军反击,蒋军退到漯河以南。8 月,西北军在陇海线发动总攻失利,阎锡山、冯玉祥通电下野。中原大战是近代规模最大的军阀混战,双方投入兵力百万,河南 27 个县沦为战区,58 个县遭受兵灾,因战事死亡 12 万多人,逃亡 118 万多人,拉夫约 130 万,人民的生命财产遭受重大损失。

1931 年 5 月,河南全省编制保甲,组编县保安队,专署设区司令部,省设总司令部。1932 年 8 月,河南省分为 11 个行政督察专区,设督察公署,专员兼任区保安司令。国民党特务组织中统和军统的前身"CC系"和复兴社也在河南建立机构,缉捕杀害共产党员和进步人士。在学校开展"党化教育",强令学生服膺国民党和三民主义,禁止参加社会活动、组织团体、传播新学说,思想统治极严。

大革命失败后,国民党南京政府强化其独裁统治,共产党领导人民继续开展革命斗争,创建了仅次于中央革命根据地的鄂豫皖革命根据地,从这里走出三支主力红军,创造28年红旗不倒的奇迹。

1927年9月,中共河南省委执行党的"八七会议"决议,发动农民武装暴动。10月26日,马尚德(即杨靖宇)、李鸣岐等成立确山农民革命军,遭反动军队"追剿",余部转到信阳四望山。11月下旬,信阳农民军在四望山组建,开辟红色游击区。信阳、确山两支农民军合建"豫南工农革命军",四望山红色区域扩大。1928年2月,革命军主力被打散,余部转入豫东南。

1927年11月中旬,湖北黄安(今红安)、麻城数万农民武装暴动,组成工农革命军鄂东军,后改编为中国工农革命军第七军,开展游击战争。1928年6月,开辟光山县柴山保(今属新县)作为对敌斗争依托。第七军改编为工农红军第十一军三十一师,吴光浩任军长兼师长。1929年5月,吴光浩牺牲,徐向前领导红三十一师粉碎国民党军队三次"会剿",发展到700多人。

1929年,中共商城县委组建秘密武装小组,筹集经费、武器,开展士兵运动,准备起义,但县委机关被破坏。中共豫南特委委托鄂东特委指挥起义,成立商(城)罗(田)麻(城)特别区委和起义总指挥部。5月上旬,解除丁家埠、牛食畈、斑竹园等地民团武装,在斑竹园成立中国工农红军第十一军三十二师,初步形成豫东南革命根据地。9月下旬,中共中央把商城、光山、罗山和黄安、麻

新县中共中央鄂豫皖分局旧址

城、黄陂、罗田、黄冈八县划为鄂豫边特区,年底在光山柴山保成立中共鄂豫边特委和鄂豫边革命委员会,土地革命和政权建设蓬勃展开,根据地进一步巩固发展。同年11月,红三十二师东进皖西,配合当地农民举行六(安)霍(山)起义,起义部队改编为中国工农红军第三十三师,开创皖西革命根据地。

为统一大别山区党和红军的领导,1930年2月下旬,中共中央决定把河南商城、光山、固始、潢川与湖北东北、安徽西部的10多个县划为鄂豫皖边特别区,在这一地区活动的三个红军师合编为中国工农红军第一军。4月,中共鄂豫皖边特委和红一军在箭厂河(今属新县)组建,6月,在光山王湾(今属新县)成立鄂豫皖特区苏维埃政府。11月,国民党军队近10万人对鄂豫皖革命根据地发动首次"围剿"。1931年1月中旬,红一军同鄂东转移来的红十五军在商城长竹园合编为中国工农红军第四军,粉碎了国民党军队的"围剿"。3月,国民党又动用11个师约13万人实行第二次"围剿",红四军和地方武装对敌军侧击、尾击、袭扰,粉碎"围剿"。11月7日,中国工农红军第四方面军正式成立,辖红四军和红二十五军,总兵力近3万人,取得黄安(今红安)、商(城)潢(川)、苏家埠、潢(川)光(山)战役的胜利,歼敌6万多人,红军主力发展到4.5万人,根据地有6座县城,人口350万。1932年6月,国民党在汉口设立豫鄂皖三省"剿匪"总部,集结26个师30多万人进行第三次"围剿"。由于鄂豫皖革命根据地党和红军的主要领导人张国焘盲目轻敌,新集、商城、金家寨相继失守。11月11日,红四方面军主力被迫西征,中共鄂豫皖省委吴焕先等以留下来的部分红军为基础重建红二十五军,恢复部分根据地。1934年11月16日,红二十五军由罗山何家冲出发长征北上。1935年2月,根据地重建鄂豫皖红军第二十八军,高敬亭任政治委员,开展游击战争。

二、艰苦卓绝的全民族抗日战争

1937年7月7日夜,侵华日军炮轰河北宛平县城,驻守卢沟桥的中国军队奋起还击,史称"七七事变"。从此日军开始全面侵华,中国展开全民族抗战。10月,日军猛攻安阳,遭到五十二军关麟征部与三十二军商震部顽强抵抗,11月5日安阳失守。

1. 豫北豫东作战与统一战线的建立

1938年1月17日,南京政府在全国设8个战区,平汉路方面为第一战区,程潜任司令长官兼河南省政府主席。他发表民政、财政、建设、教育4项治豫纲领,实行铲除贪污、肃清土匪、免除苛派、整理征兵、赈济灾民的施政方针,与共产党密切合作,督师御寇。

2月7日,日军从大名(今属河北)南犯,豫北几个县城失守。第十四师团土肥原部沿平汉路南犯宝莲寺,守军万福麟、高树勋部与敌激战四昼夜后撤离,新乡守军宋哲元部未能有效抵抗,豫北沦陷。5月,中日两军在徐州会战,日军南北夹击,第五战区数十万军队向西南转移,日军攻占归德(今商丘)。中国5个军组成豫东兵团,向被围困在兰封(今兰考)一带的日军第十四师团发起总攻击,归德守军与敌激战两日后撤离,日军沿陇海路西进。6月1日,蒋介石在汉口召开军事会议,决定挖开黄河大堤以洪水阻挡日军。新八师800名士兵挖开郑县(今郑州)花园口黄河南岸

郑州花园口黄河堤扒口东口门界碑

堤防,滔滔河水沿贾鲁河东南流,豫、皖、苏三省40多个县市广大地区变成泽国,80多万人死于洪水,上千万人流离失所,日军西进受阻。

豫东、豫北沦陷后,河南省政府迁至镇平,第一战区司令长官部迁至洛阳。日军四个师团沿合(肥)信(阳)公路西犯,图谋切断平汉路,迂回包围武汉。9月2日,日军在固始富金山一线遭到中国第七十一军宋希濂部和第二集团军的顽强阻击。日军逼近潢川,第五十九军张自忠部奋勇杀敌,伤亡惨重,潢川失守。10月12日,日军猛攻信阳,守军顽强抵抗后西撤。

全民族抗战初期中国军队在豫北、豫西、豫南战场英勇作战,消耗了日军力量,打破了侵略者"速战速决"的战略。

1937年7月,在大别山区坚持游击战争的红二十八军政委高敬亭与国民党鄂豫皖边区督办卫立煌达成停战协定。10月,中共中央北方局军委书记朱瑞与第一战区司令长官程潜协商,在新乡建立第十八集团军驻一战区司令长官部联络处。1938年年初,红二十八军和鄂豫边红军游击队改编为国民革命军陆军新编第四军(简称"新四军")第四支队。10月,八路军在洛阳建立"十八集团军驻洛办事处"。中共豫东特委游击三支队与国民党军队联合作战,开辟睢(州)杞(县)太(康)抗日根据地。抗日民族统一战线的建立推动了抗日救亡运动的发展。

2. 日伪的残暴统治和抗日根据地的创建

1937年11月,日军在安阳建立伪河南自治政府,后称省公署。1939年2月,伪省署迁开封,改称省政府,辖沦陷区43个县。伪省府组建伪军,配合日军对抗日根据地进行"扫荡",在沦陷区"清乡""绥靖",推行保甲连坐和"治安强化运动";实行奴化教育,宣扬"中日亲善";大肆进行经济掠夺,侵占农民土地,加征田赋苛捐杂税,侵占工矿,垄断商业金融。

全民族抗战开始后,中国共产党在敌后发动独立自主的游击战争,建立抗日民主根据地。豫南红军游击队改编为新四军第四支队第八团,开赴敌后抗日。中共河南省委和中共中央中原局设在确山竹沟,4000多名抗日健儿先后从此奔赴各地,发展为新四军第二师(一部)、第四师、第五师,开辟豫皖苏、鄂豫皖等抗日民主根据地。

1938年10月,彭雪枫率新四军游击支队东进西华,与豫东抗日武装合编,在豫皖苏平原开展游击战争,初步形成豫皖苏抗日根据地。"皖南事变"后,八路军第四纵队改编为新四军第四师,彭雪枫任师长。1939年年初,李先念率新四军独立游击大队挺进豫鄂边区,与当地抗日武装整编为新四军豫鄂独立游击支队。1941年年初,改编为新四军第五师,豫鄂边根据地扩大。

1937年冬,八路军一二九师进入太行、太岳山区。1938年4月,八路军粉碎日军对晋东南地区的围攻,奠定晋冀豫抗日根据地的基础。1939年夏,在新乡、内黄、滑县一带消灭大批伪军,晋冀鲁豫抗日根据地初具规模。1941年7月,晋冀鲁豫边区抗日民主政府成立,开展生产运动和游击战争,根据地日益巩固扩大。

3. 国民党制造摩擦与大片国土沦陷

1938年10月,武汉失守,抗日战争进入相持阶段。国民党政府重新划分战区,第一战区辖河南及安徽一部,卫立煌任司令长官;第五战区辖皖西、鄂北、豫南,李宗仁任司令长官。1939年9月,卫立煌兼任河南省政府主席,省政府由南阳迁至洛阳。1940年5月,日军发动豫西南战役,第五战区军队同日军激战,收复四县。1941年1月下旬,日军7个师团发动豫南战役,第五战区五个军在驻马店一线重创日军。

1939年1月,国民党在重庆召开五届五中全会,确定了"溶共、防共、限共、反共"的方针。国民党军队不断制造摩擦,进攻八路军、新四军。1939年夏秋,国民党顽固派在豫南制造摩擦,中共中央中原局撤离竹沟。11月11日,汤恩伯指使少将参议耿明轩指挥三县常备队,突然袭击新四军第四支队第八团留守处和中共河南省委所在地竹沟镇,杀害新四军伤病员、家属和群众200多人。1942年8月,组成"河南省党政军伏牛山区工作团",三个行动组分驻卢氏、南召、南阳,逮捕中共党员和进步人士100多人。国民党军队制造"南召惨案",抓捕300多人。

1942年,河南发生严重旱灾和蝗灾。1943年,豫东黄河新堤溃决。国民党军队汤恩伯部祸害百姓。河南人民深受"水、旱、蝗、汤"之苦,饿死、逃亡各300万人。

1944年4月,日军发动打通平汉铁路的河南战役。4月18日,日军从中牟渡过黄泛区向西向南进犯,荥阳、密县(今新密)、虎牢关失守,驻守郑县(今郑州)的第八十五军撤离。日军一部沿平汉线南下,一部沿陇海线西上,汤恩伯组织三个军反攻未能奏效。5月9日,南下日军与从信阳北犯日军在驻马店会师,平汉线打通。山西垣曲之敌渡河沿陇海路东犯,孟津之敌从北面进攻,洛阳陷落。蒋鼎文、汤恩伯部在日军追击下溃不成军,丢失37座城镇,豫中、豫西大片国土沦陷。

4. 抗日战争的胜利

1944年,抗日战争进入反攻阶段。7月下旬,八路军、新四军先后派部队进军河南。9月,王树声率军进入豫西,开辟嵩山、箕山与新安、渑池南北地区的根据地。皮定均、徐子荣率八路军豫西抗日先遣支队同敌作战130多次,解放人口100多万。豫西军民粉碎日军多次"扫荡",建立20个县300多万人口的抗日根据地。晋冀鲁豫八路军攻克林县(今林州)、清丰等11座县城,毙伤俘日伪军7万多人,收复国土6万多平方公里。8月,新四军第四师主力由淮北西进,恢复豫皖苏边区根据地。第五师豫南游击兵团挺进豫南敌后,开辟汝南、竹沟、信阳等抗日根据地。局部反攻为夺取抗战的最后胜利创造了条件。

1945年春,八路军、新四军展开更加猛烈的攻势。八路军冀鲁豫边区一部南下,开辟水西和水东根据地。4月,太岳军区发动第二次豫北战役,解放人口80万,建立沁阳、济源、孟县(今孟州)抗日政权。新四军第四师主力在冀鲁豫八路军的配合下,在永城、夏邑一带歼灭日伪顽军1万多人,基本恢复豫皖苏根据地。7月,新四军第五师组成豫南游击兵团收复信阳四望山,恢复信南抗日根据地。晋冀鲁豫八路军先后在豫北发动道清、豫北、南乐、安阳战役,毙伤俘日伪军1.8万余人。8月10日,朱德总司令发布大反攻的命令,各解放区迅速行动。八路军冀鲁豫、太行、太岳、河南四军区部队和新四军第四、五师全力出击,收复延津、通许等37座县城和大片国土。15日,日本宣布无条件投降,抗日战争取得胜利。

全民族抗战持续8年,河南省先后有100多座城镇沦入敌手或一度被占领,日军实行灭绝人寰的“三光”(烧光、杀光、抢光)政策,给河南人民带来深重灾难。日军占领浚县,在一天之内4000多名百姓死于屠刀之下,数百名妇女被奸杀。1941年,日军对冀鲁豫中心区进行大“扫荡”,3天内群众被杀2307人、伤1867人、失踪263人。日本侵略者对河南人民犯下的罪行罄竹难书。

三、摧枯拉朽的人民解放战争

日本投降后,以蒋介石为首的国民党政府发动内战,妄图消灭共产党领导的人民军队,重建独裁统治。共产党在和谈无效的情况下领导人民进行解放战争,推翻国民党的反动统治。

1. 国民党军队的进攻与解放区的巩固发展

1945年8月中旬,国民党军胡宗南部由西安东进,占领洛阳和嵩山周围各县及辉县、安阳等地;刘峙部由南阳向郑州、开封推进,河南省政府由卢氏迁回开封。

位于大别山的中原解放区原为新四军第五师建立的抗日根据地,抗战胜利时面积达15万平方公里,到1945年10月大部分已被国民党军队占领。国民党、共产党停战协定公布后,国民党军队仍然发动进攻,新四军被挤压在纵横不足百里的地区。1946年6月26日,蒋介石发动全面内战,刘峙指挥10个整编师约30万人进攻中原解放区,区内部队奉命进行战略转移。

国民党军队又部署进攻晋冀鲁豫解放区,郑州绥靖公署整编旅驻守开封、商丘间,阻止解放军南下;第十一战区12个整编旅屯驻安阳、汤阴、新乡及道清铁路沿线,配合进攻豫北解放区。晋冀鲁豫解放军进行反击,发动陇海战役和滑县战役,歼灭国民党军队2.8万人。1947年1月24日,刘伯承、邓小平指挥晋冀鲁豫野战军南北两路出击,克柘城、太康、鹿邑、杞县和山东定陶等地。蒋介石调一个军、两个师开赴陇海路兰封(今兰考)至商丘段,图谋歼灭晋冀鲁豫解放军。2月11日夜,晋冀鲁豫野战军向国民党军整编第八十五师发起攻击,歼灭1.6万人,收复豫东陇海路南北广大地区。

1946年11月8日,中共豫皖苏区党委和豫皖苏军区成立。1947年年初,国民党军队对豫皖苏解放区进行"清剿",军区主力部队进行外线作战,各军分区在内线作战,至5月中旬,攻克尉氏、扶沟等9座县城,解放区面积扩大近1倍,武装力量扩大3倍。

1947年3月,国民党军队重点进攻陕北和山东解放区。为配合陕北、山东战场解放军的作战,晋冀鲁豫军区发动豫北攻势,调集60个团约10万人参战,歼灭国民党军队4.5万人,打破了国民党军队在豫北的防御体系。

2. 三路大军进攻河南

解放军经过一年作战,由战略防御转入战略进攻。刘邓大军千里跃进大别山,揭开人民解放军战略进攻的序幕,陈谢兵团南下豫西,陈粟大军转战豫东,战果辉煌。

1947年6月30日夜,刘伯承、邓小平指挥晋冀鲁豫野战军四个纵队发起鲁西南战役,歼灭国民党军5.6万人。蒋介石抽调11个整编师增援,妄图分进合击,迫使解放军背水决战。中共中央军委电示刘邓大军直插大别山,建立根据地。8月7日夜,刘邓大军分三路南下,通过黄泛区,强渡淮河,进入大别山。到11月下旬,歼灭国民党军2万多人,建立33个县级民主政权,恢复并扩大了中原解放区。

刘邓大军主力向大别山挺进,调动国民党军队20多个旅追击;西北野战军发动榆林、沙家店战役,把国民党军胡宗南部主力吸引在陕北、豫西、陕南防务空虚。中共中央军委指示晋冀鲁豫野战军太岳兵团挺进豫西,创建根据地。8月22日,陈赓、谢富治率领太岳兵团10个旅在垣曲、济源间南渡黄河。到11月下旬,解放豫西和豫陕边区36座县城,建立43个县级民主政权,开辟豫鄂陕根据地。

为配合刘邓大军在大别山区的作战,9月26日,陈毅、粟裕率5个纵队南下豫皖苏平原,攻克夏邑、永城等24座县城。豫皖苏解放区扩大,开封、郑州被孤立。

刘邓大军、陈粟大军、陈谢大军在江、淮、河、汉之间形成的“品”字形态势,对国民党的统治构成很大威胁。11月下旬,国民党军队成立“九江指挥部”,由白崇禧指挥进攻中原解放区。为打破敌军的围攻,刘邓大军兵分三部:一部就地战斗,一部西进桐柏、江汉地区,一部直插淮西。内线部队收复县城10多座;西进部队解放桐柏、唐河、泌阳、新野等县城;淮西部队解放项城、上蔡、正阳、汝南,大别山与豫皖苏两个解放区连成一片。

为配合大别山作战,陈粟、陈谢两部对平汉、陇海线进行破击战,攻克许昌、漯河等城镇,切断平汉、陇海路,迫使国民党军两个整编师北援,在西平以南歼灭国民党军第五兵团总部及整编第三师,把整编第二十师围困在确山。国民党军队被迫从大别山区抽调两个整编师和两个整编旅驰援,对大别山区的"围剿"被粉碎。12月底,刘邓、陈粟、陈谢三路大军在确山附近胜利会师。至1947年冬,进抵中原地区的解放军共歼灭国民党军19.5万人,解放100座城市,创立新的中原解放区。

3. 国民党中原防御体系的崩溃

1948年年初,国民党军队在中原战场由全面防御变为分区防御,以8个绥靖区的兵力担任战略要点的防守,主力组成张轸兵团、邱清泉兵团、区寿年兵团、黄百韬兵团,加上胡琏的整编第十八军、孙元良的整编第四十七军,作为机动兵力,"迫剿"华东、中原解放军。为打破国民党军的中原防御体系,3月14日,华东野战军陈士榘、唐亮兵团和中原野战军陈赓、谢富治兵团联合攻克洛阳,然后撤离。4月5日,陈谢兵团再克洛阳,洛阳解放。

5月30日,粟裕率领华东野战军5个纵队南渡黄河,与陈谢兵团

永城陈官庄淮海战役英雄纪念碑

会合,发动豫东战役。6月22日攻克开封。蒋介石急调3个兵团和一个整编军进行反扑,解放军主动撤离。华东野战军、中原野战军配合作战,把敌军分割、隔离。7月2日,歼灭区寿年兵团司令部及整编第七十五师,黄百韬兵团由徐州西援。华东野战军部分兵力继续包围区寿年兵团七十二师,主力东向迎击黄百韬兵团。国民党军队在豫东战役中损失5万多人,中原防御体系被粉碎。

11月6日,解放军发起淮海战役。华东野战军和中原野战军配合作战,在徐州东围歼国民党军黄百韬兵团,在宿县(今安徽宿州)西南包围由确山东援之敌黄维兵团。11月30日,杜聿明率领邱清泉、李弥、孙元良三个兵团约30万人向永城方向逃窜。12月4日,华东野战军把杜聿明集团包围在永城陈官庄,孙元良兵团在永城火神店被歼。1949年1月6日,解放军发起总攻,全歼邱清泉兵团、李弥兵团,生俘杜聿明,淮海战役胜利结束。

解放军在中原战场的战略进攻沉重打击了国民党的军事力量,摧毁了国民党地方政权,建立了中原解放区。到1948年5月,中原解放区已建立豫皖苏、鄂豫、豫西、桐柏等7个行政公署。10月24日解放开封,国民党在河南的统治彻底崩溃。

第四节 南京政府时期的经济

一、农业持续衰退与农产品商品化的发展

1937年河南全省总人口为3429.3万,1942年发生大灾荒减到2297.9万,1947年恢复到2921.8万。1928年全省耕地约421万公顷,1949年增长到733公顷。地主、富农和中贫农所占的份额分别为30%、

17%和53%。地主占有的耕地大部分租给农民耕种,经营地主和富农主要是用雇工或用半雇半佃的分益工经营土地。城镇附近的农民也出租土地,自己成为小贩或从事副业。雇农人数众多,佃农和租佃地主不断增加,是农村半封建半资本主义因素增长的又一征象。大多数农民在牲口、农具、肥料方面投入不足,加上水利设施被破坏,生态环境恶化,自然灾害频繁,粮食产量在减少。1945年,全省平均亩产不过40多公斤,农业生产衰退。

随着棉花需求量增大和价格上涨,农民相率种棉。1928年,全省棉花种植面积约10万公顷,1937年增加到62万公顷。1936年,全省棉花总产量10250吨,约半数进入市场。20世纪30年代,许昌、襄城一带约1/4—2/5的耕地种植烟草。1938年,全省烟草栽培面积6.73万公顷,总产量56000吨。油料作物也有发展。1931—1935年,全省花生年平均种植26万公顷,年产226500吨,在全国居第二位。1931—1937年,全省年平均芝麻种植面积39万公顷,总产量233000吨,种植面积和总产量居全国首位。1931—1935年,大豆年平均种植面积60.22万公顷,总产约550000吨,种植面积和产量仅次于东北、河北和山东。商品性农业生产比重进一步增大,传统自然经济继续瓦解,农业近代化的步伐加快。

二、工矿业与手工业的缓慢发展

南京政府采取了一些有利于民族资本主义企业发展的措施。1936年,河南全省规模较大的工厂122家,煤矿44处,近代工矿业发展到高峰。抗战时期沦陷区10家大中型煤矿公司和广益、华新等纺纱厂被侵略者霸占。抗战胜利后国民党发动内战,河南工业陷入破产境地,号称发达的棉纺业在全国的地位一落千丈,煤产量也急剧下降,成为全国工业落后的省份。

20世纪30年代发生世界经济危机，"洋布"因价格下降而取代土布，河南开办多家棉织厂。抗战时期输入市场的"洋纱""洋布"减少，手工纺织行业复苏和发展。1936年，河南全省有烟厂34家，卷烟机109台。国民党统治区因货物输入剧减，卷烟、织布、织绸工厂陆续开办。手工卷烟业发展很快，全省60多个县有较大烟厂700余家，年产卷烟22万箱，占领后方各省近80%的市场。纺织工场作坊多有开办，产品"几垄断后方之全部市场"。抗战胜利后美国货垄断市场，卷烟、纺织厂十之八九歇业，手工业生产陷入低谷。

这一时期河南民族工矿业门类不全，规模小，资本有机构成低，技术装备差，发展困难。

三、商业和交通运输的变化

南京政府时期河南的商业，以1937年全民族抗日战争开始为界，前后有较大变化。全民族抗战前河南近代商业继续发展，农产品商品化，很多商人经营"洋货"或向外埠、外国供应工业原料。开封市民日用所需十之六七为舶来品，煤油、香烟、染料、"洋纱"等遍及全省。抗战期间沦陷区遭受侵略者的严重破坏和掠夺，商业几近停歇。国民党统治区物资封锁，走私盛行。1939年，河南省设立战时贸易委员会，办理产品运销，调节供求。1942年改为省贸易公司，盐、糖、火柴、香烟实行专卖，一些生活必需品实行限价。抗战结束后内战爆发，国民党政府征收苛捐杂税和无端勒索，官僚豪绅欺行霸市，通货膨胀，商业跌入低谷。

旧式金融业被银行所取代。1928年3月，河南农工银行在开封成立。1931年6月,上海中央银行在郑州、开封和洛阳设立分支。1935年,豫鄂皖赣四省农民银行改组为中国农民银行,在潢川、开封、洛阳等地设立分支。中国银行和交通银行也在河南设立分支。南京政府通令所有完粮纳税及一切公私款项收付概用法币。20世纪40年代,银行滥发纸币,通货膨胀严重。

1929年6月,成立河南省公路局,管理全省道路修护和汽车运营,省内公路里程增加,汽车运输发展。至1932年年底,陇海铁路河南境内段通车,客货运输量增加。至1937年,全省公路通车里程达5700公里,营运线路2800公里,初步形成以省会开封为中心的公路交通网。抗战时期国民党统治区开通以洛阳为中心的多条线路,抗战胜利后全省公路运输恢复。

第五节 新文化的发展

一、新文化运动的冲击与马克思主义的传播

1915年9月,陈独秀和李大钊等发起新文化运动,提倡民主和科学,反对封建礼教,提倡新文学和白话文。汲县(今卫辉)人嵇文甫、唐河人冯友兰等从北京回到河南,宣传新文化,《心声》《青年》《新河南》《女权》和《新中州报》等新报刊相继创办。《新青年》《每周评论》等进步刊物在河南发行,青年学生心智逐渐开启,思想逐渐解放。他们反对封建礼教和包办婚姻,主张男女平等、婚姻自由;批判尊孔读经,呼吁教育改革。新文化运动的春风吹进河南省,对人们的思想意识、政治理念产生深刻影响。

唐河人郭须静在天津北洋法政专门学校读书时与李大钊共同编

辑《言治》月刊,在北京大学时也与李大钊密切交往,1920年发表译文《理想家的社会主义》。1924年,中州大学进步学生吴芝圃、张海峰、马沛毅等发起成立研究马克思主义的团体——河南社会科学研究会。1926年,嵇文甫到苏联莫斯科中山大学学习马克思列宁主义,回国后坚持以马克思主义的基本原理进行教学和学术活动。《中州评论》大量发表宣传马克思主义的文章。马克思主义在河南迅速传播。

二、现代学术的萌生

随着西学和马克思主义的传入,河南一些学者开始用新观点新方法研究学术,在哲学、史学、语言文字学、考古与甲骨学领域取得很大进展,现代学术萌生和发展。

河南学者开始接触西方哲学,在中国古代哲学和哲学史领域取得显著成绩。兰封(今兰考)人傅铜曾赴英国留学,师从著名哲学家伯特兰·罗素,回国后执教北京大学等高校,主办《哲学》《人生评论》等刊物。冯友兰赴美国哥伦比亚大学研究院攻读西方哲学,回国后曾执教中州大学、清华大学哲学系,著《人生哲学》《中国哲学史》和《贞元六书》。嵇文甫曾执教北京大学、河南大学,著《十七世纪中国思想史概论》《先秦诸子政治社会思想述要》《左派王学》《晚明思想史论》。内黄人赵纪彬曾执教东北大学、山东大

冯友兰像

学,著《中国哲学史纲要》《中国知行学说简史》等。邓州人魏明经著《朱子哲学》《理学新诂》《中国古代学术源流的诸子哲学》等。

河南学者采用西方史学理论和方法研究中国史,在上古史、蒙元史、明清史、民族史、近代史诸领域取得骄人的成果。唐河人徐旭生曾赴法国巴黎大学留学,后任北京大学教务长,著《中国古史的传说时代》。滑县人刘燿(又名尹达)供职中央研究院历史语言研究所,率先用马克思主义原理研究中国史前社会,著《中国原始社会》。襄城人姚从吾留学德国攻读蒙古史,回国后任北京大学教授、河南大学校长,在中国边疆史、蒙古史研究方面有开拓性成果。舞阳人韩儒林赴欧洲攻读欧洲史、蒙古史,回国后执教燕京大学、中央大学,发表《成吉思汗十三翼考》《蒙古答剌罕考》等。安阳人谢国桢曾在清华大学国学研究院攻读明清史,其《明清之际党社运动考》是对晚明史开创性的研究。开封人白寿彝曾在燕京大学国学研究院攻读中国哲学史,后执教云南大学、中央大学,著《中国回民小史》《中国伊斯兰史纲要》,对回族和伊斯兰教史研究有开创之功。舞阳人郭廷以曾执教清华大学、河南大学,著《太平天国历法考订》《郭嵩焘先生年谱》《近代中国史纲》等。

邓州人丁声树在中央研究院历史语言研究所从事古汉语典型字词和音韵研究,曾赴湖北、四川调查方言,参编《湖北方言调查报告》。巩县(今巩义)人赵荫棠执教北京大学、辅仁大学,著《中原音韵研究》《等韵源流》。滑县人于安澜执教河南大学,著《汉魏六朝韵谱》。西平人陈介白主修中国语言学,著《修辞学》。

1921年,北洋政府农商部矿业顾问、瑞典地质学家安特生和中国学者袁复礼等对渑池仰韶村遗址进行发掘,开启中国现代考古学的序幕。1928—1937年,中央研究院历史语言研究所考古队对安阳殷墟进行15次发掘,揭露宫殿、宗庙建筑基址53座,出土10多万片刻字甲骨和大量青铜器、玉器、石器和陶器。上述发掘,尤其是安阳殷墟的发掘,建立起一套科学的考古发掘方法,使中国考古成为一门新学科。同时,河南也出现一些文物考古学家。例如南阳人郭宝钧参加安阳殷墟首次发掘,又主持浚县辛村卫国墓地、辉县琉璃阁和汲县山彪镇遗址考古发掘。河南博物馆馆长关百益和河南古迹研究会主任委员张嘉谋关于金石、文物、考古著作颇多。

1899年前后,安阳县小屯村农民常在田间发现龟甲兽骨,作为药材出售。国子监祭酒、山东福山人王懿荣认定甲骨上的刻画是一种古老的文字,此后甲骨文整理研究逐渐成为一种专门的学问——甲骨学。民国时期,关于甲骨文的研究著作相继出版,罗振玉有《殷墟书契》前后编、《殷墟书契菁华》、《殷商贞卜文字考》和《殷墟书契考释》等。王国维把甲骨文资料用于历史研究,撰写《殷卜辞中所见先公先王考》等;郭沫若著《甲骨文字研究》《卜辞通纂》《殷墟粹编》,为甲骨文的编纂整理创立一个科学体系,其《卜辞所见殷代社会》开辟商史研究新途径。河南学者也为甲骨学作出重要贡献。南阳人董作宾多次主持殷墟发掘,著《甲骨文断代研究例》,提出甲骨文分期的10个标准,使甲骨文研究走上全新道路,又著《殷历谱》及《殷墟文字甲编》《殷墟文字乙编》,是与罗振玉、王国维、郭沫若齐名的甲骨学者。偃师人石璋如长期从事殷墟考古发掘与研究,著《第七次殷墟发掘报告》等,是著名考古学和甲骨学家。潢川人孙海波选已著录出版的甲骨文摹拓本,收单字2116个,称《甲骨文编》。湖南醴陵人朱芳圃执教河南大学,著有《甲骨学文字编》《甲骨学商史编》。

三、新文学的兴起

新文化运动以后,河南涌现一批文学家,在诗歌、小说、报告文学、戏剧领域成果丰硕。

鲁山人徐玉诺的诗集《将来之花园》《雪潮》鞭挞黑暗的社会现实,反映人民的苦难。西平人于赓虞抗战期间执教西北大学、河南大学,诗作《晨曦之前》《落花梦》表现反帝反封建的内容。睢县人苏金伞的诗集《无弦琴》讴歌中原儿女反抗日本侵略的斗争精神,《地层下》《窗外》朴实自然,清新隽永。唐河人李季的长诗《王贵与李香香》影响很大。

唐河人冯沅君在北京读书时的短篇小说集《卷葹》《春痕》《劫灰》,表达对封建传统的激愤和反抗;信阳人尚钺有小说集《斧背》《病》《伏法的巨盗》,暴露人民的苦难;邓州人姚雪垠的小说《长夜》反映军阀混战中豫西农村的状况;杞县人师陀(王继增)的小说《结婚》《谷》讴歌抗日军民的献身精神和英雄气概。清丰人丰村(冯叶莘)的小说《大地的城》表现冀南人民的反军阀斗争。卫辉人刘知侠以长篇小说《铁道游击队》著名。太康人曾克(曾佩兰)先后发表《战斗的心曲》《铁树开了花》,出版小说集《新人》、散文集《挺进大别山》。

荥阳人李蕤(赵悔深)的报告文学集《豫灾剪影》,反映1942年严重旱灾给农民带来的苦难。信阳人赵青阁创作反映太湖抗日游击队斗争的话剧《女杰》,激励抗日的《潇湘淑女》。

民国时期河南学者在中国古典文学、戏剧和文学史的研究方面有许多成果。冯沅君与丈夫陆侃如合著《中国诗史》《中国文学史简编》,自著《南戏拾遗》《古剧四考》《张玉田年谱》《古优解》《孤本元明杂剧题记》《古剧说汇》等。南召人任访秋著《中国现代文学史》(上)、《中国文学史散

论》,汲县(今卫辉)人段凌辰所著《中国文学概论》列入民国丛书。

四、艺术的发展

民国时期,河南戏曲快速发展,绘画在继承国画传统的基础上引入西方油画和水彩画。

河南地方戏主要有豫剧、曲剧和越调。豫剧原称"河南梆子",民国初年渐风靡城乡,20年代末30年代初进入新阶段:出现以生、旦为

主的戏,声腔由以男角为主向以女角为主转变,伴奏乐器由弦子为主变为以板胡为主,豫东调和豫西调逐渐形成。著名演员有陈素真、司凤英、常香玉、阎立品、马金凤等。遂平人樊粹庭1935年在开封创办"豫声剧院",致力豫剧改革,注重培养演员,使豫剧艺术出现新的飞跃,被誉为"中国现代豫剧的开山祖"。曲剧原称"河南曲子",20世纪30年代迅速发展,形成南阳曲子和洛阳曲子,唱腔以真嗓为主,唱调柔和,朴实自然,婉转轻快,

樊粹庭像

抒情性强,生活气息浓烈。越调清末民初进入全盛阶段,演员分为生、旦、净、丑,伴奏以四股弦、短杆坠胡为主,音乐逐渐演化为板式变化体。

曲艺主要有河南坠子、河洛大鼓、大调曲子、三弦书和评书等。民间器乐分为鼓吹乐、弦索乐两大类。鼓吹乐以吹管乐器唢呐、管子或笛子为主,配合弦乐器、打击乐器合奏;弦索乐全用弦乐器合奏。鼓吹乐中的十盘音乐和弦索乐中的板头曲最具特色。1930年,商城人王霁

初筹建红日剧团,利用大别山民间的传统曲调加工整编,创作《八月桂花遍地开》《十二月宣传歌》《送郎当红军》等革命歌曲和新剧目。

民国时期河南书法好尚者仍多。许均书宗魏碑,是中原有代表性的书法家。开封人靳志书擅章草,风格典雅古秀;关百益擅行、楷、隶书,风格雄厚质朴。徙居郑州的咸阳人唐玉瑞书法专攻颜体,博采众长;绘画清新秀逸,设色淡雅。画家开始学习油画和水彩画,融合国画与西洋画技法。信阳人吴新吾赴法国巴黎美院学油画、雕塑,回国后执教北京国立美专,作品有《旗装妇女肖像》《巴黎风景》《北京风光》《雨》《青龙英雄》等,居北方油画界之首。内黄人李剑晨(李汝骅)赴英国伦敦大学、法国巴黎库拉西美院研习水彩画与雕塑,后任重庆国立美专西画系主任,其水彩画继承英国写实传统结合中国色彩,风格独特。巩县人谢瑞阶上海美专西洋画系毕业,早年以油画、水彩画为主,后学国画,《朗吟飞过洞庭湖》入选全国美展。新蔡人李丁陇曾到敦煌莫高窟临摹壁画,创作长卷《极乐世界图》《赣江行迹图》,连环画《二万五千里长征》。

五、科学技术的新进展

民国时期河南许多青年学生出国攻读自然科学,回国后在各自的领域取得显著成就。

物理化学方面。项城人袁家骝曾任美国布鲁克海文国家实验室高级研究员,设计建造了当时世界上能量最高的质子加速器。舞阳人高济宇曾任中央大学化学系主任,中国化学会总干事,致力于二酮及其衍生物合成、性质、反映的系统研究。洛宁人李俊甫曾赴美国加州伊利诺茨大学和康奈尔大学研究班留学,后执教北平师范大学,主要从事溶液理论研究。

生物学方面。开封人秉志留学美国康奈尔大学,回国创办中国科学社生物研究所和中国第一个生物系,是中国近代动物学的奠基人之一。临颍人方心芳曾在比利时鲁文大学酿造专修科学习,在菌种开发和保藏研究方面造诣颇深,是中国微生物学的开拓者。王鸣岐留学美国,回国执教河南大学,是植物病毒学研究泰斗。开封人张震东赴法国攻读生物学,对中国养鱼业贡献很大。西华人王陵南留学美国,后执教中州大学,在生物遗传、昆虫学方面成就显著。

地质学方面。唐河人冯景兰赴美国哥伦比亚大学攻读矿床、岩石、地质学,回国后任清华大学地质系主任,著《两广地质概要》。荥阳人高振西任中央研究院地质研究所研究员,是前寒武纪地层和震旦层地质研究的开拓者。濮阳人孙健初是玉门油矿的奠基人。

医学方面。新野人鲁斐然赴德国慕尼黑明星大学攻读病理学,回国后执教河南大学。巩义人张静吾入德国哥廷根大学学习临床医学,后任河南大学医学院院长。孟津人高云峰随丈夫骨科名医郭灿若学医,是郭氏正骨法的传承人。

建筑学方面。南阳人杨廷宝留学美国宾夕法尼亚大学建筑系,曾主持天坛祈年殿等古建筑修缮工程和多所高校总体建筑设计规划。

民国时期河南的生产技术也在不断进步。西方水利技术引进,治河方略和技术发生明显变化。在陕县(今三门峡)设立水文站,在沁河流域设立雨量站,河防工程开始进行水工模型试验,采用欧美的"沉排"成法修筑坝垛的根基。唐河人郭须静,1919年赴法国巴黎凡尔赛园艺专门学校专攻园艺,1924年回国,带回法国名产香蕉、苹果和玫瑰、葡萄接穗、插条,在开封嫁接引种成功。

六、现代教育曲折发展

20世纪30年代,河南学校教育有所发展。1935年,全省有师范学校97所,学生13367人;中学116所,学生21839人。豫北、豫东沦陷后大部分学校西迁伏牛山区,教育遭受空前浩劫。抗战胜利后学校搬回原址。到1946年年底,全省有中学425所,在校生56590人。中国共产党领导的革命根据地也创办各种学校,解放战争时期中原解放区创办了中原大学。

河南大学的前身是1912年创办的河南留学欧美预备学校,1922年改建为中州大学。1927年中州大学和法政、农业专门学校合并组建开封中山大学。1930年更名省立河南大学,设文、理、农、法、医5个学院,成为颇有声誉的综合大学。抗战时期播迁信阳鸡公山、镇平、嵩县和陕西宝鸡,抗战胜利后迁回开封。1948年设文、理、法、医、农、

国立河南大学校门

工6个学院,学生2150多名。及解放军进逼开封,师生一部分进入解放区,一部分辗转江苏苏州。1949年5月,河南省人民政府在开封重建河南大学,将苏州的6个学院1200多名师生接回,开展教学。

民国初年,英商福公司开办焦作路矿学堂。1915年更名河南福中矿务学校,1921年改为福中矿务大学,1931年定名私立焦作工学院,设采矿冶金和土木工程两个学科,是我国较早的矿业高等学校之一。1937年"七七事变"后,迁陕西西安,再迁甘肃天水。1938年焦作工学院和三所工学院合并改组为国立西北工学院,迁陕西城固。1946年夏,焦作工学院独立,迁回洛阳关林复校招生,设采矿、冶金、机械三系。1948年秋,焦作工学院师生一度被国民党河南省教育厅诱迫南迁江苏苏州。

中国共产党成立

马克思主义在中国的传播和一批确立了马克思主义信仰的先进分子的出现,为中国成立共产党组织准备了思想和干部条件。1920年3—5月,李大钊和陈独秀分别在北京和上海成立马克思主义的研究团体,8—10月,上海和北京分别成立了共产党早期组织。至1921年6月,全国已有50多名党员。

1921年7月,中国共产党第一次全国代表大会在上海法租界望志路106号(今兴业路76号)举行。上海的李达、李汉俊,北京的张国焘、刘仁静,长沙的毛泽东、何叔衡,武汉的董必武、陈潭秋,济南的王尽美、邓恩铭,广州的陈公博,旅日的周佛海;包惠僧受陈独秀派遣,出席会议。共产国际代表马林、尼克尔斯基出席了会议。由于会场受到暗探注意和法租界巡捕搜查,最后一天的会议转移到浙江嘉兴南湖的游船上举行。党的一大确定了党的名称,通过了第一个党的纲领,成立了以陈独秀为书记的中央局。

中国共产党的成立是近代中国历史发展的必然产物。中国共产党是工人阶级的政党,代表着整个中国人民和中华民族的利益。它从一开始就坚持以马克思主义为行动指南,始终把为中国人民谋幸福、为中华民族谋复兴作为初心和使命。中国共产党的创建是中华民族发展史上开天辟地的事变,具有伟大而深远的意义。

1. 新文化运动

中华民国初年,封建思想成为扼杀民族生机、束缚人民思想的精神罗网。为了冲破这种罗网,1915年9月,陈独秀在上海创办《青年杂志》,后改称《新青年》,迁北京出版。在《新青年》的影响下,形成了一个有历史意义的文化思想运动。

《新青年》的作者们针对当时的复古尊孔反动思潮进行了勇猛的斗争。他们举起民主和科学的旗帜,主张用民主取代专制,用科学扫荡迷信,以"救治中国政治上、道德上、学术上、思想上一切的黑暗"。他们指出三纲五常、忠孝节义的封建教条与"今世之社会国家"根本不相容,掀起了"打倒孔家店"的潮流。他们提倡独立思考,反对做习惯势力的奴隶,要求从封建传统束缚下解放人的个性与才能,使其能得到自由的发展。他们提倡用白话文代替文言文,在"文学革命"的口号下提倡新文学。

新文化运动为社会主义思潮的传播开辟了道路,开始了马克思主义在中国传播的历史。

2. 大别山精神

"巍巍大别山,矗立江淮间。东西瞰平原,雄踞鄂豫皖。"

大别山是一座革命的山、红色的山、英雄的山。在漫长的革命历程中,大别山区军民浴血奋战,创造28年红旗不倒的奇迹,为中国革命的胜利和新中国的诞生建立了伟大功勋。

1927年大革命失败后,共产党领导人民继续开展革命斗争,在大别山创建了仅次于中央革命根据地的鄂豫皖革命根据地,从这里走出三支主力红军、239位开国将军。这里被誉为"红军的摇篮""将军的故乡";这里又是中国敌后抗战的"模范区",曾出现过国共合作、全面抗战的大好局面;这里也是刘邓大军千里挺进之地,揭开了人民解放军战略反攻的序幕;这里还是解放军渡江作战的前进基地和渡江后的巩固后方。

大别山是中国革命的重要策源地,人民军队的重要发源地,是新民主主义走向全国胜利的战略转折地。大别山人民始终高举红色旗帜,先后有200多万人参军参战,36万人英勇牺牲,用鲜血和生命铸就了光耀千古的大别山精神:坚守信念,胸怀全局,团结奋进,勇当先锋。2019年习近平总书记在河南考察时强调,鄂豫皖革命根据地是我们党的重要建党基地,焦裕禄精神、红旗渠精神、大别山精神等都是我们党的宝贵精神财富。

伟业传千古,精神励后人。弥足珍贵的大别山精神永远激励着我们,为实现中华民族的伟大复兴而不懈奋斗!

第十一章 中华人民共和国时期

人民民主政权的建立和向社会主义过渡

社会主义建设事业的曲折发展

『文化大革命』的十年内乱

改革开放和社会主义建设新时期

中国特色社会主义新时代

文化的辉煌成就

把马克思主义的普遍真理同我国的具体实际结合起来，走自己的路，建设有中国特色的社会主义。

——邓小平

实现中华民族伟大复兴，就是中华民族近代以来最伟大的梦想。这个梦想，凝聚了几代中国人的夙愿，体现了中华民族和中国人民的整体利益，是每一个中华儿女的共同期盼。

——习近平

从1949年中华人民共和国成立至今,新中国走过了70多年的历程,它大体可以分为三个时期:1949—1978年是社会主义革命和建设时期,社会主义制度建立,社会主义建设事业曲折发展;1978—2012年是改革开放和社会主义现代化建设新时期,成功开创了中国特色社会主义;2012年党的十八大以来,中国特色社会主义进入新时代,创立了习近平新时代中国特色社会主义思想,实现了第一个百年奋斗目标。中国人民在中国共产党开创的中国特色社会主义道路上奋勇前进,不断深化改革开放,全面建成小康社会,又开启实现第二个百年奋斗目标新征程。

70多年来,亿万河南人民在党中央和中央政府的领导下砥砺前行,各项事业取得了前所未有的巨大成就。

第一节 人民民主政权的建立
和向社会主义过渡

1949—1953年是人民民主政权建立和巩固的时期。河南省和平原省开展土地改革与镇压反革命、抗美援朝运动,以稳定社会秩序,恢复发展生产。第一个五年计划期间大规模进行生产资料的公有化改造,实现了人民民主主义向社会主义的过渡。

一、人民民主政权的建立与巩固

1949年5月8日,河南省人民政府在开封成立;8月20日,平原省人民政府在新乡成立。1952年11月，中央人民政府决定撤销平原省建制，把黄河以北27个县和新乡、安阳两市及焦作矿区划归河南省。河南省辖开封、郑州、新乡、安阳四市，新乡、安阳、濮阳、郑州、洛阳、许昌、南阳、信阳、淮阳、商丘10个专区及焦作矿区，共118个县。1954年10月，河南省会由开封迁至郑州。

1950年6月，中共河南、平原省委根据党的七届三中全会精神，在党员干部中开展以反对贪污、浪费、官僚主义为中心的整风运动。1953年，河南省开展了反对官僚主义、命令主义和违法乱纪的"新三反运动"。人民民主政权建立后，一些暗藏的反革命分子进行破坏活动，被击溃的股匪重新聚集，一些恶霸地主、反动党团骨干、反动会道门头目暗杀革命干部和群众积极分子。为保卫革命胜利成果，开展了镇压反革命的活动。1955—1959年，在机关、厂矿、部队、学校开展肃清暗藏反革命分子的运动。1951年年底至1953年春，针对不法资本家的"五毒"（行贿、偷税漏税、盗骗国家财产、偷工减料、盗窃国家经济情报）行为，在全省开展"五反"运动。

偃师县马洼乡农民观看
《中华人民共和国土地法》

中华人民共和国成立前夕，占河南农村总人口60%的贫雇农仅占有全省20%左右的土地，广大农民群众迫切要求"耕者有其田"。1950年2月，河南省人民政府颁布《河南省土地改革条例》，要求没收地主和征收富农多余的土地财产，分配给无地少地的贫雇农。平原省根据老区、半老区和恢复区的具体情况制定不同的土改政策和办法。"土改"彻底废除了封建土地制度,农民成为土地的主人。

1951年夏,河南、平原两省在城市开展以厂矿企业为重点的民主改革运动,废除把头制、包工制、搜身制,建立工会,实行厂长负责制和民主管理相结合;在街道建立人民代表会议制度。城市改革摧毁了企业的封建残余势力,确立了工人的主人翁地位。

1950年6月,美帝国主义打着联合国的旗号武装干涉朝鲜,美军飞机轰炸中国边境地区,第七舰队入侵台湾海峡,严重威胁新中国的安全。党中央决定派志愿军抗美援朝,保家卫国。河南青年56163人参军,民众开展爱国生产运动和募捐活动,以实际行动支援抗美援朝。

人民代表大会制度是我国的根本政治制度。从1953年5月开始,河南各市县陆续成立人民代表大会。1954年8月,省人大一届一次会议在开封举行。1955年1月底,省人大一届二次会议选举产生河南省人民委员会和省长、副省长;2月,政协河南省一届一次会议在郑州举行。各市县陆续成立政协机构,工商联、各民主党派、共青团、工会、妇联等组织机构陆续建立。

二、对生产资料私有制的社会主义改造

中国传统经济属于私有制。要建立生产资料的公有制,必须废除农业、手工业和私营工商业中的生产资料私有制,实行集体所有制和国有制,社会主义改造主要通过合作化实现。

一些农户在土改中得到土地,但缺乏劳力或生产资料仍难以耕种。1950年,安阳、鲁山等地群众自发把缺少劳力或生产资料的农户组织起来,成立互助组,通过劳力、牲畜和农具的交换使用实现互利。但互助组土地归个体农户,地块分散,在农活安排、干活质量上容易产

271

生矛盾和分歧。一些地方开始试办以土地入股为特点的初级农业生产合作社。1951年年底,鲁山县辛自修互助组转为生产合作社,随后获嘉县成立马应选生产合作社。在中共河南省委的倡导下,1955年秋全省掀起参加合作社的群众运动,各地互相攀比发展速度和建社数量,并创建以土地公有、集体经营的高级农业生产社。到次年5月底,全省建高级社25655个,加入高级社的农户占全省总农户的95.73%。农村经济体制由私有制基础上的土地入股经营的合作制转变为土地公有、集体经营的农民集体所有制,基本实现农业合作化。但它存在准备不足、发展过快等问题。

手工业多为个体生产、分散经营,规模小、技术落后。手工业的社会主义改造是通过合作化把个人所有制改变为集体所有制,从供销合作发展到生产合作,从供销小组、供销合作社到生产合作社。1956年年初,河南各地手工业社会主义改造超高速发展,3月底全省基本实现手工业合作化。

私营工商业的社会主义改造是逐步把对国计民生有利而又为国家所需要的资本主义企业改造为国家资本主义企业,再逐步变为社会主义经济。到1956年,河南私营工业的43个行业全部纳入公私合营;私营商业也通过公私合营、合作商店、代购代销等形式进行改造。

三大改造的基本完成结束了数千年的阶级剥削制度,完成新民主主义向社会主义的转变,确立了社会主义经济制度。到1956年7月,社会主义制度在河南基本建立。

三、国民经济的恢复和社会主义建设的开展

新中国成立时河南贫穷落后,人均工农业总产值仅50.3元,比全

国平均水平低41%。1950年,平原、河南两省政府发布保护与奖励农业生产的10项政策,农业生产迅速恢复。1952年河南全省粮食总产1007万吨,比1949年增长41.1%。当年10月下旬,毛泽东主席到河南视察黄河,发出"要把黄河的事情办好"的号召。1951年10月,政务院成立治淮委员会,河南省在淮河上建成石漫滩水库,白沙、薄山、南湾水库陆续动工。河南、平原两省逐步增加基建投资,兴办国营企业。全省国民经济经过三年多的恢复和发展,财政经济状况根本好转。

1955年8月,河南省制定优先发展重工业的方针,规定了"一五"期间的基本任务和主要经济指标。在苏联援建我国的156项重点工程中,洛阳拖拉机制造厂、轴承厂、有色金属加工厂、矿山机器厂、热电厂和河南柴油机厂、郑州热电厂、焦作中马村煤矿、平顶山二号矿井、三门峡水利枢纽等10项工程安排在河南,确定洛阳、郑州、平顶山、三门峡、焦作为重点建设的工业基地,扩建和新建焦作、平顶山、鹤壁、伊洛四个煤矿,继续根治淮河、黄河。这些国家重点建设项目揭开了大规模经济建设的序幕,对河南全省国民经济的发展起到了推动作用。河南省在大力支持国家重点工业项目建设的同时,对地方工业进行整顿、新建和扩建,确立机械、纺织、煤炭、电力等主导行业,工业初具规模。"一五"期间河南城市建设有序进行,交通运输快速发展,为全省经济发展奠定了坚实的基础。

建设中的洛阳拖拉机厂装配车间

随着大规模经济建设的开展,城镇人口增加,粮食和其他农产品供不应求。一些粮商乘机囤积居奇、哄抬粮价,农村余粮户则贮存观望、等待高价,国家粮食收购计划不能如期完成。1953年10月16日,党中央决定由国家粮食部门统一、有计划地在农村收购粮食以保证供应。河南省实施粮食"定产、定购、定销",对城镇居民口粮和食品、副食品行业用粮按规定价格实行计划供应,对油料、棉花、棉布实行征购与派购。统购统销保证了社会主义建设和人民基本生活的需要以及物价的稳定,但它排斥价值规律在农副产品购销中的调节作用,限制商品生产的发展,给农村经济和农业生产的发展带来消极影响。

第二节 社会主义建设事业的曲折发展

从1956年9月党的第八次全国代表大会召开,到1966年5月"文化大革命"前夕,是我国在建设社会道路上曲折前行的10年。这一时期由于党对什么是社会主义及如何建设社会主义缺乏认识,指导思想发生重大偏差,经历了反右派斗争扩大化、"大跃进"运动、人民公社化、"反右倾"斗争等严重曲折,造成不良后果。这一时期中共河南省委在指导思想上犯了"左"倾错误,河南的建设事业也经历了反右派斗争扩大化、"大跃进"、人民公社化运动的严重曲折。此后,党和政府努力纠正"左"倾错误,对国民经济进行全面调整。

一、整风与反右派斗争的扩大化

1957年4月下旬,党中央决定在全党开展以反对官僚主义、宗派主义和主观主义为主要内容的整风运动,河南省委随即部署各部委、党组开展"鸣放",举行座谈会征求批评意见。6月8日,党中央发出《关于组织力量准备反击右派分子进攻的指示》,整风运动很快转为反右派斗争,一些民主党派代表人物被错划为"右派分子"。河南掀起批判省委第一书记潘复生、书记处书记杨珏、副秘书长王庭栋的运动,反右派斗争急剧升级,成为全国反右派斗争扩大化最严重的省份之一。到1958年年底,全省划定右派分子和"中右分子"10万多人,大批知识分子、统战对象、党员干部遭到严重打击,给文教事业和统战工作造成严重损害。

1961年夏秋,河南省委召开三级干部会议,对受到错误处理的干部进行平反,为错划为"右倾机会主义分子"的人恢复名誉,撤销1958年省委一届九次(扩大)全会对潘复生等所作犯有"右倾机会主义错误"的决议,对过去几年受到错误批判、处理的民主党派、无党派人士分别予以甄别平反,为1万多名"右派分子"摘掉右派帽子,恢复和安排工作。

二、人民公社化、"大跃进"运动与整风整社

1958年夏,遂平嵖岈山附近的21个农业社率先成立农业大社。毛泽东主席提出把工、农、商、学、兵组成为一个大公社的构想,遂平率先建立嵖岈山卫星人民公社,信阳、新乡也开始兴办人民公社。8月,毛泽东主席视察新乡七里营人民公社,发出"还是办人民公社好"的指示,河南迅速掀起群众性的"大办人民公社"高潮,月底宣布全省实现人民公社化。人民公社的特点是"一大二公",实际上是刮"一平二调"的"共产风",搞平均主义,无偿调拨生产队包括社员个人的财物和劳动力。它严重损害农民的生产积极性,给经济带来严重困难。

1958年5月,党的八大二次会议通过"鼓足干劲,力争上游,多快好省地建设社会主义"的总路线,在全国掀起"大跃进"运动。提出农业"以粮为纲",要求三五年达到规定粮食产量指标;工业"以钢为纲",要求几年内钢产量赶超英国,掀起大炼钢铁的群众运动。河南省首届党代会确定全省农业、工业等方面的高指标,向全省发出"大跃进"的动员令,各地市不断提出新的指标,竞放粮食高产"卫星",推广土法炼钢,造成人力、物力、矿产和生态资源的极大浪费和严重破坏,导致经济社会秩序严重混乱。

反右派斗争、"大跃进"和"反右倾"斗争等一系列运动造成高指标、瞎指挥、浮夸风、共产风和强迫命令风等"五风"泛滥,河南是最严重的省份之一。全省大搞高指标、高估产、高征购,不少地区把种子、饲料粮、口粮上交,导致农民严重缺粮,省委反认为是富裕中农带头瞒产私分。1959年至1960年春,在全省大搞反瞒产,有的地方挨家挨户搜查粮食,搜不出就搞批斗。信阳地区因严重缺粮,造成15个县大量群众非正常死亡,这就是震惊全国的"信阳事件"。党中央闻讯立即调运粮食支援,派李先念、陶铸等到信阳指导生产度荒;河南省委也抽调干部安排群众生活,恢复生产,稳定秩序。

1960年冬,党中央部署整风整社,肃清"五风"给工农业生产带来的影响,规定公社实行"三级所有,队为基础",彻底纠正"一平二调"的错误。1961年4月,国务院副总理谭震林率工作组到新乡七里营开展整风整社运动试点,副总理习仲勋率工作组到长葛和尚桥进行实地调查,把生产队规模调整到30多户,对平调的农民财物进行退赔兑现。1962年春,全省普遍开始推行以生产队为基本核算单位的体制调整,实行"按劳分配,多劳多得,少劳少得"原则。为解决广大农民群众的基本生活问题,要求各地适当恢复社员个人的少量自留地和小规模的家庭副业,开展生产自救。在灾荒严重地区借给农民一部分耕地,允许自由耕种、收获;恢复和活跃农村集市贸易;纠正过高的粮食征购政策,适当提高农副产品收购价格。这些措施调动了群众的生产积极性,农业生产很快恢复。

三、社会主义教育运动

随着国内经济调整的深入和国际形势的变化,"左"的错误在政治思想领域又有新发展。1963年2月召开的党的中央工作会议,决定在城市开展"五反"(反对贪污盗窃、反对投机倒把、反对铺张浪费、反对分散主义、反对官僚主义)、在农村开展以"四清"(清账目、仓库、财物、工分)为主要内容的社会主义教育运动(简称"社教"),河南省委在全省开展社教试点。冬季,以"四清"为主要内容的社教运动在农村全面铺开,重点解决干部贪污多占等问题。河南省委抽调干部成立社教工作队(团),对县社进行集中整训揭发,工作队撇开基层组织和干部,直接领导群众进行清查退赔。1965年年初,党中央下发"二十三条",规定运动的重点"是整党内那些走资本主义道路的当权派",社教转向"清政治、清经济、清组织、清思想"。

历时三年的社教运动对纠正干部不良作风、解决集体经济管理存在的问题有一定作用,但是把许多人民内部矛盾问题当作阶级斗争或阶级斗争在党内的反映进行揭露和打击,部分基层干部和群众受到错误批判和处理。一些有利于搞活农村经济、发展农业生产和改善人民生活的政策措施被作为资本主义倾向予以批判、限制和取消,挫伤了群众的生产积极性。

四、经济的调整整顿与恢复发展

在1958年的"大跃进"中,工业和基本建设发展过快,造成农业和工业比例的严重失调,农业歉收,工业生产混乱,生活物资短缺,经济严重困难。1961年年初,党的八届九中全会决定对国民经济实行"调整、巩固、充实、提高"的方针,使国民经济转到以农业为基础的轨道上来。1959年,河南提出保煤炭、保支援农业、保轻工市场的方针,对工业战线进行大精简、大调整,关停并转一批基建项目,恢复发展手工业,商业企业建立健全规章制度,实行经济核算,恢复专业公司。1963年,进一步充实和加强农业战线,把各行业、部门的

焦裕禄

工作转移到以农业为基础的轨道上来,组织人力、物力和财力支援农业。兰考县委书记焦裕禄抱病带领全县人民同内涝、风沙、盐碱"三害"作斗争,奋力改变兰考县的贫困面貌。全省建立健全农业生产责任制,实行评工计分和民主分配。开展农业学大寨,改善农业生产条件,兴修水利。发展基础工业以解决吃穿用的问题。随着国民经济调整任务的完成,河南工农业生产全面恢复,初步建立有一定规模和技术水平的工业体系,财政收入状况好转,供求关系趋于协调,人民生活

水平提高。

经济建设恢复和发展。1966年,黄河三门峡水利枢纽工程基本建成投入使用,发挥防洪、防凌、灌溉、发电、供水等综合效益。淮河灌区工程建设加快,先后修建梅山、南湾等7处中小型水库。农业实行农机具革新,改良农作物品种,提高粮食产量。1964年,全省掀起农业学大寨高潮,修建水库堰塘、开渠打井、平整土地、造梯田。工业生产缓慢发展。1966年,安阳钢铁厂、洛阳铜加工厂、郑州铝厂以及洛阳耐火材料厂等骨干企业建成,平顶山、焦作、鹤壁、义马、密县5个统配煤基地初步形成,开封化肥厂、三门峡会兴棉纺厂、第二印染厂及第二纺织器材厂陆续投产。

第三节 "文化大革命"的十年内乱

1966—1976年的"无产阶级文化大革命"运动是一场由领导者错误发动、被反革命集团利用,给党、国家和各族人民带来严重灾难的内乱,也是新中国成立以来最严重的挫折。河南也深陷其中,饱受其害。

一、"文化大革命"的发动与终结

1966年5月16日中央政治局通过的《中国共产党中央委员会通知》(简称"五一六通知"),成为发动"文化大革命"的纲领性文件。河南省委立即召开三级干部会进行部署,成立文化革命小组,第一书记刘建勋作动员报告。8月上旬,党的八届十一中全会通过《中国共产党中央委员会关于无产阶级文化大革命的决定》,刘建勋起草署名大字报支持学生"造反",省委召开19万人的大会引导群众把斗争锋芒指向

"党内一小撮走资本主义道路的当权派"。运动在各地迅速展开,红卫兵走上街头,冲进文教部门和党政机关,张贴标语、"大字报",散发传单,集会演说,打、砸、抢之风盛行,许多党员干部、专家学者受到迫害。"踢开党委闹革命"造成党组织瘫痪,国家机器无法正常运转;掀起批判资产阶级反动路线的风暴,城市和农村纷纷成立群众组织,生产停顿或半停顿。

1967年,"全面夺权"风暴迅速席卷全省。郑州大学等高校的"革命造反派"进驻省委机关,各地迅速掀起夺取党政领导权的狂暴行动,造成全省大乱。省军区和驻豫部队投入"三支两军"(支左、支农、支工、军管、军训)维持社会秩序。河南革命职工造反联络总部(简称"河造总")、二七公社、十大总部等群众组织成立,为争夺权力而发生大规模武斗。1968年年初,党中央、国务院发出《关于按照系统实行革命大联合的通知》,二七公社、开封师院"八·二四"、"河造总"组成大联合委员会。1月25日,河南省革命委员会成立。此后,各市、地陆续成立革命委员会,负责组织工农业生产和管理社会生活,各项工作逐步恢复开展。

1969年4月党的第九次全国代表大会向全国提出"斗、批、改"的任务,要求批判"修正主义",批判"党内和革命队伍内部的违反毛主席无产阶级革命路线和政策的各种错误倾向和错误思想",批判社会上的"资本主义倾向"。"斗、批、改"运动在河南全面铺开,同时进行清理阶级队伍、整党建党和精简机构。次年又开展"一打三反"(打击反革命破坏活动,反对贪污盗窃、反对投机倒把、反对铺张浪费)运动,制造了一批冤假错案。

1971年3月初,中共河南省委恢复,全省各级党组织逐步恢复活动。1973年3月10日,撤销省革命委员会政工组、保卫组、生产指挥组、办事组,全省工会、共青团、妇联等组织恢复。1974年,全国开展

"批林批孔"运动,假借批孔子之名批判所谓复辟回潮。江青写信支持郏县广阔天地大有作为人民公社知青召开"批林批孔"座谈会,河南"批林批孔"普遍展开,许多地市再度陷入混乱。江青把唐河马振扶公社中学事件树为典型,发动教育战线"反击右倾回潮",造成教学秩序混乱。

1975年年初,全国人大四届一次会议重申在20世纪内全面实现农业、工业、国防和科学技术四个现代化。7月初,邓小平主持国务院和党中央日常工作,对各条战线进行整顿。河南省整顿党的组织和煤炭、冶金工业,调整地市领导班子,开展增强党性、反对派性学习。1976年春,江青反革命集团把各条战线整顿称作"右倾翻案风",在全国掀起"反击右倾翻案风"的运动,河南也陷入其中,生产、社会秩序又受到破坏。

1976年10月6日,党中央一举粉碎江青反革命集团,号召全党团结起来,揭发批判"四人帮"阴谋篡党夺权的罪行。河南省迅速形成群众性的批判高潮,从政治、思想、组织上彻底清算"四人帮"及其追随者在河南的罪行,清查"四人帮"在河南的帮派体系,依法处理帮派骨干和"打、砸、抢"分子。粉碎江青反革命集团标志着"文化大革命"的结束。

二、经济建设的缓慢发展

"文化大革命"的十年间,河南经济三起三落。由于运动的破坏受到一定程度的限制,社会主义建设仍然取得一些进展。

农业"学大寨"掀起高潮,全省大搞农田基本建设。林县县委书记杨贵等带领全县30万群众劈开太行山,开凿全长1500多公里的红旗渠,1969年竣工,从山西引漳河水入林县,改变了全县面貌。1966年至

红旗渠修建中抢险队员凌空除险

1974年间,河南投入大量资金进行水利建设,全省约一半的大中型水库工程完成。1975年冬至1976年春,林县投入20多万劳动力改土治水,平整深翻土地17万亩,新建大寨田4.7万亩,新修水库88座。辉县实行山、水、田、林、路综合治理,成绩显著。农业机械化程度提高,化肥施用量增加。

工业部门"学大庆",发扬自力更生、艰苦奋斗的精神,开展技术革新,增产节约。平顶山、焦作等四个国家统配煤矿继续扩建,郑州和三门峡铝厂、小秦岭金矿、栾川钼矿陆续投产,三门峡水利枢纽改建工程、南水北调中线渠首工程完成并投入使用,"五小"(化肥、水泥、煤矿、钢铁和机械)企业和社队企业恢复发展。河南形成以煤炭、冶金为基础,以军事工业、铁路公路建设、电力建材、化工机械、电子工业为支撑的较为完整的工业体系。交通运输业有较大发展,新建改建干线公路2184公里,通车总里程28242公里,形成国道、省道、县道交织的公路网。焦(作)枝(城)铁路通车,漯(河)周(口)地方铁路建成。

从1956年5月开始全面建设社会主义到1978年改革开放前的22年间,河南的社会主义建设事业在艰辛探索中经历了严重曲折,但是仍然取得很大成就,积累了不少有益经验。

第四节　改革开放和社会主义现代化建设新时期

1978年12月党的十一届三中全会,开启了改革开放和社会主义现代化建设的新时期。2012年11月党的十八大提出在中国共产党成立100年时全面建成小康社会的目标,拉开了中国特色社会主义新时代的大幕。河南省提出"实现中原崛起"的战略构想,探索不以牺牲农业和粮食、生态和环境为代价的"三化"协调科学发展道路,在中部崛起中奋勇争先,谱写新时代中原更加出彩的绚丽篇章。

一、伟大的历史转折与中国特色社会主义理论的引领

"四人帮"被粉碎后,党和国家的主要领导人提出和推行"凡是毛主席作出的决策,我们都坚决维护;凡是毛主席的指示,我们都始终不渝地遵循"。这"两个凡是"违背了马克思主义基本原理和党的实事求是的思想路线,成为新形势下坚持真理、修正错误的障碍。1978年5月11日《光明日报》发表特约评论员文章《实践是检验真理的唯一标准》,从理论上根本否定了"两个凡是"的错误。在中共河南省委的领导和推动下,全省上下围绕真理标准问题普遍开展了学习讨论。党的十一届三中全会批判"两个凡是",全面纠正"文化大革命"及以前"左"的错误,提出必须完整、准确地掌握毛泽东思想的科学体系,作出把党和国家的工作重点转移到社会主义现代化建设上来、实行改革开放的历史性决策。这是新中国成立以来党的历史上具有深远意义的伟大转

283

折。1979年年初,河南省委召开会议贯彻党的十一届三中全会精神,组织全省工作重点向社会主义现代化建设上转移,领导全省人民认真清理和纠正长期以来的"左"倾错误,基本完成思想、政治、组织等领域的拨乱反正,实现历史性的大转变,进入改革开放和社会主义现代化建设的新时期。

1982年9月,邓小平在党的第十二次代表大会上提出"建设有中国特色的社会主义"重大命题,成为指引改革开放和社会主义现代化建设的伟大旗帜。此后党中央逐步形成了中国特色社会主义理论体系,河南人民在这一理论的指引下不断前进。

1987年10月,党的第十三次代表大会系统阐述社会主义初级阶段理论,提出"以经济建设为中心,坚持四项基本原则,坚持改革开放"的基本路线,河南全省认真学习。1989年,波及河南的政治风波很快被平息,促进了政治稳定和社会安定。1997年9月,党的第十五次代表大会把邓小平理论同马克思列宁主义、毛泽东思想一起作为党的指导思想写入党章,河南掀起学习邓小平理论的高潮。1998年11月至2000年年底,在全省领导班子和领导干部中开展了以"讲学习、讲政治、讲正气"为主要内容的党性党风教育。

2001年7月,江泽民在庆祝建党80周年大会上阐述"三个代表"的重要思想,是对党保持先进性历史经验的总结,也是对党和国家工作的新要求。2003年6月,全省掀起学习"三个代表"重要思想的新高潮,提高了全省党员、干部的思想认识。2003年10月,党的十六届三中全会明确阐述了胡锦涛的科学发展观。2008年9月至2010年2月底,河南省以"推动科学发展、加快中原崛起"为主题,开展深入学习实践科学发展观活动,以提高思想认识,解决突出问题,促进科学发展。

二、经济体制改革的深化和对外开放的扩大

　　长期以来,各级领导不顾生产力的发展水平而急于改变生产关系,在所有制上强调"一大二公",在分配上大搞平均主义,严重挫伤农民的生产积极性,阻碍农村生产力的发展。1979年1月,中共中央下发《关于加快农业发展若干问题的决定》(草案)和《农村人民公社工作条例》。河南省开始推行家庭联产承包责任制,改变人民公社体制,建立乡政府。家庭联产承包责任制是在坚持基本生产资料公有制不变的前提下,生产队把农田耕作承包到户,产品分配只包上交(国家和集体)的办法,既兼顾国家、集体、个人三者的利益,又能较好地体现多劳多得的分配原则。1982年年底,河南农村基本确立家庭联产承包责任

制,促进了农业的大发展。1983年,全省粮食总产达到2904万吨,人均产量382公斤,创历史最好水平。20世纪90年代,全省开始进行以建设小康村统揽全局的农村和农业改革。2002年3月下旬,在全省范围内全面推行农村税费改革,以减轻农民负担。2005年,河南在全国率先全面免征农业税。

豫东地区实行联产承包
责任制后粮食喜获丰收

改革激发了广大农民的生产积极性,促进了农村生产力的发展。

　　城市体制改革是以经济体制改革为中心的全面改革,核心是增强企业活力。1979年11月,省政府在全省100个企业进行扩大企业自主权的试点,出现各种形式的经济责任制。至1981年年底,全省实行利

润包干、盈亏包干责任制的企业已占全省预算内工业企业的88%。1984年,又将79个企业作为实行厂长负责制的试点单位,把省属企业下放到所在城市管理,同时实行价格和工资、财政金融体制、流通体制的改革,实行市带县体制。河南企业进行股份制改革,1995年全省股份制试点企业发展到4000家,白鸽、神马、洛玻、洛拖、郑百文等17家企业的股票上市。河南省选定神马集团、神火集团等100户企业,作为实行现代企业制度的试点单位。至1997年,基本确定了科学化、规范化的公司制框架,逐步形成了所有者、经营者和劳动者之间互相制约的法人管理结构框架。1992年10月党的十四大确定了建立社会主义市场经济体制的整体目标。2000年,河南完成计划经济体制向社会主义市场经济的转变,经济进入新的快速发展期。2006年,全省非公有制经济占到生产总值的55%,成为拉动全省经济增长的重要力量。

河南省贯彻对外开放的方针,以引进资金、技术,开发资源。1983年,建立了第一家中外合资企业,至1985年已同20多个省、直辖市、自治区建立不同形式的横向经济联合和经济技术协作关系。通过学习、引进上海、江苏、浙江等省市的先进技术和管理经验,加强技术改造和设备更新,促进新产品开发,实行人才协作与交流,建立经济协作区。1992年8月,党中央、国务院批准郑州为内陆开放城市。1998年,河南省把引进外资作为对外开放的重头戏,在发展对外贸易、利用外资、引进技术、对外承包工程和劳务出口等方面,都取得了显著成效。21世纪初,河南利用区位优势,实施"东引""西进"战略,从上海、广东等东部地区引进知名品牌和高新技术项目、技术、资金、人才,推动河南产业改组、改造和升级;积极参与西部大开发,加强与新疆、甘肃、重庆等西部地区的经济技术合作,大力开拓西部市场。2003年8月,河南全面实施开放带动主战略,把吸引境外、省外资金作为扩大开放的突破口,截至2004年与上海签订合作项目232个,资金总额209.35亿元;与广东签订合作项目82个,资金总额149.56亿元;与新疆合作,实现贸易成交额323.16亿元,签订经济技术合作项目160个,金额47.77亿元。为适应经济全球化的需要,实施"走出去"战略,开展对外投资和跨国经营。2006年,全省对外承包工程和劳务新签合同额8.81亿美元,外派劳务2.47万人次。对外承包工程带动出口19036亿美元,对外直接投资带动出口23725亿美元。中欧班列(郑州)辐射30多个国家130多个城市。

三、经济的快速持续发展

1978年以后,河南以经济建设为中心,建立市场经济体制,坚持以工业化为先导,大力推进工业化、城镇化和农业现代化的发展思路,促进经济快速、持续、健康发展。1990年11月中共河南省第五次党代会提出河南经济发展速度高于全国水平、人口增长速度低于全国水平的"一高一低"的战略目标。1991年全省生产总值突破千亿元大关。1992年,河南省提出加快中原城市群建设、加快全省工业化进程的新思路,各项事业取得全面进步。2000年,GDP超过5万亿元,人均生产总值突破8000美元。21世纪初,河南提出通过结构调整,实现国民经济较高的增长速度和较高的增长质量"两个较高"的目标。2003年3月,河南省委书记李克强完整阐述了"中原崛起"概念。2006年4月,党中央、国务院颁布《关于促进中部崛起的若干意见》,10月河南省第八次党代会提出"加快经济大省向经济强省跨越,加快文化资源大省向文化强省跨越"的发展战略,以实现"中原崛起"的目标。2010年11月,河南提出建设"中原经济区"的战略构想。2011年9月,《国务院关于支持河南省加快建设中原经济区的指导意见》下发,以河南全省和山西、河北、山东、安徽四省部分地市为范围的中原经济区正式上升为国家战略。

1. 农业与农村发展

1982年,河南全省基本确立家庭联产承包责任制。2005年,河南在全国率先免除农业税,确立"用工业理念发展农业"的战略思维,加快了农业现代化的进程。

河南省政府提出农业产业化的战略措施:重点培育小麦、水稻、玉米、棉花、油料等支柱产业,推行区域化布局、专业化生产、社会化服务,提高农产品商品率;大力发展农副产品加工业,增加对农业的投入,拉长农业产业链条;用公司加农户形式进一步发展产供销、贸工农、种养加等一体化经营方式,把农业推向市场。开展大型骨干水利工程建设,石漫滩、板桥水库完成复建。到1997年年底,全省有效灌溉面积达到6500多万亩,其中旱涝保收田5100万亩。2005年,强力推行"以工补农",推进"公司加农户"为主体的农业产业化和优质、高产、高效的发展战略,狠抓农田水利建设,主要农作物良种覆盖率达98%以上,完善农业服务体系,增强农业综合生产能力。在黄淮海平原地区进行综合开发,在邓州、潢川等地建立40多个商品粮基地和13个优质农产品基地。主要农产品产量连上新台阶。2001年,全省粮食总产达4119.9万吨,占全国粮食总产的9.1%,首次跃居全国第一位。2007年达5245.22万吨。

2001年年底,黄河小浪底水利枢纽工程竣工,花园口的防洪标准由60年一遇提高到千年一遇,又利用其长期有效库容调节非汛期径流,增加水量,用于城市及工业供水、灌溉和发电。

改革开放以来,河南逐步形成建设生态大省、打造绿色河南的发展目标,及时出台完善《河南省实施〈水土保护法〉办法》,加快水土流失治理步伐,实施退耕还林,森林覆盖率大幅提高;加快经济向生态化转型,建设重点生态工程,打造青山绿水。

农业的发展改变了农村贫困落后的面貌。1992年年初,河南省委五届三次全会作出在全省开展小康村建设的决策,以实现小康统领农村工作全局,引导农民走共同富裕道路。

2. 工业

河南自1979年开始优先发展轻工业,到1985年轻、重工业比例关系趋于协调,形成多种所有制并存、门类比较齐全、以机械、纺织、食品为主的工业体系。拥有平顶山、焦作、鹤壁、义马、新密五大煤炭基地,中原油田、南阳油田、洛阳炼油厂和中原化肥厂等大型石化企业,姚孟、焦作和三门峡水电厂等大型电力企业,安阳、舞阳钢铁公司和洛阳钢厂等钢铁骨干企业,全国最大的有色金属企业郑州铝厂和洛阳铜加工厂,洛阳耐火材料厂、洛阳水泥厂、平顶山水泥厂和洛阳玻璃厂等材料企业,全国最大的机械工业企业洛阳拖拉机厂、洛阳矿山机械厂、洛阳轴承工业联营公司、白鸽实业工程联营公司等。纺织工业有毛纺、麻纺、丝纺、针织、印染、纺织机械、化纤等大中型企业41家,烟草工业有许昌复烤厂和郑州、许昌、新郑卷烟厂等16家。至1986年年底,全省有工业企业1.9万个,总产值336亿元,居全国第10位,但人均产值仍很低。1992年,河南进入以能源、原材料工业为中心的重工业化阶段。1998年,全省煤炭产量9406万吨,连续19年居全国第二位;发电量631亿千瓦·时,年产原油587万吨,天然气13亿立方米,均居全国第五位。平板玻璃、卷烟、水泥、棉纱产量均居全国前列,涌现出一批著名品牌。

进入21世纪后,河南省继续把食品、有色金属、装备制造、纺织服装、化工、汽车及零部件等作为优先培育的产业,集中力量实施洛阳石化工程、煤化工程、钢铁工程等20项产业发展工程,发展有一定优势的部分高技术产业,带动产业结构和产品结构的优化升级。工业固定投资快速增长,产业规模日益扩大,优势支柱产业快速发展,经济效益显著提升。2007年,全省工业增加值达7508.3亿元,上升到全国第五位,工业对GDP的贡献率达65%,初步确立河南新兴工业大省地位。

3. 交通、商业与城市群

改革开放40多年来,河南交通建设成绩卓著,逐渐形成包括铁路、公路、水运、航空、管道相结合的现代综合交通体系。1990年,省委、省政府决定大力发展公路建设,坚持改造和新建相结合,集资建设,有偿使用,收费还贷,滚动发展。1998年,开封至洛阳、许昌至安阳高速公路率先建成。至2006年年底,全省高速公路通车总里程3439公里,跃居全国第一。至2007年年底,全省公路通车里程达到23.8万公里,位居全国第一。高速公路通车里程达4556公里,农村公路通车总里程达21.4万公里。京珠高速和连霍高速在郑州相交,构成纵贯南北、横连东西的大通道。京广、陇海、京九、焦柳、宁西等9条铁路干线在河南境内交会,京港澳、陇海、郑阜、商阜、商合杭等客运专线相继开通,形成纵横交错、四通八达的现代化铁路网。航空港建设迅速。1997年,新郑国际机场通航。2007年年底,改扩建工程竣工启用,客货运吞吐量居中部地区"双第一",跻身全球机场50强;洛阳机场为一级机场,可通航全国主要城市;1992年,南阳新机场通航。内河航运里程1587公里,货船可达8省2市的内河港口。

1984年,全省农村集贸市场达到3377个,规范的农村"市场"初步形成。1990年10月,郑州粮食批发市场对外营业。1992年,开始建立社会主义市场经济体制,农副产品购销体制改革加快,除粮、棉、烟、茧和四种中药材外,其余农产品全部放开经营。1993年4月,河南全面放开粮食购销价格,郑州商品交易所率先推出以农产品为主的期货交易。1996年,全省农村商品交易市场达到4420个。20世纪初,郑州建成亚细亚商场、商业大厦、商城大厦、华联商厦等四座新型商厦,和原有的百货大楼、紫荆山百货大楼展开激烈竞争,在公关、价格、服务、环境方面演出一场"商战",促进了郑州商贸城建设,推动了河南商业的发展。

1998年,中原城市群已具雏形,包含郑州1个特大城市,洛阳、焦作、新乡、开封、平顶山、许昌6个大中城市。2003年,又增加漯河、济源二市,成为全省经济发展的核心区。2006年3月,提出构建以郑州为中心、洛阳为副中心,其他省辖市为支撑,大中小城市相协调,功能明晰、组合有序的城市体系。2006年4月15日,中共中央、国务院发布《关于促进中部地区崛起的若干意见》,提出"以中原城市群等为重点,形成支撑经济发展和人口集聚的城市群,带动周边地区发展",中原城市群正式纳入国家宏观发展战略。河南省强力打造中原城市群的龙头城市——郑州,高起点、大手笔规划建设郑东新区,拉大城市框架,加快城市现代化进程。洛阳作为中原城市群的副中心,建成洛南新区,兴建伊东新区。河南优先推动"郑(州)汴(开封)一体化"的思路,郑许、郑洛、郑新等一体化也相继起动,跨区域重大基础设施建设积极推进,加快了优势互补和产业融合。

郑东新区建设图景

第五节 中国特色社会主义新时代

一、新时代中国特色社会主义思想的引领

2012年11月8—14日召开的中共第十八次代表大会,确立了习近平同志对党和国家的领导地位。11月29日习近平总书记参观《复兴之路》展览时,首次明确提出实现中华民族伟大复兴的奋斗目标,开启了中国人民接续奋斗,实现"中国梦"的新征程。

2014年3月中旬,习近平总书记到河南兰考调研指导党的群众路线教育实践活动。5月9—10日,又到兰考调研指导县委常委班子教育实践活动专题民主生活会,并到开封、郑州等地指导工作。习近平在视察指导时发表重要讲话,把中原出彩与中国梦紧密联系在一起,指明了河南发展前行的路径。2016年10月31日至11月4日,中共河南省第十次党代会在郑州举行,提出了"决胜全面小康,让中原更加出彩"的历史任务,明确了今后5年工作的总体要求、奋斗目标、主要任务和重大举措。

"习近平新时代中国特色社会主义思想
在河南的实践"专题宣介会图景

2017年10月,党的第十九次代表大会确立习近平新时代中国特色社会主义思想为党的指导思想,用"八个明确"和"十四个坚持"全面阐述它的科学内涵和实践要求,形成系统科学的理论体系。河南省把学懂、弄通、做实习近平新时代中国特色社会主义思想作为首要政治任务,力求做到学、思、用贯通和知、信、行统一。2019年6月28日,中共河南省委在兰考举行了"中国共产党的故事——习近平新时代中国特色社会主义思想在河南的实践"专题宣介会。

2019年3月8日,习近平参加十三届全国人大二次会议河南代表团审议并发表讲话,为河南深入实施乡村振兴战略,进一步做好"三农"工作指明了前进方向。9月16—18日,习近平到信阳、郑州等地考察调研,在郑州主持召开黄河流域生态保护和高质量发展座谈会并发表重要讲话,强调黄河流域各省共同抓好大保护,协同推进大治理,让黄河成为造福人民的幸福河。要求各省保护好黄河流域生态环境,促进沿黄地区经济高质量发展。鼓励河南广大干部群众坚定信心、埋头苦干,在中部地区崛起中奋勇争先,谱写新时代中原更加出彩的绚丽篇章。

二、推进河南快速发展的重大举措

为了加快河南发展,河南省采取了一系列重大举措,其中不少举措上升为国家战略。

2013年3月7日,国务院批复《郑州航空港经济综合实验区发展规划(2013—2025)》,这是全国第一个上升为国家战略的航空港经济发展先行区,成为带动河南融入全球经济循环的战略平台。河南努力把它打造为以航空经济为引领的现代产业基地、内陆地区对外开放重要门户、现代航空都市、中原经济区核心增长极。

2016年1月15日，中国（郑州）跨境电子商务综合试验区获批，为河南省扩大对外开放、融入"一带一路"、参与国际分工体系搭建了新平台、提供了新机遇。4月，郑（州）洛（阳）新（乡）国家自主创新示范区获得国务院批准。8月31日，国家决定设立中国（河南）自由贸易试验区。2017年4月1日，中国（河南）自由贸易试验区正式挂牌成立。河南省积极推动中国（郑州）跨境电子商务综合试验区、中国（河南）自由贸易区、郑洛新国家自主创新示范区建设，以提高河南全方位开放水平，拓展发展新空间，引领全省迈上发展的新台阶。

2016年12月28日，国务院正式批复《中原城市群发展规划》。中原城市群包括河南等5省的30座地级市。河南省以郑州作为引领发展的中心，努力把中原城市群建设成为经济发展新增长极、重要的先进制造业和现代服务业基地、中西部地区创新创业先行区。2017年1月22日，国家发改委出台《关于支持郑州建设国家中心城市的指导意见》。郑州市遵循改革创新、提升功能、开放引领、区域联动、生态优先、文化传承的原则，努力建设具有创新活力、人文魅力、生态智慧、开放包容的国家中心城市。

2017年10月，党的第十九次代表大会作出实施乡村振兴战略的决策。河南省以乡村振兴为做好"三农"工作的总抓手，抓好产业发展、乡村建设和农村改革，建设美丽乡村，加快推进农业农村现代化。

2018年5月全国生态环境保护大会召开，河南全面深入学习习近平生态文明思想，坚持绿色发展，建设美丽家园。省委、省政府下发《关于建设美丽河南的意见》，启动山水林田湖草生态保护修复规划编制，扎实推进黄河流域生态保护和高质量发展。

2021年10月8日，中共中央、国务院发布《黄河流域生态保护和高质量发展规划纲要》,要求黄河流域各省区推进山水林田湖草沙综合治理、系统治理、源头治理,着力保障黄河长治久安,着力改善黄河流域生态环境,着力优化水资源配置,着力保护传承黄河文化,让黄河成为造福人民的幸福河。

三、经济建设成绩卓著

　　2012年11月,党的第十八次代表大会确定2020年全面建成小康社会的宏伟目标。10年来河南实现了产业结构由"工业、服务业、农业"向"服务业、工业、农业"的历史性转变。至2019年,河南经济总量稳居中西部省份之首,服务业增加值占比接近50%,由经济大省向经济强省迈进。

现代农业机械助力农业丰收

　　党的十八大以来,河南粮食产量不断提高。至2020年,全省小麦平均亩产超800斤,粮食总产上升到6825.5万吨。用全国1/16的耕地生产了全国1/10的粮食、1/4的小麦。

　　党的十八大以来,河南省坚持把脱贫攻坚作为头等大事和第一民生工程来抓,强化责任落实、政策落实、工作落实。"十三五"期间,河南实施脱贫攻坚战,成效显著。截至2020年年底,718.6万建档立卡贫困人口全部脱贫,53个贫困县全部摘帽,9536个贫困村全部出列,全省农民人均可支配收入达16108元,过上了小康生活。

　　党的十八大以来,河南重点推进郑汴洛城市工业走廊建设,促进产业向优势区域聚集,逐步建成以沿线城市为结点的产业发展带,已形成京广、陇海、焦枝沿线工业集聚带,以矿产、农副产品资源(煤炭、铝土、石油、黄金、钼)为依托的资源指向型工业区,郑州、洛阳、新乡三个国家高新技术产业开发区和工业基地,培育出2个万亿级、19个千亿级和127个百亿级特色产业集群,成为全国领先的工业机器人、轨道交通设备和新能源汽车等先进制造业基地。永煤集团、平煤集团、安钢集团、双汇集团等企业在全国市场的竞争力明显增强,郑州宇通客车股份有限公司的大中型客车国内市场占有率超过22%。新能源客车、盾构机等成为河南制造新名片。食品工业位居全国第二。2020年河南工业总值位居全国第五,战略性新兴产业和高技术制造业占规模以上工业增加值的比重分别达到22.4%、11.1%。

党的十八大以来,河南省结合供给侧结构性改革,以煤炭、钢铁、有色金属企业为重点,深化省属国有企业改革,提升市场竞争力。2015年,郑州开展跨境贸易电子商务服务试点,推动跨境贸易业态积聚发展,向着"买全球、卖全球"的目标迈进。

中欧班列(郑州)发送总量达1000列

河南大力推进"米"字形高速铁路网规划建设。至今除了京广、徐兰客运专线在郑州十字交叉外,已建成郑州至合肥、郑州至万州、郑州至太原(河南省内段)、郑州至濮阳高速铁路。2013年3月,中欧班列(郑州)开通运营,至2017年年底,发送总量达到1000列。2018年郑州至连云港、青岛、天津等港口的海铁联运班列累计开行206班。运营网络遍布欧盟、俄罗斯及中亚地区30个国家130个城市,境内外合作伙伴近5000家。

南水北调中线一期工程由淅川陶岔开渠1432公里,引丹江水穿黄河、入华北。经过12年的建设,于2014年年底竣工,开始向河南、河北、北京、天津供水。

第六节 文化的辉煌成就

新中国成立后,河南省文化教育卫生等各项建设事业全面开展,成就显著。1990年,中共河南省第五次党代会确立了"科技兴豫,教育为本"战略方针,推动科技、教育发展取得显著成效。2005年10月,省政府发布《河南省建设文化强省规划纲要》(2005—2020)。2006年10月召开的河南省第八次党代会提出"加快文化资源大省向文化强省跨越"的战略部署,对文化事业与文化产业管理体制进行改革,发布《关于大力发展文化产业的意见》等文件,打造"禅宗少林"、"程婴救孤"、禹州钧瓷为代表的文化品牌,推动了文化产业的发展。为了发挥河南的文化资源优势,2010年,在中原经济区建设中提出建设华夏文明传承创新区的内容,以提升中原地区的文化软实力。2017年,河南省委、省政府印发《河南"十三五"时期构筑全国重要文化高地规划纲要》,明确了构筑文化高地的方略和路径,立足中原文化资源优势,守正创新,教育、体育、卫生、戏剧、武术事业快速发展,文化高地建设取得显著成效。

一、思想学术

哲学、史学和考古学是河南省的优长学科,在全国学术界影响较大。

唐河人冯友兰执教北京大学哲学系,20世纪60年代开始用马克思主义的立场、观点和方法撰写《中国哲学史新编》,1990年完稿,2004年纳入《中国文库》由人民出版社出版。汲县(今卫辉)人嵇文甫曾任河南大学、郑州大学校长,著作有《先秦诸子政治社会思想述要》《晚明思想史》《中国社会史》。内黄人赵纪彬曾任开封师范学院院长,著有《中国儒家哲学批判》《论语新探》《困知录》。河南省社会科学院哲学所研究员、安徽六安人崔大华著有《庄子歧解》《庄学研究》《儒学的现代命运》。

南阳人徐旭生为中国科学院考古研究所研究员,发表《略谈研究夏文化问题》,调查发现夏代中晚期都城二里头遗址;信阳人尚钺曾任中国人民大学历史系主任,撰写《中国原始社会史探索》《中国资本主义萌芽问题探索》,主编《中国历史纲要》;舞阳人韩儒林为南京大学教授,著有《穹庐集》《成吉思汗传》,主编《元朝史》;安阳人谢国桢供职南开大学和中国科学院历史研究所,著《晚明史籍考》《南明史略》;开封人白寿彝曾任北京师范大学历史系主任,主持编写鸿篇巨制《中国通史》《中国史学史》。省内史学工作者也取得骄人的研究成果。在史前先秦史领域,许顺湛著《中原远古文化》《中国奴隶社会》,孙作云著《诗经与周代社会研究》,李民著《尚书与古史研究》;秦汉魏晋史领域,朱绍侯著《军功爵制研究》《秦汉土地制度与阶级关系》,主编《中国古代史》教材,高敏著《云梦秦简初探》《秦汉魏晋南北朝土地制度研究》,主编《魏晋南北朝经济史》;宋史领域,周宝珠、陈振著《简明宋史》,陈振主编《中国通史·宋辽夏金卷》；近现代史领域，胡思庸著《儒家思想与近代中国》，王天奖对太平天国、辛亥革命研究造诣颇深。

1950—1976年河南考古事业快速发展。中国科学院考古研究所在安阳、洛阳设立工作站，河南省建立文物工作队，开展三门峡水库淹没区的调查发掘，偃师二里头、郑州商城遗址的发掘，殷墟的持续发掘，三门峡虢国墓地、淅川下寺楚墓、信阳长台关楚墓的发掘，汉魏、隋唐洛阳城与墓葬发掘，成果丰硕。1978年以后，河南省文物研究所等机构成立，安金槐、许顺湛、李伯谦等一批著名考古学家涌现。登封王城岗遗址的发现推动了夏文化研究，南召猿人遗址证明数十万年前中原地区已有古人类生活，新郑裴李岗、舞阳贾湖遗址和濮阳西水坡、荥阳青台遗址的发掘丰富了中原新石器文化的内容。偃师商城遗址的发现，二里头遗址、郑州商城、安阳殷墟的持续发掘，东周洛阳城、郑韩故城及淅川楚墓的发掘，隋唐洛阳城及墓葬的发掘，收获颇丰。20世纪90年代以后，国家实施"夏商周断代工程"和"中华文明探源工程"，发现新密古城寨、新砦等多座龙山文化城址。在许昌灵井遗址发现的"许昌人"头盖骨化石，舞阳贾湖发现的栽培稻、刻符和骨笛，郑州西山古城、灵宝西坡遗址和巩义双槐树遗址的发现，对于探索中原文明起源、特点、进程与动因意义重大。内黄三杨庄聚落遗址、汉魏洛阳城阊阖门与太极殿、隋唐洛阳城定鼎门与应天门、安阳西高穴曹操高陵的考古发掘，均成果丰硕，大批考古报告和研究著作面世。

二、文学艺术

河南文学在"文化大革命"前的"十七年"呈现勃勃生机，"文化大革命"十年处于萧条与畸形状态。改革开放以后文学繁荣，中原作家群崛起,作品体裁多样,成就斐然。

新中国成立后,老一代作家继续推出新成果,一批新作家登上文坛。湖北省文联主席、邓州人姚雪垠著长篇历史小说《李自成》,唐河人李季曾任《人民文学》《诗刊》主编,有《难忘的春天》《李季诗选》,睢县人苏金伞有诗集《三黑和土地》《苏金伞诗选》。孟津人李準的《不能走那条路》《李双双小传》反映了当时的社会生活。郑州人魏巍有散文集《谁是最可爱的人》、诗集《两年》、长篇小说《东方》等。西峡人乔典运创作农民农村小说《磨盘山》《贫农代表》《满票》。杞县人穆青曾任新华社社长,有《穆青散文选》等,采写的《县委书记的好榜样——焦裕禄》影响很大。济源人王怀让有诗集《十月的宣言》《人的雕像》《神土》等。

改革开放后"文学豫军"推出一批小说新作,新野人张一弓的《犯人李铜钟的故事》《张铁匠的罗曼史》,嵩县人阎连科的《情感狱》《日光流年》《受活》,邓州人周大新的《走出盆地》《第二十幕》,洛宁人张宇的《活鬼》《疼痛与抚摸》,许昌人李佩甫的《城市白皮书》《金屋》,南阳市文联副主席、山西昔阳人二月河(原名凌解放)的长篇历史小说《康熙大帝》《雍正皇帝》,均为广大读者喜爱。

河南省贯彻"百花齐放、推陈出新"的方针,戏剧、绘画、书法、音乐、舞蹈艺术丰富多彩。

1956年河南豫剧院成立,"五大名旦"把豫剧艺术推上新高度。人民艺术家常香玉的《拷红》《白蛇传》《花木兰》,陈素真的《梵王宫》《拾玉镯》,崔兰田的《桃花庵》《秦香莲》《三上轿》《对花枪》,马金凤的《穆桂英挂帅》《花打朝》《对花枪》,阎立品的《秦雪梅》《藏舟》《碧玉簪》等,形成各自的艺术风格,在省内外广受赞誉。著名越调表演艺术家、临颍人申凤梅有"活诸葛"之称,《孔明出山》《舌战群儒》《收姜维》等剧目塑造了诸葛亮形象。舞阳人毛爱莲的代表剧目有《火焚绣楼》《李双喜借粮》等。著名曲剧演员、邓州人张新芳有代表剧目《荆钗记》《秦香莲》《陈三两》等。省歌剧团推出现代剧《新条件》《罗汉钱》《小二黑结婚》《刘胡兰》等。豫剧院三团以发展现代戏为主,《李双双》《朝阳

豫剧《朝阳沟》演出剧照

沟》《冬去春来》相继问世。许昌豫剧团任宏恩等坚持现代戏探索创新,从《人欢马叫》到《倒霉大叔的婚事》走出一条独特的道路。改革开放后河南戏剧全面复兴,剧坛多方位开拓发展,《十五的月亮》把话剧与通俗歌曲有机融合,《西湖公主》以精美的程式表演和现代化科技手段展示了豫剧神话剧的魅力。1994年河南卫视开办的电视戏剧节目《梨园春》以擂台赛的形式推出,对弘扬戏剧艺术、丰富人民群众的精神文化生活起到积极作用。

美术作品显现出鲜明的时代特征。著名油画家、焦作人靳尚谊曾任中央美院院长,代表作有《瞿秋白》《塔吉克新娘》;巩义人谢瑞阶绘画以黄河题材为主,有油画《黄河三门峡》和巨幅国画《黄河在前进》《大河上下浩浩长春》,洛阳人李伯安的画作有《日出》《走出巴颜喀拉》。著名版画和书法家、巩义人陈天然曾任河南书画院院长,有《套耙》《牛群》《山地冬播》《琅琅书声》等。偃师人张海曾任中国书协主席,有《张海书法集》《张海新作选》。

伊川人时乐濛曾任解放军艺术学院音乐系主任,创作《三头黄牛

一套马》《歌唱二郎山》《英雄们战胜了大渡河》等歌曲,主持音乐舞蹈史诗《东方红》和《中国革命之歌》的音乐工作;作曲家、山东即墨人王基笑为豫剧《朝阳沟》《刘胡兰》《李双双》和多部电影、电视剧作曲。著名歌唱家、新乡人关牧村是天津歌舞剧院演员,演唱的歌曲《打起手鼓唱起歌》《吐鲁番的葡萄熟了》;河南歌舞剧团演员、郑州人李娜演唱的歌曲《好人一路平安》《青藏高原》,均为观众喜闻乐见。

三、科学技术

新中国成立后,河南的科学技术不断发展进步,自然科学和生产技术研究成果丰硕。

70多年来,河南涌现一批科学家,在数学、理化、医学领域取得显著成就。著名数学家、新密人侯振挺曾任中南大学数学学院名誉院长,主要从事概率论特别是马尔科夫过程构造论的研究。郑州大学原校长、长沙人曹策问在微分方程特征值研究方面造诣颇深。开封人赵九章曾任中国科学院地球物理所所长、卫星设计院院长,是"两弹一星"的元勋之一。他利用气象和探空火箭进行高空探测研究,主持完成核爆炸试验的地震观测和冲击波传播规律以及有关弹头再入大气层时的物理现象等研究课题,对我国第一颗人造地球卫星、返回式卫星等总体方案的确定和关键技术的研制起到重要作用。郑州大学原副校长、湖北黄冈人霍炳权主要从事宇宙线研究。洛宁人李俊甫曾任新乡师范学院院长,在化学溶液理论研究方面造诣颇深。中国科学院院士、郑州大学化学系教授吴养洁主要从事物理有机、金属有机及大环化学等领域的研究,郑州大学原校长、南阳人申长雨主要从事塑料模具研究。河南省医学科学研究所开展乙型肝炎和食管癌的防治研究。河南医科大学(今属郑州大学)第一附属医院中西医结合治疗食管癌,疗效提高。洛阳正骨研究所采用中西医结合手法复位治疗外伤性陈旧性关节脱位、板式架治疗下肢骨折,效果良好。洛宁人李振华曾任河南中医学院院长,荣获国医大师称号。

河南省陆续建立一些农业、水利、工业等领域的科技机构,国家生物育种产业创新中心、国家农机装备创新中心、国家超级计算郑州中心等获批建成。党的十八大以来,河南深入实施创新驱动发展战略,培育高新技术企业,取得了一批在全国具有重大影响的科技成果,突破了一批支柱产业的核心技术。2018年,河南16项科技成果荣获国家科技奖励,为全省经济高质量发展提供了强大的科技支撑。

新中国成立后,河南逐渐建立三级农业科研网络体系。改革开放后,国家小麦工程技术研究中心和国家小麦玉米大豆品种改良中心郑州分中心等国家级研究中心、基地和重点实验室在郑州建成,带动了河南农业科技的进步。西北农学院原副院长、淇县人赵洪璋长期从事小麦育种研究,先后育成"碧蚂1号""矮丰3号"等优良品种;著名作物育种学家吴绍骙,曾任河南农学院(今河南农业大学)副院长,采用异地培养理论进行玉米育种,选育"洛阳混选1号"和"豫东1号"等优良品种;河南农业大学教授郭天财,致力于小麦高产栽培研究与技术推广,在全国率先创造一块土地上小麦、玉米万亩连片平均亩产超1500公斤。20世纪60年代初,河南创建科学种田样板,推广偃师岳滩大队的小麦丰产栽培技术、滑县秦刘拐大队的玉米高产技术和新乡刘庄大队的棉花大面积丰产经验。"文化大革命"期间河南省农业科学院培育成功玉米优良品种"郑单1号""郑单2号"。河南农学院等单位专家协作进行"小麦高产、稳产、优质、低成本生产模式研究",从根本上改变河南小麦产量低而不稳的局面。2000年以来,河南20项农业科技成果获得国家科技进步一、二等奖。

工业科技也有许多发明创造。在1964年的全国新产品展览会上，洛阳第一拖拉机厂的东方红——75马力履带式拖拉机、郑州纺织机械厂的全套粘胶纤维设备车获得一等奖。1971年，河南省同位素研究所与郑州国棉三厂合作研制成功高速并条机同位素检测自动调整装置，河南省科学院能源研究所研制成功高稳定不间断供电微机电源、太阳能电钟、电视机电源。焦作矿院研制成功主井自动连续喷射混凝土机组。20世纪80年代，洛阳玻璃厂研制成功浮法玻璃生产新工艺，郑州大学研制的球型A110—5Q氨合成催化剂荣获国家发明奖，石油发酵尼龙3号填补国内空白。

南召人王永民1978年开始从事汉字编码研究，解决了7000多个汉字和2000多条词汇的输入问题，使我国彻底告别活字印刷。他发明的"大一统五笔字型"荣获国家技术进步二等奖。农民发明家、滑县人李官奇创造世界植物蛋白改性纤维，获中国专利金奖。

四、学校教育

新中国成立后，河南各级政府接管旧学校，创立当代学校教育。1953年，河南大学进行院系调整，农学院、医学院独立，行政学院改为政法管理干部学校，其余改为师范学院，导致河南省高等教育长期滞后。1956年始建的郑州大学是新中国成立后建的第一所文理科大学。

1957年，河南反右派运动严重扩大化，教育界成为重灾区，所划右派分子占全省教职工总数23%，教学秩序被打乱。1958年，党中央提出"教育要为无产阶级政治服务，要与生产劳动相结合"的教育方针，对于确立社会主义教育的培养目标与根本原则意义重大，但在"教育革命"中片面强调政治和生产劳动,师生大炼钢铁和支援农业生产,学校办工厂、农场,违背教育规律;又实行"教育大跃进",各级各类学校超越客观条件盲目发展。为改变教育事业和国民经济发展水平不相适应的局面,1961年对学校进行大规模调整,以压缩规模,合理布局。全省撤销公立中学790所,精简高等学校23所。"文化大革命"的10年大中专院校6年停止招生,师生停课搞"斗批改",损失重大。

1976—1985年,河南教育战线实行全面调整、整顿、恢复和发展,恢复中小学教育秩序和高等学校考试招生制度,普及小学教育,增设高等学校,开展研究生教育。1985—1992年,推进九年制义务教育和高等教育体制改革,调整中等教育结构,发展职业技术教育。1993—2001年,教育改革全面深化,基本普及九年制义务教育,积极发展高等教育。郑州大学立项国家"211"建设项目,8所部属高校实行省部共建。2000年郑州大学、郑州工业大学、河南医科大学合并组建新的郑州大学;河南大学、开封医专、开封师专合并组建新的河南大学。全省有各级各类学校8.5万所,教职工103.92万人,在校生2496.82万人,基本形成门类齐全、结构趋于合理、比例比较适当、逐步适应河南经济建设和社会发展需要的教育体系。2017年,郑州大学、河南大学双双跻

郑州大学核心教学区

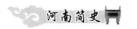

身全国"一流大学、一流学科"建设,是河南高等教育的历史性突破。

五、精神文明建设

新中国成立初期,河南、平原两省改革旧社会陋习,贯彻新婚姻法,实行婚姻自由、一夫一妻、男女平等;禁绝毒品,打击吸毒贩毒,禁止赌博,树立新风尚。

1963年,河南省掀起学雷锋的高潮,弘扬雷锋忠于党、祖国和人民,毫不利己、专门利人的精神。1962年冬,兰考灾害严重,县委书记焦裕禄带病查风口、探流沙、察洪水,带领民众消除内涝、风沙、盐碱三大灾害。1964年5月14日,焦裕禄以身殉职。11月20日,河南省委号召党员干部学习焦裕禄一心为革命、一心为人民的精神,全省掀起学习焦裕禄的群众运动。1960—1974年,林县(今林州)人民发扬"自力更生,艰苦奋斗,团结协作,无私奉献"的精神,开凿红旗渠,引漳水入林县。在雷锋、焦裕禄和红旗渠精神的感召下,河南社会形成艰苦奋斗、助人为乐的新道德风尚。

1981年,河南省开展"五讲(讲文明、讲礼貌、讲卫生、讲秩序、讲道德)四美(心灵美、语言美、行为美、环境美)三热爱(爱祖国、爱社会主义、爱中国共产党)"活动,取得良好社会效果。20世纪90年代以来,全省大力开展社会主义精神文明建设,培育社会主义核心价值观,推进文明单位建设常态化、制度化、科学化,在农村积极培养宣传双文明村镇,培养社会新风尚。

中共十一届三中全会

1978年12月18日至22日,中共中央召开十一届三中全会,作出把党和国家工作中心转移到经济建设上来,实行改革开放的历史性决策。全会强调:"实现四个现代化,要求大幅度地提高生产力,也就必须要求多方面地改变同生产力发展不相适应的生产关系和上层建筑,改变一切不适应的管理方式、活动方式和思想方式,因而是一场广泛、深刻的革命。"

中共十一届三中全会,是新中国历史上具有深远意义的伟大转折。这次会议冲破长期"左"的错误的严重束缚,彻底否定"两个凡是"的错误方针,充分肯定必须完整、准确地掌握毛泽东思想的科学体系,高度评价关于真理标准的讨论,果断结束"以阶级斗争为纲",重新确立马克思主义的思想路线、政治路线和组织路线。从此,我国改革开放拉开了大幕。

十一届三中全会开启了改革开放和社会主义建设的新时期。

读史益智

1. 焦裕禄精神

兰考县位于河南东部的黄河故道上，内涝、风沙、盐碱肆虐。1962年，兰考遭受严重的旱灾和涝灾，土地荒芜，人口外流。县委书记焦裕禄带领县委一班人开展追洪水、查风口、控流沙的调查研究工作。他不顾自己肝病，靠自行车和双脚跋涉2500公里，掌握了水、沙、碱发生、发展的规律，又带领全县人民进行封沙、治水、改土。他的肝病日益严重，开会时用膝盖和手顶住作痛的肝部，坚持在治理"三害"第一线，带领群众大面积植树造林，栽种泡桐，以根治风沙。在全县广大干部群众的艰苦努力下，治理"三害"取得明显成效，兰考严重困难局面得到缓解。

1964年5月14日，焦裕禄不幸与世长辞，年仅42岁。他以自己的实际行动塑造了一个优秀共产党员和优秀县委书记的光辉形象，在亿万人民心中树起了一座永不磨灭的丰碑。他身上蕴藏着亲民爱民、艰苦奋斗、实事求是、迎难而上、无私奉献的崇高精神。习近平指出，焦裕禄精神"过去是、现在是、将来仍然是我们党的宝贵精神财富，我们要永远向他学习"。

2. 红旗渠精神

林县（今林州市）位于河南省北部、太行山东麓，土薄石厚，历史上十年九旱。1959年，以县委书记杨贵为首的县委领导班子计划劈开太行山,把山西省平顺县境内的浊漳河水引进林县,以彻底改变缺水状况,得到河南省委的支持和山西省委的同意。

1960年2月,3.7万名林县民工开赴建设工地。1965年4月,总干渠竣工通水。1966年4月,三条支干渠全部竣工。1969年7月,支渠配套工程基本竣工。10年间红旗渠总投工3740.2万个,削平1250个山头,打通211个隧道,挖土石方1818万立方米,修成总干渠70.6公里,干渠、支渠和斗渠1520多公里,建成小型水库48座、塘堰346座、各种建筑物1240座,以及扬水站、水电站等设施。

林县人民在极其艰难的条件下,在太行山的悬崖峭壁上、险滩峡谷中,建成总长1200多公里的"人工天河",基本解决了全县56万人口和37万家畜的吃水、饮水问题,54万亩耕地得到灌溉。红旗渠和南京长江大桥被周恩来总理称作新中国创造的两大奇迹。在红旗渠修建过程中孕育、形成的自力更生、艰苦创业、团结协作、无私奉献的精神,成为激励中华民族不断前进的不竭精神动力。

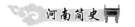

结　语

　　党和国家主要领导人非常重视历史。毛泽东主席曾说,从孔夫子到孙中山,要给以科学的总结。习近平总书记在给中国社会科学院成立中国历史研究院的贺信中说,历史研究是一切社会科学的基础。历史是一面镜子,鉴古知今,学史明智。

　　河南历史是中国历史的一个重要组成部分。从1982年我进入河南省社会科学院历史研究所工作,就和河南历史的研究著述结下不解之缘。40多年来,我和张文彬、王珍先生主持编写了一部《简明河南史》,和王天奖先生主持编写了一部四卷本《河南通史》,和王天奖、鲁德政先生主持编写了一部《河南通鉴》,又独自撰写一部70万字的《河南史纲》,如今又应河南人民出版社之约,完成了这本《河南简史》。

　　比较而言,《河南简史》书稿有以下特点:一是贯通古今。此前的河南通史著作,如《简明河南史》《河南通史》《河南史纲》,均写到新中国成立为止,而不涉及当代,《河南简史》则从史前原始社会一直写到公元2021年,可以说是一本真正的通史,具有系统性。二是简要通俗。《河南简史》仅20多万字,是河南历史的极简本。其文字力求凝练晓畅,深入浅出;避开帝王年号,改为公元纪年;每章增设"名家论史"

"读史益智""史林折枝"板块,以增加知识性和可读性,使读者能够从全中国的视野审视河南历史,了解不同时期的社会特点,并从中得到启迪。

河南省地处中国中部、黄河中下游,在中华5000多年的文明史中占有十分重要的地位。早在距今5300年前后,河南所在的中原地区已步入初始文明阶段。就政治而言,自夏朝建立、中国历史进入王国阶段后,河南便成为广域王权国家的中心。自秦朝建立专制主义中央集权的封建国家,东汉至宋、金诸代河南长期是全国的首都或陪都的所在地。全国有八大古都,河南即有其四。就经济而言,从上古以迄隋唐河南一直是经济发达的地区,长期处于全国的经济重心。自金灭北宋,宋室南迁,全国的经济重心完全从中原地区移出,河南经济开始落后于江南地区。就文化而言,从夏、商、周三代以迄北宋,河南长期是全国文化的首善之区,文化繁荣昌盛。河南是全国的文化大省、文物大省。为展示中国考古学百年发展历程和辉煌成就,近期中国考古学会遴选推介中国现代考古学100年来100项重大考古发现,河南省即有14项,约占全国的1/7,位居全国第一。

河南地区历史悠久。距今数十万年前,就有古人类在此生存。早在距今8000年前后的裴李岗文化时期,粟作农业已有显著发展。仰韶文化中晚期灵宝西坡遗址的大型环壕聚落和巩义双槐树遗址的发现,表明距今5800年前后中原社会已经出现明显分化,早期国家出现,中原文明化进程已经开启。龙山文化时期各地先进文化因素向中原地区汇聚,河南龙山文化强势发展,中华文化逐渐形成"多元一体"格局。

夏王朝在中原地区的建立开启了王国文明,中国出现了广域王权国家。河南偃师二里头、偃师商城、郑州商城、洹北商城、安阳殷墟等夏商都城反映了王国时期的都城面貌。二里头遗址的功能区划分和宫城内的大型建筑开启了古代都城建设制度的先河,二里头出土的青铜器成为中国进入青铜器时代的标志。安阳殷墟出土的商代晚期精美青铜器和玉器,表明青铜文明达到了高峰。西周初期,周公营建成周洛邑(今洛阳)作为统治东方广大地区的中心,周公在洛邑制定礼乐制度,对后世影响深远。周平王迁都洛阳,中原又成为京畿地区。

从秦朝开始,中国建立了专制主义的中央集权的封建国家。中原是秦汉皇朝的腹里地区,关东经济区和关中经济区连成一体,中原经济领先于全国。东汉、曹魏、西晋、北魏诸代建都洛阳,洛阳是全国的政治、经济、文化中心,也成为丝绸之路的东端起点,中原社会经济文化发展快速。隋唐时期洛阳为东都,也是中国南北大运河的中心,社会经济发展,文化繁荣。但是唐朝的"安史之乱"对中原经济造成严重破坏,而江南地区经过魏晋以降的快速发展,经济实力日益雄厚,全国的经济重心开始出现南移的趋势。北宋建都东京开封,中原经济继续发展,文化达到巅峰状态。自宋室南迁,全国的政治、经济、文化中心全部从黄河中下游地区移出,中原地区辉煌不再。元、明、清三代,河南作为一个内陆省份,社会经济文化发展日渐迟缓。

1840年的中英鸦片战争以后,中国进入半殖民地、半封建社会,河南人民也陷入苦难的深渊,展开了推翻压在人民头上"三座大山"的斗争。1921年中国共产党成立,河南人民在中国共产党的领导下,进行了艰苦卓绝的革命战争。1949年中华人民共和国成立,河南人民获得解放,在社会主义建设道路上开拓前进。经过70多年的奋斗,终于摆脱了贫穷、落后,实现了小康!

中国共产党带领中国人民实现了中华民族复兴的第一个百年奋斗目标,历史性地解决了绝对贫困问题,全面建成小康社会。如今,全国人民正在意气风发地向着第二个百年奋斗目标进军,以实现中华民族的伟大复兴。

　　站在"两个一百年"奋斗目标交会点的河南人民,肩负着在经济上实现"中部崛起"和"黄河流域生态保护和高质量发展"的光荣使命,在文化上则要建成"华夏历史文明传承创新区"和"中华文化保护传承弘扬的重要承载区"。如今,亿万河南人民正在实现中华民族伟大复兴的道路上奋力拼搏、开拓前进,再造新的辉煌!